高等职业教育教材

心理健康教育

主编 ◎ 陈晓娟 夏 谦

中国轻工业出版社

图书在版编目（CIP）数据

心理健康教育 / 陈晓娟, 夏谦主编. — 北京 : 中国轻工业出版社, 2026. 1. — ISBN 978-7-5184-5022-0

Ⅰ. G444

中国国家版本馆 CIP 数据核字第 2024VL7904 号

责任编辑：贺　娜　　责任终审：劳国强　　封面设计：锋尚设计
版式设计：砚祥志远　　责任校对：朱燕春　　责任监印：张　可

出版发行：中国轻工业出版社（北京鲁谷东街 5 号，邮编：100040）
印　　刷：北京君升印刷有限公司
经　　销：各地新华书店
版　　次：2026 年 1 月第 1 版第 4 次印刷
开　　本：710×1000　1/16　印张：16
字　　数：280 千字
书　　号：ISBN 978-7-5184-5022-0　定价：40.00 元
邮购电话：010-85119873
发行电话：010-85119832　010-85119912
网　　址：http：//www.chlip.com.cn
Email：club@chlip.com.cn

260072J2C204ZBQ

本书编委会

主　编　陈晓娟　夏　谦

副主编　连晓荷　曹　黎

参　编　耿雪梅　李德琴　张红霞

　　　　　刘芯瑜　王　琦

前　言

为深入贯彻党的教育方针，落实立德树人的根本任务，积极响应《国家职业教育改革实施方案》（国发〔2019〕4号）的文件精神，发挥课堂教学在心理健康教育工作中的主渠道作用，完善心理健康教育教材的结构体系和教学内容，更好地对接高职院校专业人才培养的需求，提高学生心理素质，我们组织编写了本教材。

本教材编写依据教育部《普通高等学校学生心理健康教育课程教学基本要求》（教思政厅〔2011〕5号）、《高等学校学生心理健康教育指导纲要》（教党〔2018〕41号）、《全面加强和改进新时代学生心理健康工作专项行动计划（2023—2025年）》（教体艺〔2023〕1号）等文件要求。本书贴合高职学生心理发展特点，选取与他们成长密切相关的主题，遵循“学为主体、教为主导”的开发思路，采用模块化、专题化的编写模式。我们将教材内容由浅入深分为三大模块、九个专题，重在凸显积极心理健康教育的理念，指导高职学生掌握心理保健的方法，提高其运用知识解决实际问题的能力，提升生活质量和幸福感，帮助学生成为最好的自己。

教材模块一，旨在提升学生的心理健康意识，使其具备识别和应对常见心理问题的能力。模块二，意在帮助学生建立积极自我，发展自尊自信、坚韧不拔和乐观豁达等优良人格品质。模块三，重在培养学生乐于与人交往的积极心态，建立正确和谐的人际关系；学会发挥情绪的正向作用，培育思维理性、情绪平和；树立正确的恋爱观，明确两性关系中的责任与担当；具备应对压力和挫折的灵活性与坚韧性；建构积极生命意义，获得生命价值感，主动维护生命安全等。

教材编写力求满足高等职业教育发展的需求，培育德才兼备、身心健康的高素质高技能人才，着力于提升教材的引领性、互动性和应用性。

（1）育心育德并重，强化引领性，要与时俱进　教材目标坚持育心与育德相统一，将知识传授和价值引领相结合，紧紧围绕思想道德修养、法治意识和文化素养等重点优化课程思政内容供给，有机融入中华优秀传统文化、社会主义核心价值观、法治教育，学习党的二十大精神，强化价值引领，培育学生热爱生活、珍视生命、自尊自信、理性平和、乐观向上的心理品质，养成积极向上的健康心态，促进学生思想道德素质、科学文化素质和身心健康素质协调发展。

（2）形式力求新颖，体现互动性，要学生爱看　教材形式注重理论和实践、课内学习和课外巩固的有机结合，结合学生的认知特点和需要，每个专题相应开设拓展阅读、自我觉察、自助指南、知识链接、心理训练、心理援助、典型案例、心理测试、法律常识等栏目，以学生为主体，提供更多的选择性，以增加教材的可读性和吸引力，激发学生自主学习的兴趣，培养学生形成自主学习的能力。

（3）理论够用为度，突出应用性，要学有所获　教材内容融合高职学生的知识、能力、素质要求为一体，理论知识以必需、适用、够用为度，在每个专题的具体心理问题调适上着重给出简单易行、可操作性强的方法与措施，新增推荐相关课外书籍和影视作品，紧跟最新科研成果，强化理论的应用性，以引导学生应用所学知识分析、解决现实问题，主动维护心理健康，提升心理素质。

本教材由陈晓娟、夏谦担任主编。编写分工如下：连晓荷（专题一、专题二），曹黎（专题三、专题四），夏谦、耿雪梅（专题五），夏谦、耿雪梅、刘芯瑜（专题六），陈晓娟（专题七），夏谦、张红霞（专题八），陈晓娟、李德琴（专题九）。陈晓娟、夏谦负责全书的策划和统稿，王琦负责深入挖掘思政元素，找准课程思政的着力点。编写人员都有多年从事高职学生心理健康教育教学的工作经验。

本教材参考了大量专家、学者编写的相关文献资料，查阅了大量权威网站、书刊的有关内容，在此表示诚挚感谢。尽管我们力求完美，但因水平有限，难免有疏漏或不妥之处，我们诚恳地希望使用本书的师生提出宝贵意见，以便今后不断完善与提高。

编者

2024 年 1 月

目 录

CONTENTS

模块一　了解心理健康知识

模块二　认识自我、发展自我

模块三　提高心理调适能力

模块一

了解心理健康知识

专题一　打开心灵之窗
——高职学生心理健康导论

专题体系结构

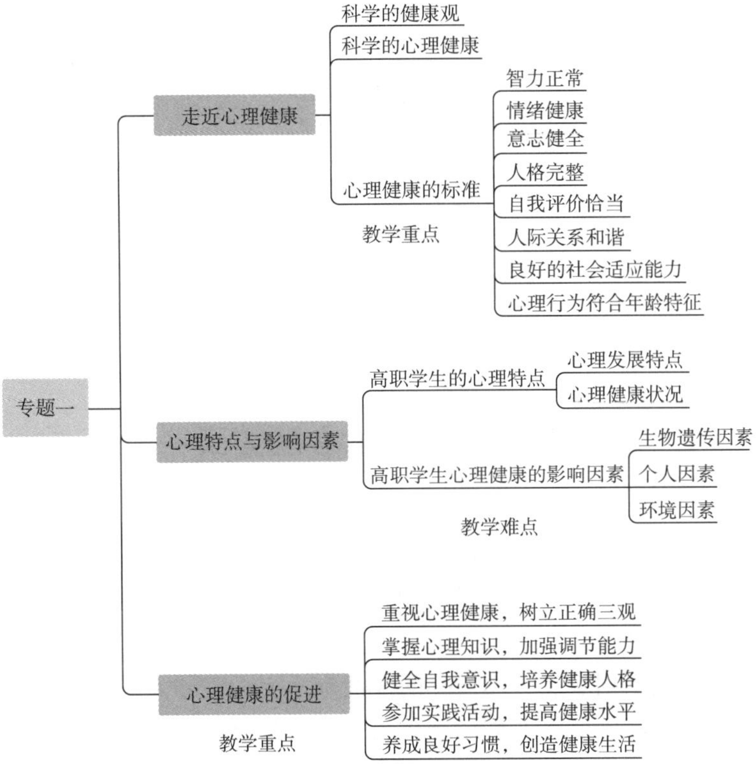

专题概述

本专题主要围绕心理健康的定义、标准、影响因素及高职学生心理健康的提升等内容展开，重在使高职学生领悟心理健康的本质，掌握提升心理健康的方法和途径。

专题目标

1. 知识目标

使学生了解健康的内涵，领悟心理健康的标准，掌握提高心理健康水平的方法。

2. 能力目标

使学生具备恰当评估自己心理健康水平的能力。

3. 素质目标

引导学生树立科学的健康观，提升其保持心理健康的意识，促进其对环境的适应能力。

专题导入

高职学生踏入大学校园后，会经历人生的一次“断乳期”，面对各种环境的变化极其不适应，其心理可能会产生一些困扰，如果不及时调节，甚至可能形成心理障碍。这时了解心理健康的本质，可以帮助高职学生更好地了解自己，调整对自身心理的感知，更好地适应大学生活。

单元一　走近心理健康

大学生活是每个高职学生都会经历的独特体验。在这个过程中，大部分高职学生将面临第一次真正意义上的独立，自己适应陌生的环境，应对崭新的人际关系，处理五味杂陈的情绪情感。在处理属于这个年纪独有的人生难题时，难免会遇到困境、瓶颈，有的人迎难而上，有的人顺其自然，而有的人自怨自艾。积极进取将开创崭新的人生，而消极应对则可能一泻千里。大学是个小社会，一切都可以重新开始，树立积极的心态和维持健康的心理，是每个高职学生开启大学生活的第一步。为了更好地把握高职学生的心理健康问题，我们需要先了解人的健康与心理健康是如何鉴定的。

一、科学的健康观

长期以来，人们对健康都有着较为片面的理解，普遍认为一个人只要身体上没有疾病就是健康的状态。随着科学技术的发展和社会的进步，人们对健康的认识和理解发生了变化，越来越多的人开始将心理健康视为自身健康的重要组成部分。联合国世界卫生组织就对健康做了新的定义，即“健康不仅是身体没有缺陷和疾病，还要具备心理健康、社会适应良好和道德健康”，如表 1-1 所示。

表 1-1　　科学的健康观

健康	躯体健康	人体的结构完整，生理功能正常
	心理健康	指在身体、智能及情感上与他人的心理健康不相矛盾的范围内，个人心境发展的最佳状态
	道德健康	在稳定的道德观念支配下表现出来的一贯的符合社会道德规范的行为
	社会适应良好	能胜任个人在社会生活中的各种角色，能立足角色创造性地工作并取得成就，贡献社会，实现自我

生理健康是心理健康的基础，而心理健康反过来又能促进生理健康，当生理或心理任一方面产生疾病时，另一方面也会受到影响。因此，两者互为因果，相互影响。我们应该认识到，心理健康是健康的重要组成部分，而以心理健康为基础而发展起来的道德健康高于单纯的心理健康。社会适应良好是心理健康的充分体现，是健康的最高境界。高职学生应该在关注自我身心健康的同时，努力改善自我，规范言行，发挥潜能，追求更高层次的健康状态，达到最大可能的自我实现，为营造和谐的社会生活氛围贡献自己的一份力量。

二、科学的心理健康

心理健康，是健康不可分割的重要方面，根据其范围的不同有广义和狭义之分。从广义上讲，心理健康是指一种高效而满意的、持续的心理状态。从狭义上讲，心理健康是指人的基本心理活动的过程内容完整、协调一致，即认知、情感、意志、行为、人格完整和协调，社会适应良好。个体在这种状态下，能够与环境有良好的适应，其生命具有活力，能充分发挥其身心潜能，就可被视为心理健康。

心理健康常被视为是一种心理没有疾病的状态。需要注意的是，心理健康与否并无明显界限，它是一个动态的发展过程，人的心理健康水平大体可分为三个等级：一是一般常态心理，表现为心情愉快，适应能力强，善于与别人相处，能较好地完成与同龄人发展水平相适应的活动，具有调节情绪的能力；二是轻度失调心理，表现出不具有同龄人所应有的快乐，与他人相处略显困难，生活自理能力较差，经主动调节或通过专业人员的帮助后可恢复常态；三是严重病态心理，表现为严重的适应失调，不能维持正常的生活和工作。

如图 1-1 所示，如果将心理正常比作白色，心理异常比作黑色，中间的灰色地带则是世界上大多数人所处的心理状态。其中浅灰色区域表现为各种由于学习、人际关系压力等引起的心理冲突；深灰色区域则是各种人格异常与心理障碍之人。其实，深浅灰色之间往往没有明确界限。

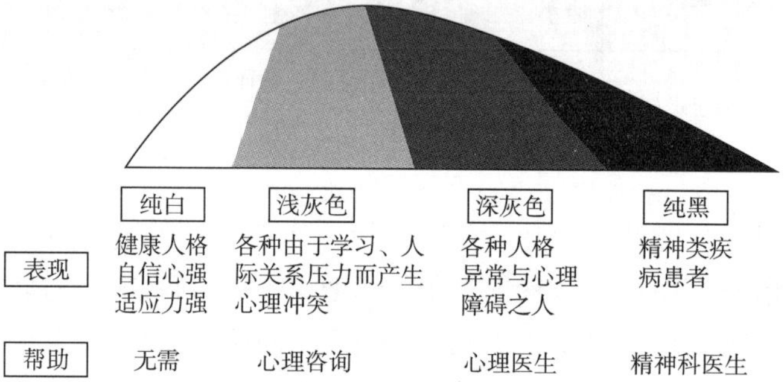

图 1-1　心理健康中的灰色区示意图

处于浅灰色区域的人属于心理咨询的服务对象。通过咨询，个体往往能全面、深刻地认识影响其正常生活的内外矛盾，积极地适应生活。处于深灰色区域的人，应积极地进行心理治疗，改变影响正常生活的行为与思维方式，以减轻心理上的痛苦与压抑，控制或摆脱异常行为，恢复正常生活。

三、心理健康的标准

（一）智力正常

智力是一个人认识能力与活动能力所达到的水平，是人的观察力、注意力、记忆力、思维力、想象力、创造力和实践活动能力等的综合，包括在经验中学习或理解的能力，获得和保持知识的能力、迅速而又成功地对新情境做出反应的能力、运用推理有效地解决问题的能力等。智力正常是保证高职学生进行学习、生活和工作的最基本的心理条件，是高职学生胜任学习任务、适应环境变化的心理保证，所以说智力正常是衡量高职学生心理健康的首要标准。智力正常与否可通过智力测验来判定。高职学生一般都是经过高考录取入学的，智商一般来讲是正常的，极少有落后的情况。考察高职学生的智力正常与否，关键是看其智力能否充分发挥效能，能否适应大学的学习、生活，顺利完成学业。高职学生智力正常且充分发挥的标准是：有强烈的求知欲和浓厚的探索兴趣；智力活动中各要素在其认知活动和实践活动中能积极地参与，并能正常地发挥作用，乐于学习。

（二）情绪健康

人的任何心理活动，都伴随着一定的情绪反应，情绪在心理异常时起着核心作用，情绪异常往往是心理疾病的先兆，所以人的情绪是否健康能比较明显地反映出心理是否健康。情绪健康的主要标志是：情绪稳定和心情愉快。高职学生的情绪健康主要包括以下内容：①积极的情绪多于消极的情绪，主导心境是愉悦的、乐观的、满意的、富有朝气的、充满希望的；②情绪较稳定，表现为善于控制和调节自己的情绪，既能克制和约束，又能适度宣泄，不过分压抑，使自己情绪的表达既符合社会的要求，又能满足自身的需要；③情绪反应恰当，情绪的反应是由适当情境引起，且情绪反应的强度与引起这种情绪的情境相符合，表现为喜怒有常、哀乐有节；④消极情绪可以随着时间和方法的调节而得到改善。

（三）意志健全

意志是推动人们采取各种行动、克服困难以达到预定目标的心理过程。人的意志通过行动表现出来，而行动又受意志的支配，心理健康者的意志与行为是统一的、协调的。意志健全主要表现在意志品质上，心理健康的高职学生意志的自觉性、果断性、坚持性和自制性都获得协调的发展。具体表现在学习、生活的目的明确，能根据现实的需要调整行动的目标；能尊重、听取别人的意见，但又独立思考，不盲目服从；能果断地做出决定并执行决定，能专注于学习或其他活动，并在活动中勇于克服各种困难，坚持不懈地为实现目标而奋斗；能为实现目标而自觉地约束自己，抑制自己不合理的欲望，抵制各种外部诱惑。行为协调主要表现在行动的计划性、一贯性与统一性，以及言谈的逻辑性等方面。心理健康的高职学生能按照行动计划来开展活动，做事有条有理、善始善终；行动有规律，言行一致；语言逻辑性强，在言谈中表现出思维清晰，有条理并具有批判性。

（四）人格完整

人格在心理学上是指个体稳定的心理特征的总和。所谓人格完整是指具有健全统一的人格，也就是说个体的所想、所说、所做都是协调一致的。高职学生完整人格的主要标志是：①人格要素完整统一，无明显的缺陷和偏差；②具有正确的自我意识，不产生自我同一性混乱；③以积极进取的人生观作为人格的核心，并以此为中心把动机、需要、态度、理想、目标和行为方式统一起来。

（五）自我评价恰当

心理健康的人能对自己做出恰当的自我评价，能体验到自我存在的价值，同时能悦纳自己，对自己抱有正确的态度，不骄傲也不自卑。而心理不健康的人常缺乏自知之明，对自己的优缺点缺乏正确的评价，要么看得十全十美而自高自大、自我欣赏，要么把自己看得一无是处而处处与自己过不去，结果心理总是不平衡。比较接近现实的、正确的自我评价是高职学生心理健康的重要条件。

（六）人际关系和谐

人总是处在一定的社会关系中的，高职学生同样离不开与人打交道。和谐的人际关系既是高职学生心理健康不可缺少的条件，也是其获得心理健康的重要途径。心理健康的高职学生有积极的交往态度，掌握了一定的交往方法和技巧，在交往中做到诚实守信、和善友爱、宽容尊重、关心合作，其表现为：①乐于与人交往，有稳定而广泛的一般朋友，也有亲密无间的知心朋友，与大多数人都能建立良好的人际关系；②在人际交往中能保持独立而完整的人格，有自知之明，不卑不亢；③能客观评价别人和自己，善于取人之长补己之短；④宽以待人，乐于助人，也能接受别人的帮助；⑤积极的交往态度多于消极态度；⑥交往动机端正和以集体利益为重。相反，如果人际关系恶劣，或者与集体格格不入，厌倦与人交往，不能容忍别人的过失和短处，甚至于无端地猜疑、憎恨和欺侮别人，都属于心理不健康的表现。

（七）良好的社会适应能力

社会适应是指对社会环境中的一切刺激都能做出恰当的正确反应。较强的社会适应能力是高职学生心理健康的重要特征，而不能有效处理与周围现实环境的关系，是导致心理障碍的重要原因。心理健康的高职学生能和社会保持良好的接触，对社会现状有较清晰正确的认识，思想和行为都能跟得上时代的步伐，与社会发展的要求相符合。心理健康的高职学生，能正确客观地认识、评价自己所生活的环境，能坦然面对并接受现实，明确自己所处的位置，怀有高于现实的理想和愿望，又不沉湎于不切实际的幻想和奢望。当环境不利时，既不逃避，也不怨天尤人，更不自暴自弃，而是通过自己的努力主动去适应环境、积极改造环境。

自我觉察

大学初印象

初入大学，印象最深的是什么？是刻在石壁上的校训，还是学校的大门，林荫大道？是某一位师长、同学，还是图书馆或者你的宿舍，抑或是一棵树、一座亭、一池水？试着拿起你的笔写下来或者画下来“大学初印象”，它一定会成为你记忆深处最美的风景！

大学初印象

（八）心理行为符合年龄特征

心理健康的人一般心理特点应该与其所属年龄阶段的人的共同心理特征大致相符，与其性别以及在不同环境中所扮演的角色相符合。心理健康的高职学生应该充满青春活力、朝气蓬勃，具有积极向上、敢想敢干、勤学好问、探索创新等精神，能够根据自己所处的场合，正确把握自己所扮演的角色、所处的地位以及所属的身份，避免角色越位或错位。如果一个高职学生经常偏离这些心理行为特征有可能是心理异常的表现。

最后，需要强调的是，心理是否健康需要心理专业人员来鉴定，高职学生不可对号入座或随便给自己和他人贴上某种标签，以免产生不良的心理暗示。

拓展阅读

科学理解高职学生心理健康

第一，心理健康具有相对性。心理绝对健康只是一种理想状态，心理有病也只是少数人，绝大多数人在某个阶段或多或少都有一些心理问题。判断一个人的心理健康状况，不能简单地根据一事一时下结论。心理健康的人也可能会有轻微的心理问题，或某个时间内出现暂时的心理失衡，没有一点心理问题的绝对心理健康是不存在的。而且，从社会文化的角度看，心理健康还需结合一个人的年龄、文化、职业、性别等进行综合判断。

第二，心理健康具有连续性。人的心理健康状态不是只有健康与不健康两个泾渭分明的对立面，在健康与不健康之间存在着一个巨大的量变过程。从发现发展性问题到适应性问题再到障碍性问题，心理问题的严重程度是逐渐增加的，从健康到不健康有个逐渐过渡的过程。因此，心理健康状况与其说是正常与异常这两种类型上的差异，不如说是程度上的差异。

第三，心理健康具有发展性。心理健康状态并非静止的，而是处在不断变化之中。它随着人的成长、环境的变化而改变。既可以从不健康转变为健康，也可以从健康转变为不健康。所以，应用发展变化的眼光判断高职学生的心理健康状况。事实上，有些不健康的心理行为可能是人在成长中不可避免的发展性问题，或暂时性的心理表现，其状况会随着自身的发展而自行消失。

第四，心理健康具有协调性。把握心理健康的标准，应以心理活动为本，考察其内外关系的整体协调性。事实表明，从心理的构成要素看，无论哪一方面要素的缺损或丧失，或各要素之间不能协调地进行符合规律的运作时，都会危及心理健康。从心理过程看，人的心理活动应是一个有机统一的协调体，认知是健康心理的起点，意志行为是人格的体现，情感是认知与意志行为之间的中介因素。只有认知、意志、情感以及行为之间协调统一，一个人才能实现心理健康。从个性的角度来看，稳定性是个体的基本特征。因此，如果没有明显的、剧烈的外部因素影响，一个人的个性是不会轻易发生变化的，否则说明其心理健康状况可能发生了变化。

第五，心理健康具有差异性。组成心理健康标准的各要素，在个体身上并非同等发展，而是具有差异性的。即某些心理要素可能比另一些心理要素表现得更健康些，或更不健康些，而且在不同的时间和场合可能会有所差异。

第六，心理健康具有延伸性。心理健康标准反映的是个体良好地适应社会生活所具备的心理状态的一般要求，而不是最高的心理境界，即心理健康具有延伸性。所以，为了充分发挥自身潜能，达到最大可能的自我实现，每个人都应该把提高心理健康水平、充分地发挥自身潜能、促进自己的全面发展作为自己一生的发展任务。

总而言之，高职学生要提高心理健康意识，能从多维度了解自己的心理状态，但不盲目追求绝对的心理健康。在评估自己和周围人的心理健康状态时，能够客观、理性分析，保持正视心理健康的态度，做到有因可循，不盲从、不随意对号入座，重要的是发现了问题及时调适，积极寻求帮助，回到心理平衡状态。

单元二　心理特点与影响因素

高职学生是社会必不可少的技术型人才。作为接受高等教育的群体，高职学生的心理正处于发展的特殊阶段，又在社会变革时期经历着新事物的冲击，因此难免会遇到不适应、无法应对的局面和困扰，如人生、理想、学业、求职就业等一系列现实因素，处理不好会随之出现心理问题。客观把握高职学生心理特点，了解高职学生心理健康现状及影响因素，对于提高高职学生心理健康状况、加速其适应校园生活具有重要意义。

一、高职学生的心理特点

（一）心理发展特点

1. 认知发展特点

认知是一种认识过程，指人在认识客观事物的过程中，为了弄清客观事物的性质和规律而产生的心理现象。总体来说，高职学生的认知发展已经达到了较高的程度，也逐渐形成了自己的认知风格。绝大多数高职学生感知能力趋向完善，具有在抽象水平上精确地掌握理解各种事物及其关系的能力；富于幻想，想象中的合理成分及创造性成分明显增加；记忆力也处于鼎盛时期，记得多，记忆方法也更为灵活多样，有意记忆逐渐占据主要地位，且抽象记忆水平不断升高；但刚入学的大学生也受青春期“自我中心”的影响，在看问题时容易陷入非黑即白的思维中，批判性有余而客观性不足，有时显得不够成熟。

2. 情绪发展特点

在生活中，情绪是人的心理状态的“晴雨表”，它反映着每个人内在的心理状态。高职学生充满青春活力。随着校园生活的深入展开，高职学生的社会性需要增多，社会性情感（道德感、理智感和美感）也得到了充分发展。道德感的发展主要表现为产生了社会的使命感、责任感和义务感；理智感的发展主要表现为对真理的强烈追求，对所学知识充满兴趣和好奇心，并能充分体验到获得知识的乐趣和充实感；美感的发展主要表现为美的感受更加丰富，审美能力大大提高，审美体验日益深刻，不仅能体验到事物的外在美，也能体验到事物的内在美，创造美的能力不断增强，审美观念日趋完善，懂得了美与丑、善与恶的区别，学会了形式美和内在美的统一。高职学生正处在青年期，具有青年人共有的情绪特征，也容易灰心丧气，情绪来得快，平息也快。总的来说，高职学生的情绪特征正处于由波动性向稳定性逐步过渡的阶段。

3. 意志发展特点

意志是人自觉地确定目的，并根据目的调节支配自身行动，克服困难，实现预定目标的心理过程。它是人的意识能动性的集中体现。随着高职学生独立性和社会性的发展以及自我意识的增强，大部分学生都具有了较好的意志品质，多数已能逐步自觉地确定明确、富有社会意义的理想或者个人奋斗目标，并根据理想目标制定并实施计划，克服困难，朝着目标迈进，其意志的自觉性、独立性、坚韧性、自制性和果断性都有了较大发展。高职学生的意志品质已呈现出较高的水平，但发展不平衡，总体上呈现出以下特点：自觉性有很大提高，但惰性不同程度地存在；理智感大大增强，但自制力仍显薄弱；有毅力，但持久性相对不足；独立性明显提高，但伴有依赖性、逆反性；果断性增强，但带有一定的冲动性；意志品质发展具有不平衡性和不稳定性。大学时期，高职学生的各种意志品质迅速发展，但仍没有最后定型，有一定的可塑性。

（二）心理健康状况

近几年全国各地对高职学生心理健康状况的调查显示，总体而言，大多数高职学生的心理健康状况是积极、正向、良好的。具体而言，高职学生智力水平普遍较高，求知欲望强烈，对学习有浓厚的兴趣，学习效率较高；有完善的自我意识，能较好地认识和表现自己，对自己有恰当的评价，能较好地认识自己、悦纳自己；富有朝气和活力，态度积极，情绪比较稳定，乐观自信，对未来充满信心；意志健全，自觉性和自制力较强；人格完整统一，敢于竞争和不断进取；人际关系良好，对社会现状有较客观的认识，善于进行自我调节，社会适应良好。

总的来说，当代高职学生的心理健康状况是适应学校生活的，并有助于促进高职学生的健康成长。走向社会后，绝大多数的高职学生都表现出较好的社会适应能力。

当然，大学阶段一方面是高职学生人生发展的黄金时代，另一方面也是人生中充满矛盾纠结、身心发生较大的变化、趋向社会成熟而又尚未完全成熟的一个过渡期，是人生中最具有可塑性的时期。加之社会的迅速发展、生活节奏的加快，高职学生面临着生活、学习、择业等多重压力，每位高职学生在其成长的过程中都会遇到各种问题，遭遇种种挫折，从而出现这样那样的矛盾、冲突、困惑与不适。但高职学生所遇到的困惑大多数都是“成长的烦恼”，是一个人发展过程中难以避免的，甚至是成长所需要的。正是在经历种种磨难和挫折的过程中，高职学生获得了更好的心理发展和自我成长。但也有部分高职学生由于经历的挫折较大，自己不善调节，也没能得到外界的有效帮助，从而陷入困境中，严重的甚至可能引发心理疾病。

二、高职学生心理健康的影响因素

要培养高职学生具备健康心理，就必须弄清楚影响高职学生心理健康的因素。大量研究表明，影响高职学生心理健康的因素是多层面、多维度的，既有生物遗传因素，也有自身的原因，还有环境的影响，它是多种因素综合互动的结果。

（一）生物遗传因素

1. 大脑的器质性病变和有害物质的侵入

根据临床观察和专家的研究分析，脑器质性病变，如脑肿瘤、脑萎缩、脑炎、脑血管疾病、脑外伤等，会直接导致各种心理异常表现，甚至出现意识障碍、智能障碍、情感障碍和人格异常等。中毒也能引起各种心理疾病。麻醉剂、兴奋剂、镇静剂及长期酗酒、大量吸烟等导致的中毒现象也会改变人的正常心理活动。

2. 躯体疾病

各种躯体疾病，尤其是慢性疾病，常可使人变得烦躁不安，敏感多疑，情绪稳定性降低，行为控制力减弱，兴趣缺乏，人际关系变得紧张，严重的还可能导致心理障碍，包括情感障碍、智能障碍和人格改变等。

3. 遗传因素

大量研究表明，在精神疾病中，尤其是在精神分裂症、狂躁抑郁症等的发病因素中，遗传因素占有重要的地位。

4. 神经系统发育的健全性

神经系统的发育不健全，如大脑皮层和皮层下神经组织之间的相互协调作用有某种障碍，大脑皮层的兴奋和抑制过程的协调作用有某种障碍等，均可导致心理出现某种偏差。神经类型属于弱型的人更容易受到不良因素的影响而出现不健康的心理行为。

5. 生理发育因素

个体生长发育情况、人体的某些生理特征（如男生的身高、女生的体形以及外貌等）都会给高职学生带来心理压力，对其心理健康产生一定的影响。

（二）个人因素

1. 三观的确立

高职学生一方面正处于人生观、世界观、价值观逐步确立阶段，另一方面又面临多元价值体系的冲击，加之某些社会思潮的影响，使得三观的确立变得困难而复杂。三观的变化发展往往会影响高职学生对事物的判断及对人生道路的选择，使得高职学生在遇到困难时不能正确对待，错误的三观限制了视野，使其经受不住心灵的创伤，导致各种不适应现象的发生。

2. 认同的危机

大学阶段正是高职学生解决“自我同一性”危机的时期。因此，高职学生不断地反省自我和人生，思索着自己、社会以及两者之间的关系。在确定“自我同一性”过程中，高职学生会经历种种的内心矛盾和迷惘，情感起伏大，容易诱发一些心理障碍。而能否解决“认同危机”，本身也是心理健康水平的标志之一。

3. 个性发展状况

同样的环境因素，同样的挫折，不同的个体有不同的反应模式，这与人的个性有直接联系。性格内向孤僻、沉郁、压抑、过于自卑或过分自尊、急躁、冲动、固执、多疑、好钻牛角尖、易偏激、有太强的个人欲望和过高的个人期望、不善于人际交往、唯我独尊、爱慕虚荣、娇生惯养、感情脆弱等个性特征，都是不利于心理健康的，而其中有些本身就是心理障碍的表现。

4. 情绪调整能力

高职学生正处在情绪最强烈而又最动荡的时期，情绪富有冲动性，常摇摆不定、跌宕起伏。故容易缺乏冷静的思考，因而常会因做错事而懊丧悔恨。同时，由于情绪具有弥散性的特点，高职学生对事物的判断有时会失去客观性，表现在对挫折的判断上往往会以点概面、灾难化或夸大化。

5. 性的生物性与社会性冲突

从生理上看，处于青年期的高职学生已经性成熟，有了性的欲望与冲动，但由于社会道德、法律和理智的约束，这种欲望被限制和压抑着。一般情况下，高职学生通过学习、工作、文娱活动、社交等途径使生理能量得到正当释放，得到某种程度的宣泄、代偿、升华，否则容易产生不适当的性压抑。而不适当的性压抑是导致心理障碍的重要因素之一。

6. 挫折承受能力

一方面，由于整个社会的紧张性刺激增多而带来的应激或压力在广度和深度上都在增加，而另一方面，不少高职学生的心理调适能力却远远跟不上。在“过度保护”的环境中成长起来的高职学生，心理脆弱，遇到一点不顺利、不如意，就容易有挫折感。尤其是当受到的挫折相对强度较大或时间较长时，就会转向失望、自卑，变得心灰意冷、萎靡不振，还有些高职学生，在受到挫折、阻碍时，会表现出攻击性行为，甚至用暴力手段来解决问题。

7. 内心矛盾冲突

青年期的高职学生正处于由不成熟趋向成熟的过程中，成熟与不成熟常常交叠在一起，这典型地反映在其内心矛盾冲突中。比如，自立与依赖的矛盾，自信与自卑的矛盾，理想与现实的矛盾，知与行的矛盾，感情与理智的矛盾，需要与满足的矛盾，闭锁性与开放性的矛盾，冲动与压抑的矛盾，向善的愿望与从恶的意念的矛盾等。当一个人长期处于内心矛盾中或内心矛盾冲突强度过大时，加之外界某些事件的作用，就可能破坏心理平衡而出现心理障碍。

（三）环境因素

1. 校园环境的影响

大学是高职学生生活学习的主要场所，学校的环境和教育对高职学生的心理健康有着更直接、更深刻的影响。从高中步入高职生活后，高职学生会面临诸多的变化，包括生活环境的变化、学习方式的变化、人际交往方面的变化等，在适应这种变化的过程中，高职学生易产生心理的不适应。其中一部分人在学习过程、为人处世、就业工作等方面遇到些许障碍就感到难以应对，选择自暴自弃，从此堕落，进而出现相应的心理问题；更有甚者会采取轻生等方式逃避。此外，不健康的校园文化也影响着高职学生的思想。社会上一些低级庸俗潮流通过多重渠道向校园辐射，使原本清净的校园滋生了不健康现象。一些学生热衷于追求新潮时髦，热心于牌桌酒楼，流连于花前月下，考试作弊，弄虚作假，更有甚者深陷校园贷不可自拔，这些现象严重影响了高职学生的身心健康。

2. 家庭环境的影响

父母是孩子的第一任教师，对学生的成长和成才的影响是长久而深远的，这种影响包括过去生活中造成的和此时此刻正在发生的。家庭因素中比较重要的有父母的教养态度和方式、家庭结构、家庭的情绪氛围、家庭经济状况等方面。

（1）父母的教养态度和方式　父母的教育方法直接影响着孩子的行为和心理。父母教养方式一般有“权威-民主型”“独断-专制型”“宽容-溺爱型”“放任-忽视型”四种。其中后三种容易造成子女的心理问题。一般来说，民主、平等而非命令的、居高临下的，开明而非专制的，潜移默化而非一味娇宠的教养态度与教育方法有利于学生心理的健康发展。

（2）家庭结构　父母双方或一方去世、单亲家庭、重组家庭、家人有违法犯罪行为等因素也会对孩子的心理产生一定的影响。处于残缺型家庭结构的子女因为缺少与家人的正常情感沟通，经常体会不到亲情的温暖，归属感和爱的需要得不到满足，容易导致其情绪不稳定、心理不平衡、人际关系不协调、自我评价不恰当、价值观念不正确、不同程度地阻碍或扭曲了健康人格的发展。需要特别指出的是，家庭成员间互相联系的方式比家庭结构本身更重要。

（3）家庭的情绪氛围　家庭氛围是身处其中的人形成良好心理素质的前提，家庭成员间的语言及人际氛围直接影响着家庭中每个成员的心理。家庭成员之间的和谐、融洽、相互体谅与关心，尽管遇事会产生意见分歧，但在原则问题上能团结一致。在这种氛围下，子女不但能体会到关怀、幸福和温暖，而且能学会与人沟通、交流与合作的方法，从而使子女的思维、意志、能力等得到和谐发展，并从中获得安全感，形成乐于接受教育的自觉性。相反，如果家庭成员间紧张敌对、冷淡疏远，子女常处于相互指责、争吵、缺乏爱和温暖的家庭氛围中，极易使其缺乏安全感，产生焦虑、不安、恐惧的情绪，形成孤僻、怯懦、自卑、偏执、退缩、封闭的性格，对事情冷漠、不合作。

（4）家庭经济状况　在人们遭受的挫折中，贫困是比较常见和短期内难以改变的。贫困生作为大学校园中的一个特殊群体，承受着较大压力。贫困高职学生由于经济条件差、生活压力重，往往也容易在心理上承受较大的压力。一部分高职学生因此产生自卑、抑郁、焦虑、孤僻、嫉妒、人际关系敏感、攻击性、退缩、自我封闭等一系列的心理行为问题，给其学习、生活等诸多方面造成了不良的影响。当然，也有一部分贫困高职学生自强自立，反而比一般的高职学生成长得更快。

自助指南

想家了，怎么办？

在离家求学的过程中，想家是高职学生需要面对的最为平常的问题。一些高职学生在入学后几天或几周开始想家，还有的在第一学期结束时才出现想家的感觉，也许还有人是假期回来以后，甚至直到第二学年才开始想家。但可以确定的是，几乎每个人在一生的某些时刻都出现过不同程度的想家的问题。

一方面，想家是一种积极的情感，它说明家让你的情感有了归属，是你的安全基地。另一方面，想家的感觉并不好受，你会由此感到悲伤、脆弱、不适应。那么，你可以做些什么？

（1）承认自己想家，并理解这是很自然和正常的反应，要知道很多同学与你的感觉是一样的，只是他们没有告诉你。因此，请允许想家的感觉出现和存在。

（2）饮食规律、睡眠充足，适当的休息和营养对情绪及身体健康都是必需的。

（3）与老师、兄长、朋友或离开家的同学谈心。

（4）和家人保持联络，通过电话或书信诉说自己的经历，但注意不要过分依赖。

(5) 和自己的其他大学或学院的同学保持联系，分享彼此的经历。

(6) 参加一些学生社团或活动，尽量使自己融入宿舍的生活。

(7) 探访校园和周边环境，邀约朋友一起游山玩水、参观文物古迹，发现日常生活中的乐趣，回到家里后与家人和朋友分享自己的见识和感悟。

(8) 充分利用学校的资源，积极参加讲座、文娱活动，进行体育锻炼。

(9) 计划好回家的时间并做好安排，这有助于减少回家的冲动，并使调整的过程变得轻松。

(10) 要给自己一定的时间去调整。克服想家对很多人来说是一个循序渐进的过程。如果你持续地想家，或想家明显影响到学习或人际交往，应考虑与学校的心理咨询师谈一谈。

3. 社会环境的影响

社会急剧变革，导致多种社会问题凸显；人口膨胀、交通拥挤、空气污染、社会关系紧张和社会阶层复杂多变等，构成了不良的心理应激；现代社会的生活节奏加快，竞争加剧，在很大程度上加重了高职学生的心理压力；信息负荷过重，社会信息化、网络化的瞬息万变，给高职学生的心理适应能力带来了巨大的冲击；多种文化的交汇所带来的冲突，观念的多元和多变，使部分高职学生失去了稳定感，变得难以认同，无所适从。

单元三　心理健康的促进

《普通高等学校学生心理健康教育课程教学基本要求》指出“加强和改进高职学生心理健康教育是全面落实教育规划纲要、促进学生健康成长、培养造就高级专门人才的重要途径，是全面贯彻党的教育方针、建设人力资源强国的重要举措，是全面提高高等教育质量、加强和改进高职学生思想政治教育的重要任务。”心理健康是高职学生成长成才的基础，将高职学生心理健康列入政策要求之中，表明了提高学生的心理健康程度是学校的重要任务，也是高职学生大学生涯的必修课。虽然学校、家庭、社会需要为高职学生创造一个有利于身心健康发展的好环境，但更重要的是，高职学生应该做提高自己心理健康水平的主人。

一、重视心理健康，树立正确三观

高职院校学生心理问题的发生具有普遍性，大量的研究结果显示：学生出现心理问题的人数在逐年增加，且心理问题呈严重化趋势。心理健康状态直接关系到高职学生的生存和学业。这就要求高职学生必须意识到自己保持心理健康的重要性，主动地关注自身的心理健康，树立科学的心理健康观，有意识加强心理上的自我调适，按照社会和时代的要求塑造自己，使自己在人生道路上具有不断拓展的能力。

大学阶段是人的一生中世界观、人生观、价值观形成的关键时期。对于在校高职学生来说，正确的人生观、世界观和价值观是良好心理健康的体现，能促使人对社会、对人生保持正确的认识，使人能够更合理地分析客观事物，进而增强人适应社会环境的能力。确立是非观、荣辱观，充分发挥主观能动性调节自己的心理状态，提升道德修养，维护集体利益，创造利他利己的和谐社会氛围，提高心理健康水平。

知识链接

全国大学生心理健康日

2000 年，由北京师范大学心理系团总支、学生会倡议，随后十多所高校响应，并经有关部门批准，确定 5 月 25 日为“北京大学生心理健康日”。

“5. 25”是“我爱我”的谐音，对此，发起人的解释是：爱自己才能更好地爱他人。2004 年共青团团中央学校部、中华全国学生联合会共同决定将每年的 5 月 25 日定为全国大学生心理健康日。该节日意在提醒大学生们要“珍惜生命，关爱自己”，其核心内容是：关爱自我，了解自我，接纳自己，关注自己的心理健康和心灵成长，提高自身心理素质，进而爱别人，爱社会。

北京师范大学一直以来都高度重视学生的心理健康教育工作，积极营造良好的心理教育氛围，普及心理健康知识，并努力打造宣传教育平台，激发学生对生活的热情与激情。该校现已形成心理健康宣传月（即“5. 25”我爱我活动）、心理素质提升（即“3. 25”善爱我活动）和精神卫生（即“10. 10”疾病防控宣传）三大平台；不断拓展宣传途径和形式，开展了心理知识竞赛、主题班会、画班报比赛、心理健康形象大使选拔赛、主题辩论赛、心理电影赏析、演讲比赛、漫画展、图片展、趣味心理运动会、心理沙盘体验、与智者对话座谈会、读书分享会、悦跑、短视频拍摄、主题摄影等活动，内容丰富、形式多样，为学生营造健康、积极向上的校园环境，激发学生对自身心理健康的关注。

二、掌握心理知识，加强调节能力

高职学生处于青年期阶段，从心理发展的意义上说，经验和知识的欠缺决定了这个时期的高职学生在心理发展过程中难免会发生许多尴尬、困惑、烦恼和苦闷。另一方面，社会竞争日趋激烈，生活节奏日益加快，科学技术急剧发展，也会在即将进入社会的青年学生中引发心理矛盾或冲突，例如父母下岗、生活变故、学习成绩不佳、交友失败、失恋等。这些心理问题如果总是挥之不去，日积月累就有可能发展成为心理问题，甚至心理障碍。人的心理发展具有阶段性和连续性，高职学生要能够自主且有效地维护心理健康，就需要对自身现阶段的心理特点和心理发展的规律有所了解。因此，高职学生要用知识来武装自己，积极学习心理健康教育的相关课程、专题讲座、学术报告等，自觉阅读心理健康相关书籍或收看、收听相关的广播和影视节目等，有了一定的心理健康知识，增强了对自身的心理状况和特点的了解，就掌握了心理健康的主动权。

此外，要保持良好的心理健康水平，还要拥有自助能力。高职学生可以主动培养自身进行压力情绪管理和调节的能力、掌握挫折应对的技巧，充分发挥主观能动性进行自我调节，保持同现实的良好接触，努力实现自己的理想目标。需要注意的是，当心理压力过大，内心冲突强烈时，自我调适有可能难以奏效。此时就应积极取得家庭、学校和社会的支持，争取亲朋好友的帮助，尤其是应及时、主动寻求心理咨询机构或心理健康教育中心（图 1-2）的帮助。

咨询室

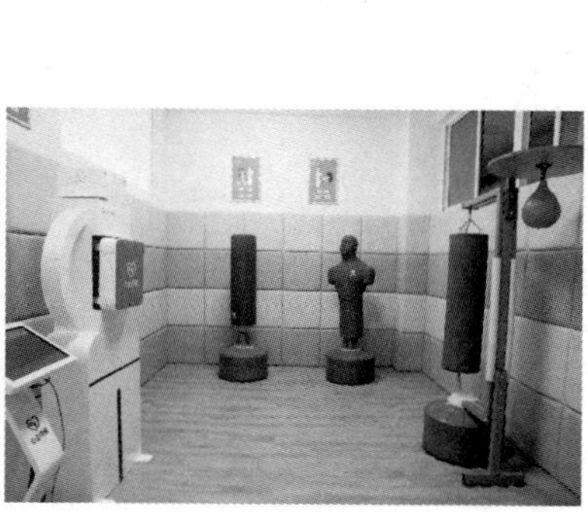

宣泄室

沙盘室

团辅室

图 1-2　心理健康教育中心一览

拓展阅读

马斯洛提出的调控自我的七条建议

（1）把自己的感情出口放宽，莫使心胸如同瓶颈。

（2）在任何情境中，都尝试从积极、乐观的角度看问题，依据长远利益做决定。

（3）对生活环境中的一切多欣赏、少抱怨，有不如意之处设法改善，坐而空谈不如起而实行。

（4）设定积极而有可行性的生活目标，然后全力以赴求其实现，但不能期望未来的结果一定不会是失败。

（5）对是非之争辩，只要自己认清真理、正义之所在，纵使违反众议，也应挺身而出，站在正义的一边，坚持到底。

（6）莫使自己的生活僵化，为自己在思想与行动上留一点儿弹性空间，偶尔放松一下身心，将有助于自己潜力的发挥。

（7）坦诚待人，让别人看见你的长处和缺点，也让别人分享你的快乐和痛苦。

三、健全自我意识，培养健康人格

发展健全的自我意识，一是必须对个人有正确的评价。高职学生通过与自己、与他人的比较中，形成对自己的一个正确的全面的认识和评价，就能够取长补短，调控自我、发展自我和完善自我。二是要欣然接受自我，恰当展示自我。欣然接受自我有助于维护和增进心理健康。将一个真实的我、本来的我展示于人们面前，可以让别人了解自己，展示自我有助于密切人际关系，有助于正确认识自我和评价自我。三是要努力塑造自我，积极超越自我。超越自我就是超越现实自我而成为理想自我的过程。高职学生不应满足于现在的“我”，而应充分认识到自己所处的时代，全力发挥自己的才华，发掘自己的潜能，使自我得以发展。

心理健康的人，其人格的各方面能平衡发展，且在人的整体的精神面貌中能够完整、协调、和谐地表现出来。人格完善的人讲仁爱、守诚信、崇正义、尚和合、求大同，思考问题的方式是适中和合理的，待人接物能采取恰当灵活的态度，对外界刺激不会有偏颇的情绪和行为反应，能够与社会的步调合拍，能与集体融为一体。因此，高职学生应当正确评价客观事物，正确对待自己和他人；善于管理情绪，反应适度，主动有效地适应社会环境和学校生活。

拓展阅读

讲仁爱、守诚信、崇正义、尚和合、求大同

中华传统美德中倡导的“讲仁爱、守诚信、崇正义、尚和合、求大同”的精神和良好行为规范，是中国传统道德的精华。

讲仁爱，意指守望相助，扶危济困，作为高职学生，我们要关注周围需要帮助的同学，尽自己的全力及时施予援助之手，在校园中传播爱，通过真情、真心、真诚拉近同学们的距离，滋润彼此的心田。

守诚信，是指高职学生要讲诚信、懂规矩、守纪律，襟怀坦白、言行一致，心存敬畏、手握戒尺，诚心待人、表里如一，坚决抵制见利忘义、虚假欺骗等行为。

崇正义，意味着我们要在学习生活中做事追求公平正义，加强自身道德修养，互相监督，追崇见义勇为的行为，行侠仗义，为社会的和谐稳定共同努力。

尚和合，是指中华文化崇尚和谐，中国“和”文化源远流长，蕴涵着天人合一的宇宙观、协和万邦的国际观、和而不同的社会观、人心和善的道德观。在5000多年的文明发展中，中华民族一直追求和传承着和平、和睦、和谐的坚定理念。高职学生要相亲相爱、和谐相处，将以和为贵，与人为善，己所不欲、勿施于人等理念在中国代代相传，深深根植于中国人的精神中，深深体现在中国人的行为上。

求大同，“世界大同，和合共生”这些都是中国几千年文明一直秉持的理

念。中华民族历来讲求“天下一家”，主张民胞物与、协和万邦、天下大同，憧憬“大道之行，天下为公”的美好世界。尽管同学之间因为性格和成长背景的差异存在这样那样的分歧矛盾，也免不了产生这样那样的磕磕碰碰，但大家都生活在同一片蓝天下，拥有同一个家园，应该是一家人。

总的来说，中华民族传统美德是我国人民两千多年来处理人际关系、人与社会关系和人与自然关系实践的结晶。我们要传承中华民族传统美德，弘扬社会主义新风尚，坚持正确义利观，做到义利兼顾，要讲信义、重情义、扬正义、树道义，热爱生活，懂得感恩，与人为善，明礼诚信，争当学习和实践社会主义核心价值观的小模范，把中华民族优秀品质、优良民族精神、崇高的民族气节、高尚的民族情感及良好的民族习惯传承下去！

四、参加实践活动，提高健康水平

高职学生要积极参加形式多样、健康有益的校园文化活动，满足这个年龄阶段青年人的精神需要和心理需要，从而达到相对稳定的心理健康状况。通过参加各类校园文化活动，如参加社团的演讲比赛、摄影活动、故事分享会，或加入心理社团的朋辈咨询小组、心理沙龙、心理协会、心理剧团等，展现自我，扩大人际交往，在团体互相尊重、互相关心、互相帮助、和睦友好的相处过程中，践行“友善”的社会主义核心价值观，从而获得更广泛的社会支持系统。此外，体育活动可以强身健体，一个人如果身体健康，精力充沛，自然有利于承受各种现实困难和学习、生活中种种矛盾形成的心理压力。所以，坚持体能锻炼是产生乐观精神，保证心理平衡与健康的首要条件。各种各样的文体活动对高职学生的身心健康有着极其明显的效应，不仅有益于身体健康，还能促进智力发展，改善人际关系，促进和完善人的个性，促进适应校园环境。

心理训练

1. 心灵抒写，悟人生之谛

在你的生活中，是否曾有过那么一瞬间，因为一个人、一件事、一段经历，让你猛然感受到生命的可贵、生活的美好。如果有，请拿起笔，去找寻探索观察身边那些拥有渺小而伟大、伟大而绚烂人生价值的人和事，并结合你个人的成长经历、思考或领悟，抒写你对人生的认识和理解，以及它对你今后的人生理想、信念、奋斗目标的意义。

记录生活的美好瞬间

我观察到生活中美好的事物有______________________________。

我当时的感受是____。

它带给我的人生启迪是____________________________________。

2. 生活摄影，感生之顽强

摄影可以记录生活，用心灵去捕捉生命的活力与美好，如图 1-3 所示。同学们可以走出寝室，在校园中、在大自然中透过摄像头领悟生命的韵味，感受生命的美好及伟大，看清楚生命的价值与意义。照片是时间留下的证据，通过照片分享，我们可以发现生命的顽强与坚韧，感受到拍摄者对生命的敬畏和对美好生活的追求，在这个过程中培养尊重生命、热爱生活的积极态度，领悟生命在阳光下的迎风灿烂绽放。

图 1-3　摄影作品一览

3. 生命守护，见成长之美

一花一世界，通过生命守护活动，以花育人。通过培养花卉，可以提高个体的认识能力、观察力、动手操作能力，开发想象力，培养意志行动能力，提高对情绪情感的调节能力和个体的审美情趣、欣赏美的水平。同学们可以选择自己喜欢的花卉进行种植，在培育生命的过程中挖掘生命守护历程中你在陪伴植物时的感触、感悟，在表 1-2 中记录心路历程，在花卉的芳香和美妙中体会到认真努力成果的滋味，让好花常开，好景常在。

表 1-2　　生命守护日记

你参加此项活动的初心：	
你为什么选择这个品种：	
在守护过程中发生了哪些令你触动的事：	
你当时的感受是什么，做了什么：	
培育花卉丰富了对生命的哪些认识：	
生命记录：请在下方记录生命的发生发展变化及你的疑惑，以便进行经验分享。	
第一周	
第二周	
第三周	
第四周	
第五周	
第六周	
第七周	
第八周	

4. 挥洒汗水，谱生命之韵

跑步可以让人们感受生命的律动，释放压抑在内心的不良情绪，使得自己可以用更好的心态去积极面对今后的学习和生活；跑步还可以放飞自我，与一起跑步的人建立起新的友谊，拓展了自己的人际关系。学校或学生团体可以在心理健康宣传月活动中，组织“悦跑”活动，即通过宣传运动对健康心理和生活的积极作用，组织为期一个月的慢跑活动，让同学们走出宿舍，与志同道合的人一起慢跑打卡，在跑步中放飞自我，用心去享受“悦跑”带给自己的快乐和成长，提高心理健康水平。

人的心理是在社会文化交往、社会实践活动中形成和发展的，因而健康丰富的社会文化交往、社会实践活动不仅有利于高职学生丰富生活知识和情感体验，增长和发展智能，锻炼意志品质，提高实践能力和心理素质，而且有利于高职学生自我教育能力的增强。只有在社会文化交往和社会实践活动中，高职学生才能充分发挥自身的主观能动性，才能积极、主动、自觉地进行自主探索和自我发展，在自我发现、自我分析、自我判断、自我选择、自我解决问题的过程中成长和发展，在参与活动中获得亲身体验和感悟，培养自主、自强的创新精神，磨炼不怕困难、不怕挫折、艰苦奋斗的意志品质；在服务人民、服务社会的过程中锻炼和提高社会适应能力，自觉把小我融入大我，将社会主义核心价值观内化为精神追求，外化为自觉行动，从而促进自身心理健康。

五、养成良好习惯，创造健康生活

生活方式是指人们在日常生活中，由个人情趣、爱好和价值取向等决定的活动形式和行为特征。健康的生活方式是一个人身心健康的重要保障。一般来说，生活方式健康的人往往心理健康状况较好，反之心理健康状况欠佳。健康的生活方式是指生活有规律、劳逸结合、科学用脑、坚持体育锻炼、少饮酒、不吸烟、讲究卫生等。对高职学生而言，健康的生活方式包括：一是合理作息，起居有常，早睡早起，充足睡眠；二是平衡膳食，按时就餐，体重保持正常水平；三是科学用脑，实行时间管理，提高学习效率，劳逸结合，有张有弛，避免用脑过度；四是积极休闲，选择文明高雅的休闲娱乐方式，愉悦身心；五是适量运动，最好能保证每天至少半小时规律的体育活动时间。

知识巩固

专题一　知识巩固

课外拓展

1. 书籍推荐

《我很重要》（图 1–4），毕淑敏著，山东文艺出版社，2016 年。

图 1–4　《我很重要》

这是一本对每个人来说都极有价值的书，书中谈到：“对于一株新生的树苗，每一片叶子都很重要。对于一个孕育中的胚胎，每一段染色体碎片都很重要。甚至驰骋寰宇的航天飞机，也可以因为一个密封橡皮圈的疏漏而凌空爆炸——你能说它不重要吗？人们常常从成就事业的角度，断定我们是否重要。但我要说，只要我们在时刻努力着，为光明而奋斗着，我们就是在无比重要的生活着。让我们昂起头，对着我们这颗美丽的星球上无数的生灵，响亮地宣布——我很重要。”愿《我很重要》这本书能给同学们带来追求光明的勇气，向自己证明，让世界承认：你很重要。

2. 影视推荐

《山花烂漫时》(图 1-5)，导演费振翔，2024 年。

该剧根据七一勋章获得者、时代楷模、丽江华坪女子高级中学张桂梅校长的真实事迹改编，讲述了以张桂梅为代表的基层共产党员，将一生奉献给贫困山区教育事业，创建全国第一所全免费的女子高中，让一批又一批女孩走出了大山、改变了命运的故事。该剧是一部触动心灵的好剧。其告诫我们，作为教师，除了教书育人，更应当像张校长那样，关心关爱学生，给予他们精神力量；作为学生，要明白知识改变命运的道理，持续地学习和成长，进而为自己布局更精彩的人生。

图 1-5　《山花烂漫时》

专题二　护航心理健康
——高职学生常见心理问题及干预

专题体系结构

- 专题二
  - 心理问题的识别与分类
    - 心理问题的识别
      - 心理活动与外部环境是否具有同一性
      - 心理过程是否具有完整性和协调性
      - 人格心理特征是否具有相对稳定性
    - 心理问题的分类
      - 发展性问题
      - 障碍性问题
  - 心理问题的常见类型（教学重难点）
    - 一般性的成长心理问题
      - 入学适应问题
      - 自我意识问题
      - 人际交往问题
      - 情绪情感问题
      - 恋爱与性心理问题
      - 学习学业问题
      - 职业发展问题
      - 网络使用问题
    - 心理障碍
      - 抑郁障碍
      - 双相障碍
      - 焦虑障碍
      - 强迫症
      - 疑病障碍
      - 进食障碍
      - 睡眠障碍
      - 精神分裂症
  - 心理问题的干预
    - 从个人层面，采取自我调节和积极求助（教学重点）
      - 正视心理问题，发挥自助功能
      - 寻求心理咨询，消除心理困惑
      - 接受心理治疗，重获心理健康
    - 从学校层面，开展心理健康教育的工作
      - 加强心理健康课程建设
      - 做好心理健康测评工作
      - 强化心理咨询辅导服务
      - 举办心理健康专题讲座
      - 加强学生心理社团建设
      - 开展心理健康教育活动
    - 从家庭层面，创造利于预后的家庭环境
    - 从社会层面，助力心理问题预防和康复

专题二　护航心理健康

——高职学生常见心理问题及干预

专题概述

本专题主要围绕心理问题的识别与分类、高职学生心理问题的常见类型及干预等内容展开，重在使高职学生学会识别常见心理问题，能用恰当的方式应对心理问题并预防心理障碍。

专题目标

1. 知识目标

使学生了解心理问题的识别方法，理解心理问题的常见类型，掌握应对心理问题的方法。

2. 能力目标

使学生具备识别和应对心理问题的能力。

3. 素质目标

使学生具备关爱自己、关心他人的品质，能够正确看待心理问题，善待他人。

专题导入

青年期是人的一生中心理发展变化最激烈的时期，面临一系列生理、心理、社会方面的适应课题。处在这一特定阶段的学生们，由于心理发展不成熟、情绪不稳定，心理冲突和矛盾时有发生。从中国高校的普遍情况来看，多数学生的心理是健康的，但也有相当一部分学生的心理健康状况不容乐观。研究发现，高职学生心理健康水平略低于全国大学生心理健康常模，尤其在人际关系压力、焦虑、抑郁等水平上高于普通大学生，说明心理亚健康状态已成为当代高职学生比较普遍的现象，体现了当前心理健康教育的紧迫性、必要性和艰巨性。

单元一　心理问题的识别与分类

心理问题是指一个人在其成长的过程中，受自身生存环境的影响，在没有认知障碍和智力障碍的情况下，形成的一种不协调的心理状态。一般认为，人的心理及行为是一个由正常逐渐向异常、由量变到质变，并且相互依存和转化的连续谱。在现实生活中，每一个人都在一定程度上存在心理问题，即人的心理问题具有普遍性，只是程度不同而已。

一、心理问题的识别

正常心理和异常心理并无明确的界限，正常人在某个时期也会有异常心理活动，精神病人哪怕是最严重时也有正常心理活动。判断一个人心理是否异常及异常的程度，有以下三大基本原则。

（一）心理活动与外部环境是否具有同一性

一个人的所思所想、所作所为是否正确地反映外部世界，与外部世界无明显差异。一个人正常的心理及受它支配的情感和行为，应与外界相协调，而不应存在明显矛盾和冲突，其言谈举止，应该能被正常人所理解。比如一个同学与室友发生冲突之后，变得害怕与人交往，担心公共场合别人会评价自己，因此回避人际交往。这种恐惧相对于客观实际来说是夸大的、不必要的，其心理反应与外部环境是不协调的，是一种心理不健康的表现。

（二）心理过程是否具有完整性和协调性

人的心理活动过程中知、情、意是否完整，是否协调一致。一个人的心理活动应与受它支配的情感和行为是一致的，人们常说："人逢喜事精神爽，闷来肠愁睡眠多；酒逢知己千杯少，话不投机半句多。"都体现了这种一致性。比如一位同学的母亲不幸被查出绝症，这位同学面带笑容地讲述他母亲做检查的经历，我们说他对痛苦的事件缺乏相应的内心体验。认知、情感、意志和行为不协调，是一种异常心理状态。

（三）人格心理特征是否具有相对稳定性

在没有重大的外部环境改变的前提下，人的气质、性格、能力等人格特征是相对稳定的，行为表现出一致性。一个人受到遗传、家庭教育、成长环境等因素的影响，会使他们对现实有一个比较稳定的态度和习惯的行为模式，这就是人的人格。人格具有相对稳定性，如果一个人一直是话多而爱交往，但近来变得寡言少语、回避社交，给人一种判若两人之感，就需要引起重视。

需要注意的是，心理问题的识别不能仅根据一些情绪或躯体现象就轻易做出判断，更不能简单地"对号入座"。在识别心理问题时，通常需要结合多种方法，综合进行判定，常用的方法包括：调查法、观察法、会谈法、测验法等。盲目给自己或他人贴上心理问题的标签，这对降低紧张情绪和缓解心理痛苦是很不利的，这种消极暗示有时还会使情绪和躯体反应进一步加重，而给身心调整带来阻碍。

二、心理问题的分类

通常情况下，按严重程度不同，可将心理问题分为发展性问题和障碍性问题。其中，障碍性问题分为轻型障碍和重型障碍。

（一）发展性问题

发展性问题指伴随个体心理发展而出现的问题。这类心理问题一般是与个体希望了解自己的能力，最大限度发挥潜能，实现最大目标，达到更高境界相联系的，所以称之为发展性心理问题。高职学生入校的适应问题、人际关系、情绪困扰、恋爱疑惑等都属于发展性问题。发展性问题通常是在近期发生的且持续时间不长，问题的内容没有泛化而只局限在引发事件本身，个体的心理反应不强也没有严重影响思维的逻辑性，能基本维持正常生活、学习、社会交往，但效率有所下降。发展性心理问题在所有的高职学生中都有不同程度的存在，这是心理健康教育的一个重点。

自我觉察

发展健康的生活方式

审视你的生活方式，有哪些是健康的或不健康的？针对不健康的生活方式，请为自己制订一个具体的改变行动计划，并填入表2-1。

表2-1　　行动计划表

我的不健康的生活方式	对健康的影响	具体改进措施

（二）障碍性问题

1. 轻型心理障碍

轻型心理障碍指个体在认知、情绪反应和人格系统等方面存在某些缺陷，从而导致在与外界接触、交流过程中产生障碍，不能有效地适应社会环境，但其意识清醒，对解决自己的心理问题有较迫切的要求。心理障碍有反应强烈、持续时间长久、内容充分泛化和自身难以克服的特点，个体的正常生活、学习、社会交往会明显受损。这类问题大多是由于心理成长问题没有得到及时有效的解决而转化升级形成的。

2. 重型心理障碍

重型心理障碍占心理障碍的一小部分，如精神分裂症。患者整个心理反应系统出现了较为严重的病变，认知、情感、意志和行为等心理功能出现明显异常，大都对自身的异常心理状况缺乏认识能力，不能应付正常生活，不能与现实保持恰当的接触。高职学生中属于精神分裂症的患者只占极少数。精神分裂症需要医疗模式进行治疗，配合心理咨询改变影响正常生活的行为与思维方式，以消除或减轻心理上的痛苦与压抑，控制或摆脱变态的行为。

拓展阅读

心理障碍的成因

生物学因素、应激性生活事件、性别角色、父母教养方式、社会阶层、社会经济状况、种族、文化、宗教背景、人际关系都可影响心理障碍的形成和发展。

1. 应激性生活事件

应激是指机体在受各种环境因素刺激时所出现的全身性非特异性适应反应。应激反应取决于个体的遗传素质、早年环境影响、所获得的知识与经验等因素与应激源的相互作用。高职学生的应激源既有学业、沟通、恋爱等生活事件，也有洪水、地震、交通事故等社会问题，还有个人的特殊遭遇如先后天的身体缺陷、被虐待、被遗弃等经历。其中严重的负性生活事件，常会导致各种急慢性应激反应，甚至引起心理障碍，如创伤后应激障碍等。

2. 成长环境

不良的生活方式、父母教养方式都会对一个人的人格发育产生不良影响。学校的成长经历也对个体的人格、价值观等有着重大的影响，如不恰当的学校教育、过高的学业要求、不良的校园人际关系、不良的社交圈等常影响高职学生的三观和言行，继而影响心理发展。

3. 社会背景

随着社会的发展与变迁，人们的生活方式、生活内容、情感思维等也无时无刻不在发生着变化。如人们的生活节奏明显加快，学习、工作、婚恋、人际关系也变得更加复杂。高节奏、高压的生活状态等增加了心理障碍如焦虑、抑郁、疑病的产生。

单元二　心理问题的常见类型

根据心理问题的一般分类标准，结合高职学生自身身心发展的特点，其心理问题综合起来大体可以分成两大类：一是一般性的成长心理问题，即发展性问题，有些心理障碍倾向但并不严重，这是高职学生最主要也是最常见的心理问题类型；二是严重程度不等的心理障碍，即障碍性问题。高职学生中患有心理障碍的相对较少，需要注意的是，在一个人身上可能会同时伴随有多种类型的心理问题，存在共病的现象；而一种心理问题的出现也可能会诱发其他的心理问题。

一、一般性的成长心理问题

成长心理问题主要包括：入学适应问题、自我意识方面的问题、人际交往问题、情绪问题、恋爱与性心理问题、学业问题、职业发展问题、网络使用问题等。

（一）入学适应问题

入学适应问题在刚入学的新生中较为常见。初到学校，在自我认知、同学交往、自然环境等方面都面临着全面的调整适应，这对远离家乡和亲人、离开熟悉的生活环境的高职学生来说，通常会产生不同程度的心理冲突。多数新生会在经历过一个短暂的适应期之后便能投入正常的大学生活中。部分新生由于自身的自理能力、适应能力和调整能力较弱，对变化的新环境无所适从，出现食欲不振、失眠、烦躁及注意力不集中等症状，个别严重者甚至不能正常坚持学习以致退学。

（二）自我意识问题

自我意识是影响高职学生心理健康的重要因素，人的所有行为无不在受意识的影响。自我意识是高职学生认识自我、发展自我、完善自我的重要条件，但由于自我意识的认知过程相对漫长，因此在这个过程中往往会使人出现意识偏差，甚至陷入认知矛盾的状态，如理想自我和现实自我的矛盾、满足感和空虚感的矛盾、独立性和依赖性的矛盾、理智和情感的矛盾等。这些矛盾解决不好往往会造成不良的心理反应，影响心理健康。

（三）人际交往问题

与高中生相比，高职学生的人际交往更为复杂、广泛，更具社会性，但由于认识、情绪和个性因素的影响，再加上生活经验有限且缺乏人际交往的技巧，在交往中往往会遇到各种困难和挫折，从而影响心理状态。如部分高职学生与同学关系紧张，觉得自己无依无靠，或抱怨别人不理解自己，或以自我为中心，或对他人态度冷漠；部分高职学生因为嫉妒或猜疑，无法积极融入集体学生生活中。

（四）情绪情感问题

稳定的情绪、积极良好的情绪反应，是影响学生成长成才的重要因素。高职学生常见的情绪问题包括以下几类。

1. 情绪失衡

情绪失衡，即情绪具有一定的不稳定性和内隐性，表现为情绪波动较大、感情容易冲动、喜怒无常。

2. 抑郁情绪

抑郁情绪，即一种持续时间较长的低落消沉的情绪体验，对什么事都提不起兴趣、常感精力不足、注意力难以集中、心情压抑沮丧、懒于甚至逃避参与活动。

3. 焦虑情绪

焦虑情绪，即一种紧张、害怕、担忧混合交织的情绪体验，被焦虑困扰的高职学生内心常感紧张不安、注意力难以集中、思维迟钝、记忆力减弱，常伴有头痛、心慌、失眠、食欲不振及肠胃不适等躯体症状。

拓展阅读

有助于改善抑郁情绪的食物

全麦面包：全麦面包能帮助色氨酸的吸收，而色氨酸能有效调节情绪，因此在吃富含蛋白质的肉类、干酪等食品之前，先吃几片全麦面包，可以保证色氨酸进入大脑，而不至于被其他氨基酸挤掉。

甜品：甜品能为大脑提供必需的能量，使人的精神进入最佳状态，感觉精力充沛，还可以使人更易入睡及减轻人们对痛楚的敏感。

鱼：全世界住在海边的人都比较快乐，不只是因为大海让人神清气爽，还因为他们把鱼当作主食。无论是芬兰、英国、美国的研究都发现相同的结果：人均吃鱼量较高的地区发生严重抑郁障碍的比例要低得多。

水：每天都应该喝足够的水，以防止因为缺水而使人感到萎靡不振。不能用咖啡或其他含咖啡因的饮料代替饮水。

南瓜：红彤彤的南瓜是秋天里的一处风景，它之所以和好心情有关，是因为它们富含维生素 B_6 和铁，这两种营养素能帮助身体所储存的血糖转变成葡萄糖，而葡萄糖是脑部的燃料，燃料充足自然心情愉悦。

香蕉：香蕉能帮助人脑产生一种神经递质，它是一种化学的“信使”，能将神经信号送到大脑的神经末梢，促使人的心情变得安宁、快活，甚至可以减轻疼痛。它富含的镁能缓解紧张情绪。含有的生物碱可以振奋精神和提高信心。香蕉还是色氨酸和维生素 B_6 的超级来源，这些都有利于调节情绪。

巧克力：一些在受不良情绪困扰或是经前的女士会特别想吃巧克力，这是因为巧克力具有镇定作用。法国科学家发现，巧克力的独特味道、质感和气味的共同作用刺激了人脑的快乐中枢，使人感到心情愉悦。

牛奶：温热的牛奶向来就有镇静、缓和情绪的作用，尤其对经期女性特别有效，可以帮她们减少紧张、暴躁和焦虑的情绪。

辣椒：辣椒中含的辣椒素能刺激口腔神经末梢，使大脑释放出内啡肽——这种物质能引起短暂的愉快感。

值得注意的是，以上食物只能在一定程度上预防或缓解抑郁情绪，但单纯地摄入食物并不具备治疗效果。抑郁障碍的诊断和治疗还需前往专业机构进行。

（五）恋爱与性心理问题

在人一生的成长过程中，爱的渴望与需要是一个永恒的主题。高职学生可能会因为情窦初开而兴奋、害羞，可能会经历浪漫而纯洁的爱情，同样还可能体验失恋、暗恋、单相思的情感。另外，处于青年期的高职学生，正在经历人体生长发育的第二个高峰期，青年期性的发育对其性心理的影响较大。一方面，自我意识和性意识的觉醒，使他们有一种长大成人的感觉；另一方面，由于接受性教育不够，高职学生对性发育成熟缺乏心理准备，对异性的神秘感、恐惧感和渴望交织在一起，由此易引发一些心理问题。

（六）学习学业问题

大学的教学目标、教学内容、教学方式都与高中阶段的学习有明显的差异，这就需要高职学生在大学期间调整学习的模式和方法。但一些学生由于学习动力不足、学习方法不当、学习目的不明确、对专业缺乏学习兴趣、自主学习能力薄弱等原因，导致成绩不佳，同时引发考试焦虑，甚至厌学、弃学等问题。

（七）职业发展问题

高职学生正处于职业生涯发展的关键阶段，面临着许多关于未来发展的重大选择，主要表现为：对自我的认识和定位不清晰、对选择何种职业感到迷茫、对即将到来的就业感到恐惧。此外，部分高职学生会纠结在是否要专升本、自考等方面，也有可能引发心理问题。

（八）网络使用问题

互联网在给高职学生的学习和生活带来便利的同时，也使一部分自制力较弱的学生产生了网络依赖。主要表现为：互联网使用成为生活的中心；不断增加上网时间以至于影响了正常的学习、工作而不能自控；停止或减少互联网的使用会导致无聊、抑郁、愤怒等负面情绪；常常使用互联网来逃避现实问题，人际关系、学习生活常常因此遭到破坏。

拓展阅读

手机依赖

麦可思研究院发布的一份中国在校大学生手机使用调查报告显示，超八成大学生存在“手机依赖”，日均使用手机超5小时，18点以后是大学生使用手机的高峰期。此外，79%的大学生在课堂上使用手机。如同前些年的“网瘾”一词，“手机依赖”近年来也成为一个热词，根据相关调查结果的佐证，呼吁警惕“手机依赖”的声音也似乎越来越大。

这种呼吁的初衷不难理解，但“手机依赖”真的有那么恐怖，值得如此忧心忡忡吗？

其实，到底何谓“手机依赖”，从来就缺乏一种准确的定义。像这次调查所指的超八成大学生存在“手机依赖”，其判断依据，似乎就是被调查的大学生日均使用手机超过5小时。相关调查显示，“八成白领泡手机成瘾，北京白领日均使用近7小时居首”。那么5小时和7小时的差别到底在哪？是否由此就能说明大学生的“手机依赖”比白领低？这显然是个问题。

说到底，手机只是一种工具，如果承认这种工具在现实生活中的必要性，谈"依赖"也就未尝不是个伪命题。在今天这样一个移动互联网时代，智能手机的功能日益强大，像支付、打车、社交、工作、信息接收等，远不只是过去单纯的通信作用那么简单，手机对日常生活的介入越来越深，与人的紧密性越来越强。所以，有调侃称"手机已成为人的一个器官"，一定程度上看其实不算夸张，大部分人确实已经越来越难离开手机。就这个角度而言，可以说整个社会都对手机产生了依赖。那么，仅以使用手机的时间来判断一个人是否形成了对手机的"依赖"，就难言科学，就像不会有人谈"洗衣机依赖""冰箱依赖"一样。

当然，当"手机依赖"被作为一种问题看待时，它往往被默认为是一种需要干预的"心理疾病"，比如使用手机在一些人那里成了下意识的行为，空闲时间被完全用手机来打发。对于大学生而言，上课玩手机、自习玩手机、睡前玩手机已经习以为常、司空见惯。这种倾向倒确实不值得提倡，也就是我们通常讲的要防"沉迷"。它对应的可能是时间的浪费，甚至是生活方式、人际交往的"异化"。

二、心理障碍

高职学生的心理障碍常见的特征性表现主要有抑郁、焦虑、恐惧、强迫、疑病、进食及各种人格障碍等。但凡被确诊为心理障碍者，症状需要达到一定程度、持续一定时间，且需要有经验的专业人员进行临床诊断。

（一）抑郁障碍

抑郁障碍是一种常见的心理障碍，以持续的悲伤或情绪低落为主，与其环境不相称，会损害个体参与日常活动的兴趣和能力。抑郁障碍的临床表现有如下几点：

（1）情绪低落　情绪低落的特点是感到抑郁、悲伤、绝望、失去信心或神情沮丧，多数患者伴有焦虑。

（2）兴趣或愉快感缺失　对习惯的兴趣爱好及娱乐活动缺乏动力。给人一种脱离社会、封闭自己的印象。

（3）无明显原因的持续疲劳感　轻者感觉自己身体疲倦，力不从心，生活和工作丧失积极性和主动性；重者甚至连吃、喝、个人卫生都不能顾及。

（4）睡眠障碍　70%~80%的重性抑郁障碍患者伴有睡眠障碍，早醒是重性抑郁障碍的特点。其他睡眠障碍有入睡困难、多梦、易醒、醒后难以入睡、彻夜不眠。个别患者表现为睡眠过度。

（5）食欲改变　表现为进食减少，体重明显减轻。但也有少数患者有食欲增强、体重增加的现象。

（6）躯体不适　重性抑郁障碍患者普遍有躯体不适的表现，患者常检查和治疗不明原因的疼痛、疲劳、喉头及胸部的紧迫感、便秘、消化不良、肠胃胀气、心悸、气短等病症，但多数对症治疗无效。

（7）精神运动性迟滞　如言语、思维、动作缓慢，严重者达木僵程度；或表现为激越，如坐立不安。

（8）自我评价低　自责或无用感、“废人感”，患者过分夸大自己的缺点或不足，严重者可达妄想程度，如自罪妄想。

（9）相关思维能力受损　多数患者体验到思维能力、记忆力、决策能力明显受损，导致学习、工作效率明显下降。

（10）自杀观念和行为　这是重性抑郁障碍最危险的症状，患有严重抑郁障碍的患者常选择自杀来摆脱自己的痛苦。

（11）幻觉、妄想等症状　少数患者伴有幻觉、妄想等精神病性症状，通常与抑郁情绪一致，但持续时间短暂，一般不超过两周。

我们不妨用上述表现对照检查一下自己的生活方式和行为规范，如果有持久的心境低落或兴趣愉悦感的丧失，并伴有上述至少 5 种症状，且持续时间已有两周以上，最好前往精神卫生机构寻求进一步的诊断和治疗。

需要注意的是，抑郁情绪不等于抑郁障碍，抑郁情绪我们每个人都经历过，但情绪低落与其处境是相符的，持续时间较短，不超过两周，且可以通过自我调适、朋友帮助等方式得到缓解。抑郁情绪和抑郁障碍的区别如表 2–2 所示。

表 2–2　　抑郁情绪和抑郁障碍的表现对照表

	抑郁情绪	抑郁障碍
持续时间	一般不会持续两周以上	会持续两周以上
形成原因	很明确，如遇到困难的时候	原因明确，也可能不明
明显表现	运动或做喜欢的事就会感到轻松	对曾经十分喜欢的事也失去了兴趣
情绪变化	没有一个固定的变化模式	通常是早上情绪低落，傍晚有所好转
日常生活中的变化	虽然不想做家务或工作，但会不知不觉地去做	家务或工作都没有心情做，影响日常生活，也缺少社交意愿
自杀意愿	不太会有	重型抑郁会有

知识链接

关爱女性，为心护航

简介：女性抑郁障碍的患病率为男性的 1.5~2 倍。由于神经内分泌以及其他因素的影响，女性的发病率自青春期开始升高，持续到生育期，之后缓慢下降，到围绝经期再次呈上升趋势。DSM-5 将经前期烦躁障碍、孕产期抑郁障碍（妊娠期抑郁障碍、产后抑郁障碍）、围绝经期抑郁障碍列为女性抑郁障碍。让我们来学习视频内容，一起关注女性心理健康，为女性心理护航。

关爱女性，
为心护航

自助指南

如何陪伴抑郁障碍患者

其实，抑郁障碍对于很多人来说并不陌生。据世界卫生组织统计，全球有约 4 亿抑郁障碍患者，发病率约 11%（18~24 岁年龄组的抑郁风险检出率达 24.1%，显著高于其他年龄组——出自中国科学院心理研究所发布 2022 版“心理健康蓝皮书”《中国国民心理健康发展报告（2021—2022）》）。几乎每个人在一生中都会有至少一次的抑郁体验，尽管未被诊断或未达到抑郁障碍的诊断标准。抑郁，越来越多地被称为“心灵的感冒”。这么说，不意味着抑郁障碍是每个人都不可避免的人生劫难。对于我们来说，只要讲求心理卫生，抑郁障碍是可以预防的。退一步来说，即使患了抑郁障碍，也不必感到绝望。因为一部分“心灵感冒”可以自愈，另一部分的“感冒”当无法自愈或加重时，只要及时寻求专业帮助，进行心理治疗或药物治疗，也可获得痊愈。

那当面对患有抑郁障碍的同学，我们可以做些什么呢？

（1）倾听，不要怜悯或争论　当患有抑郁障碍的亲人或朋友向你倾诉他的痛苦时，我们如何“倾听”？北大六院院长助理姚贵忠说：“如果是重度抑郁障碍患者，以陪伴为主，减少说教，不做思想工作，不提指导性意见，默默地陪伴，患者有需要就给予帮助；如果是轻症患者，要了解他想要什么，可以谈得比较深入。但主要是让他倾诉，切忌以社会标准要求病人。”

(2) 鼓励，不要指责和打击　抑郁情绪严重的人往往会自卑自责，当有抑郁倾向的朋友在你面前表现出对自己的失望和否定时，你一定要鼓励他，告诉他："你是病了，不是错了"，认可他的长处，引导他承担一些力所能及的事务和责任。

(3) 陪伴，不要冷漠和疏离　如果你身边的朋友有抑郁倾向，一定要多陪伴他，最好叫上他一起去做运动，如爬山、打球、跑步等。对于已确诊的轻度、中度患者，不要因为他的推托而放弃你的邀请。最后，如果对方的抑郁情绪加重，一定要劝导，并陪他一起去看精神科医生。

（二）双相障碍

双相障碍又称双相情感障碍，指临床上既有躁狂或轻躁狂发作，又有抑郁发作的一类心境障碍。典型表现为心境高涨、精力旺盛和活动增加（躁狂或轻躁狂），与心境低落、兴趣减少、精力降低和活动减少（抑郁）反复或交替发作，可伴有幻觉、妄想或紧张症等精神病性症状及强迫、焦虑症状，也可与代谢综合征、甲状腺功能异常、多囊卵巢综合征以及物质使用障碍、焦虑障碍、强迫障碍和人格障碍等共病。双相障碍包括 4 种情感发作类型：躁狂、轻躁狂、混合、抑郁发作，具体如下：

1. 躁狂发作

至少 1 周内几乎每天的大部分时间存在以下所列的两组症状：以高涨、易激惹、自大为特征的极端心境状态，不同心境状态之间快速改变；活动增多或主观体验到精力旺盛。同时，有数条与患者一贯行为方式或主观体验不同的其他临床症状：更健谈或言语急迫；意念飘忽、联想加快或思维奔逸；过度自信或夸大，在伴有精神病性症状的躁狂患者中，可表现为夸大妄想；睡眠需要减少；注意力分散；冲动或鲁莽行为；社交活动或目的指向性活动增多等。

2. 轻躁狂发作

症状与躁狂发作一致，与躁狂发作的鉴别点包括：①不伴精神病性症状；②不伴社会功能严重损害；③不需要住院治疗。

3. 混合发作

至少一周内每天的大多数时间里，躁狂症状与抑郁症状均存在且均突出，或躁狂症状与抑郁症状两者快速转换。

4. 抑郁发作

双相障碍中抑郁发作的诊断要点和抑郁障碍中的抑郁发作相同。双相障碍病程具有“发作性、波动性”等特征，稳定情绪的药物和社会心理支持是治疗双相障碍急性期和预防复发的有效方法。

（三）焦虑障碍

焦虑是人在遇到压力、挑战、困难或危险时，自然出现的一种正常的情绪反应。适度的焦虑能提高学习、工作效率，而当一个人焦虑产生的原因不存在或不明显，焦虑程度与环境因素不相称，焦虑的持续时间超过一定的范围，难以忍受感到痛苦，影响到日常生活时则可能属于焦虑障碍。根据我国精神障碍诊疗规范（2020），焦虑障碍主要包括广泛性焦虑障碍、惊恐障碍、恐惧症等类型。

1. 广泛性焦虑障碍

广泛性焦虑障碍是以广泛且持续的焦虑和担忧为基本特征，伴有运动性紧张和自主神经活动亢进表现的一种慢性焦虑障碍。主要表现为：①精神症状：主要是以持续、泛化、过度的担忧为特征，这种焦虑与周围任何特定的情境没有关系。②躯体症状：主要是运动性紧张和自主神经活动亢进。运动性紧张主要表现为坐卧不宁、紧张性头痛、颤抖、无法放松等；自主神经活动亢进的症状可以涉及多个系统，如呼吸系统（胸部压迫感、吸气困难、过度呼吸）、心血管系统（心慌、心前区不适、感觉心律不齐）等。

2. 惊恐障碍

惊恐障碍又称急性焦虑发作，是指反复出现不可预期的惊恐发作的一种焦虑障碍。惊恐发作的临床特点是反复突然出现强烈的害怕、恐惧或不适，可有濒死感或失控感；发作时伴有明显的心血管和呼吸系统症状，如心悸、呼吸困难、窒息感等。惊恐发作通常持续时间在 1 小时内可自然缓解，发作间隙期患者日常生活基本正常，但对惊恐发作有预期性焦虑，可出现回避行为。

3. 恐惧症

正常情况下，我们对某些事物或场合也会产生恐惧心理。但当恐惧的发生表现为过分或不合理地惧怕外界某种客观事物或情境，个体明知这种恐怖反应是不合理却难以控制、反复出现时，视为恐惧症。恐惧症患者的恐惧对象可能是单一的或多种的，如动物、暗室、登高或社交活动等。恐惧发作时常伴有焦虑和自主神经症状，如心跳加快、呼吸急促、脉搏加快、出汗、头晕，甚至晕厥等生理现象。

拓展阅读

恐惧症的类型

根据恐惧对象，将恐惧症分为场所恐惧症、社交焦虑障碍和特定恐惧症。

1. 场所恐惧症

场所恐惧症是恐惧症中最常见的类型。主要表现为对某些特定环境的恐惧，如广场、密闭的环境和拥挤的公共场所等。患者害怕离家或独处，害怕进入商店、剧场、车站或乘坐公共交通工具，因为担心在这些场所出现恐惧感，而得不到帮助，因而回避这些环境，甚至不敢出门。焦虑和回避的程度可有很大差异。恐惧发作时还常伴有抑郁、强迫、社交焦虑、非现实感等症状。当上述行为持续一个月以上，导致个人痛苦及社会功能受损时，建议寻求专业人士帮助，进行心理治疗和药物治疗。

2. 社交焦虑障碍

社交焦虑障碍，主要表现为在社交场合害羞、尴尬、笨拙和感到局促不安、怕成为人们耻笑的对象。害怕在小团体中被审视，一旦发现别人注意自己就不自然、不敢抬头、不敢与人对视，甚至觉得无地自容，不敢在公共场合进行演讲，回避社交，在极端情况下可导致社会隔离。可伴有自我评价低和害怕批评，可有脸红、手抖、恶心、尿急等表现，严重时可发展到惊恐发作的程度。不能控制自己不合理的情感反应和回避行为，并因此而苦恼。对于患有社交焦虑障碍的人来说，这种恐惧难以控制且持续存在，足以令患者逃离或不再进入社交场合。心理治疗可有效减轻或消除社交焦虑障碍。严重时，可根据医嘱采用药物治疗。

3. 特定恐惧症

特定恐惧症是一种对某种特定物体或场景产生强烈、持久且不合理的恐惧，害怕随之而来的后果，并对恐惧的物体或场景主动回避，或者带着强烈的害怕和焦虑去忍受的一种焦虑障碍。恐惧的对象包括动物（如狗、蜘蛛、昆虫）、自然环境（如高处、雷鸣、水）、情境（如飞机、电梯、封闭空间），其他对象包括血液、疾病、窒息等，患者害怕的物体或场景可能是一种，也可能是几种合并出现。根据不同的恐惧性刺激，可伴有不同躯体反应，如心跳加速、出汗、战栗、呼吸急促、头晕等。这种恐惧症状可持续数月，并导致个人、家庭、社交、教育、职业或其他重要功能方面的严重痛苦或损害。特定恐惧症的治疗措施以心理治疗为主。

（四）强迫症

强迫症以反复、持久出现强迫思维和（或）强迫行为为主要特征。患者有意识的自我强迫与反强迫并存，二者强烈的冲突使病人感到焦虑和痛苦，以至于影响正常的工作、学习和生活。主要有以下表现。

1. 强迫思维

强迫思维指反复出现、持续存在、不恰当地闯入头脑中的一些想法、表象和冲动。常见的强迫思维包括：怕脏，怕给自己和他人带来伤害，要求对称、精确、有序，对宗教或道德的关注等。

2. 强迫行为

强迫行为指患者感到不得不反复进行的行为或精神活动，这是为了阻止、抵消和控制强迫思维所带来的不适感和焦虑而出现的一些仪式性的反复行为动作。常见的强迫行为包括：清洁（如洗手或洗澡）、计数、重复、检查、祈祷、触摸、寻求保障、仪式化的回避等。

3. 强迫意向

强迫意向是指在某种场合下，患者出现一种明知与自己心愿相违背的冲动，却不能控制这种意向的出现，苦恼不堪。

4. 强迫情绪

强迫情绪是不必要的担心和恐惧。这种恐惧是对自己的情绪会失去控制的恐惧，如害怕自己会发疯，会做出违反法律或道德的事。

强迫症症状可占据 1 天中的数小时，症状需超过 3 个月，明显影响日常生活时应及时去心理卫生机构进行专业诊断和治疗。

（五）疑病障碍

疑病障碍是指患者在没有任何证据的情况下担心或确信自己患有严重的躯体疾病，因为这种症状反复就医，各种医学检查均不能打消其疑虑，而处于对疾病或失调的持续的强烈恐惧之中。疑病障碍实质上常常是一种潜在的不安全感、内心的矛盾、冲突和困扰，患者常反映出不自觉地寻求家庭或周围人对自己的注意、关心和同情，同时这些症状也成为患者满足自己某些欲望的手段。患者把自己的注意力从现实生活转移到自己的健康上，逃避矛盾、逃避实际或可能出现的挫折。他们常常把挫折、失败归结于“病”，从而减少个人心理上的压力、内疚和自责，避免对自己能力、才学等的怀疑和否定，避免自以为可能出现的名誉、地位的损失。

（六）进食障碍

进食障碍是一组以进食行为异常为主的精神障碍，主要包括神经性厌食、神经性贪食和暴食障碍。

1. 神经性厌食

神经性厌食是一种多见于青少年女性的进食行为异常，其主要特征表现为故意限制饮食，使体重降至明显低于正常的标准，为此采取过度运动、引吐、导泄等方法以减轻体重；常有过分担心发胖，甚至已经明显消瘦仍自认为太胖，即使医生进行解释也无效；常有营养不良、代谢和内分泌紊乱，女性可能出现闭经，男性可能有性功能减退。

2. 神经性贪食

神经性贪食主要特征表现为反复发作和不可抗拒的摄食欲望，以及暴食行为，患者有担心发胖的恐惧心理，反复出现不恰当的代偿行为，如自我引吐，滥用泻药、利尿剂或其他药物，禁食或过度锻炼等方法以预防因暴食引起的体重增加。

3. 暴食障碍

暴食障碍主要特征为反复发作的暴食，以及发作时无法控制的进食欲望和行为，患者因自己的暴食行为而感到极度痛苦。与神经性贪食相比，暴食障碍患者不会出现不恰当的代偿行为。

（七）睡眠障碍

睡眠障碍类别在国际睡眠障碍分类第三版（ICSD-3）已有记载，根据其主要临床表现，可分为：失眠障碍、睡眠相关呼吸障碍、中枢嗜睡性疾病、睡眠-觉醒昼夜节律障碍、异态睡眠、睡眠相关运动障碍和其他睡眠障碍。其中，最常见的为失眠障碍。

引起失眠的原因可能有急性应激、药物作用、心理性失眠、患有心理障碍等。失眠障碍的表现多样，包括入睡困难、睡眠不深、易醒、多梦早醒、再睡困难，醒后不适或疲乏感，或白天困倦；部分患者还有睡眠感的缺失。以入睡困难最为常见，常并发焦虑情绪。治疗失眠，主要包括消除诱因、减轻睡眠焦虑、养成良好的睡眠习惯，必要时可加用镇静催眠药。失眠具有过程性，会伴随焦虑情绪的消失而好转，学会耐心等待，失眠也会不翼而飞。

自助指南

如何养成睡眠好习惯？

（1）只需睡到能恢复精力即可　减少在床上的时间能帮助加速和加深睡

眠。在床上花费过多时间，会导致频繁觉醒和浅睡眠。不管你睡了多久，第二天按时起床。

（2）每天同一时刻起床，1 周 7 天全是如此　早晨同一时间起床会带来同一时刻就寝，并能帮助建立“生物钟”。

（3）规律锻炼　制定锻炼时刻表，不要在睡前 3 小时内进行体育锻炼。锻炼可帮助减轻入睡困难并加深睡眠。

（4）创造舒适的卧室环境　确保你的卧室温度适宜，且不受光线和声音的干扰，减少夜间觉醒的可能。不把人吵醒的噪声也有可能影响睡眠质量，拉上窗帘及关上门可能会有所帮助。

（5）规律进餐，且不要空腹上床　饥饿可能会影响睡眠。睡前进食少量零食（尤其是碳水化合物）能帮助入睡，但应避免过于油腻的食物或进食过多。

（6）夜间避免过度饮用饮料　为了减少夜间如厕次数，就寝前尽量少喝饮料。

（7）减少所有咖啡类产品的摄入　含有咖啡因的饮料和某些食物（咖啡、茶、可乐、巧克力）会引起入睡困难、夜间觉醒及浅睡眠。即便早些进食这些食物也会影响夜间睡眠。

（8）避免饮酒，尤其在夜间　尽管饮酒能帮助精神紧张的人入睡，但也会引起夜间觉醒。

（9）避免吸烟　吸烟可能影响睡眠，尼古丁是一种兴奋剂。当有睡眠障碍时，尽量不要于夜间抽烟。

（10）别把问题带到床上　晚上要早些时间解决自己的问题或制订第二天的计划，烦恼会干扰入睡，并导致浅睡眠。

（11）不要试图入睡　这样只能将问题变得更糟。相反，打开灯，离开卧室，并做一些不同的事情，如读书。不要做兴奋性活动。只有当你感到困倦时才上床。

（12）把闹钟放到床下或关掉，不要看到它　反复看时间会引起挫败感、愤怒和担心，这些情绪会干扰睡眠。

（13）避免白天打盹　白天保持清醒状态有助于夜间睡眠。

（14）避免夸大失眠的后果　过度担心会失眠，过度夸大失眠的后果只会加重失眠。

（八）精神分裂症

精神分裂症是一种病因未明的严重精神疾病，多起病于青壮年，大学生中发病率约为0.7%，复杂的遗传、生物及环境因素的相互作用导致了疾病的发生。

精神分裂症的表现主要有以下几点。

1. 思维障碍

患者的认知、情感、意志和行为等精神活动的不协调与脱离现实，包括思维形式障碍和思维内容障碍。思维形式障碍主要表现为思维联想过程缺乏连贯性和逻辑性，这是精神分裂症最具特征性的症状。思维内容障碍主要是指妄想，最多见的妄想是被害妄想与关系妄想。妄想有时表现为被动体验，这往往是精神分裂症的典型症状。

2. 感知觉障碍

最突出的感知觉障碍是幻觉，以言语性幻听最为常见。精神分裂症的幻听内容可以是争论性的或评论性的，也可以是命令性的。

3. 情感障碍

情感障碍主要表现为情感迟钝或平淡。患者表情呆板、缺乏变化，自发动作减少、缺乏肢体语言。

4. 意志行为异常

患者的活动减少，缺乏主动性，行为变得孤僻、被动、退缩（意志减退）。患者在工作、学业、料理家务等方面有很大困难，往往对自己的前途毫不关心，没有任何打算，或者虽有计划，却从不实施。

精神分裂症患者脑机能活动失调，丧失自知力，不能应付正常生活，不能与现实保持恰当接触，当出现类似症状时，要及时到精神卫生机构就诊，及早治疗。

需要注意的是，绝对的持续的心理健康是理想化状态，大多数人都是游离在健康和不健康之间，在不同的位置、状态间摆动，时间有长有短，程度有轻有重。有心理障碍的人对于心理障碍的羞耻感不利于心理健康的修复和维持。高职学生既不能随便给自己和他人贴上心理障碍的标签，也不能轻易对号入座或忌医讳药，要以科学的态度对待心理障碍。

单元三　心理问题的干预

高职学生所遇到的心理问题，多是成长中的一般性心理问题，通过自身积极主动的调节、朋友家长及老师的相助，采取正确的应对方式一般都可以顺利度过。但是，也存在着少数较为严重的心理障碍，在很大程度上影响了当事人的身心健康，严重阻碍了其成长、成才。高职学生心理问题的干预，是一项系统工程，需要个人、学校、家庭和社会等多方参与，共同助力。

一、从个人层面，采取自我调节和积极求助

心理问题可以调解，心理障碍也并非不可治愈。由于社会文化因素，公众对心理障碍患者还存在一定的偏见和歧视，使心理障碍患者产生“病耻感”。这种羞耻感的存在，使心理障碍患者及家人倾向于掩盖和隐瞒症状，不愿意公开病情、不愿就医，致使其丧失早期的诊治机会，严重影响疾病的治疗和预后。面对心理障碍，客观认识疾病、积极求治才是改善预后最好的办法。

（一）正视心理问题，发挥自助功能

1. 认识问题

认识自己的心理状态，如课业繁重、未来迷茫等困扰在大学生活中很普遍，找到合适的倾诉源，寻求亲友帮助，都有助于缓解心理冲突。当发现自己长期处于焦虑、抑郁状态，或确诊为抑郁障碍等心理障碍后，隐瞒自己的病情只会加重烦恼，多虑源于少知，详细了解疾病的性质、原因、表现、治疗方式，多接触病友，减少病耻感，对疾病有客观认识，痛苦感也会减轻。

2. 接纳问题

区分哪些想法是自我可以控制的、可以负责的，接受不可为的部分，改变可以作为的，远离自寻烦恼。当心理障碍出现时也是如此，了解负面情绪出现的原因，认识到情绪的必然性和过程性，接纳自己的烦恼状态，把注意力放在感兴趣的事情上，学会和烦恼相处，把它视作一个伙伴，一个成长的标记，烦恼在不经意间消散。把心理障碍理解为一种“感冒”，只是感冒的器官部位不一样而已。对症状的恐慌只会加重痛苦感，了解痛苦源自疾病，接受自己患病的事实和抱有治愈的希望，按时服药复诊，才有助于早期痊愈。

自助指南

如何消除病耻感？

病耻感源自人们对心理疾病的刻板印象、偏见和社会歧视，消除病耻感需要公众和患者自身共同的努力。

首先，要对歧视有充分的心理准备。大多数人对精神病人并无恶意，是因为不了解才心存恐惧，进而退避。对于患者来说，做好面对偏见的心理准备，可增强对不良心理刺激的抵抗力。

其次，恰当认识自我。一方面认识到患病可能对社会功能有损害，且短时间内难以恢复到病前水平，因此切忌盲目乐观，提出一些不切实际的目标，更不要盲目攀比。另一方面，也不要悲观失望，自暴自弃。

再次，把自己当成健康的人，发挥自己的能动性。主动关心、帮助别人，从事力所能及的工作，用行动来证明自身价值，消除歧视，只有正视自己，别人才会善待你。

最后，为了防止复发，定期到精神专科门诊复查。复查可使医生连续地、动态地了解病情，调整治疗药物，也可以使家属和患者及时得到咨询，解除患者在生活、工作和药物治疗中的各种困惑。否则，病情波动或复发，不但动摇自己的自信，也加重别人的成见。

（二）寻求心理咨询，消除心理困惑

高职学校心理咨询的服务对象是全体学生，服务形式多样。通过心理测验，了解学生的心理状况；通过个别面谈，排解学生成长中的困惑与烦恼；通过团体咨询，改善学生的社会适应能力。它所涉及的领域几乎包括学生学习、生活的各个方面。有些学生对心理咨询常常存在误解，认为寻求心理咨询就是心理有病。其实学校的心理咨询主要为发展性咨询，旨在帮助同学们解决成长发展中的心理困惑，使其能更好地适应和发展。高职学生应该在有心理困惑时积极寻求专业帮助，在心理老师的指导下，及时、主动地消除心理困惑，以预防心理疾病发生。

拓展阅读

心理咨询知多少？

心理咨询是指受过咨询心理学训练的专业人员运用心理学知识、理论和技术，针对来访者的各种适应与发展问题，与来访者协商、交谈，对来访者进行启发和指导的过程，帮助来访者达到自立自强、增进心理健康水平和提高社会适应能力的目的。高职学生是自身心理健康的主人，在自己无法调适心理困扰时，可寻求心理咨询的帮助，及时解决日常心理行为问题，维护和达到心理健康。

什么情况下需要做心理咨询？

一般人常有个误解，认为去做心理咨询的都是“疯子”“精神病”。由于这种偏见，许多人不敢轻易去做心理咨询，害怕别人以为自己精神不正常。实际上，自己主动去做心理咨询的人大都是正常的人。不论是谁，只要觉得自己在心理上、情绪上有了痛苦和烦恼，都可以去做心理咨询。当你在个人发展、学业以及事业上遇到困扰，或单纯希望进一步完善自己的性格，都可以在心理咨询师那里获取帮助。需要说明的是，每个心理咨询师都有自己的风格和擅长的领域，你可能需要多次尝试才能找到适合自己的咨询师。此外，心理咨询师不等于救世主，只能通过技术手段帮助来访者成长，不能直接窥探来访者内心，更不能代替来访者改变或做决定。你最应该依靠的人是你自己。

咨询的形式有哪些？

面对面的心理咨询包括个体和团体两种形式。咨询师与来访者更多采取面对面的方式交谈，详细了解、分析来访者的心理困扰，帮助他们摆脱有碍于身心健康的不利因素，提高其解决问题、适应环境的能力。在面对面咨询中咨询师掌握的情况比较全面，能够更深入地为来访者提供有效的帮助，是一种首选的心理咨询方法。

心理援助

心理援助与咨询平台及热线

线上心理援助支持平台可以帮助在认识的人面前感到难以吐露心声的同学寻求心灵支持。

1. “12355”青少年服务台

非政府组织（NGO），面向全国，免费。由共青团中央权益部设立的专门面向青少年提供心理咨询服务和法律咨询的热线电话。

2. 北京心理危机研究与干预中心——自杀与危机干预热线

非政府组织（NGO），面向全国，免费。联系方式：24 小时热线：800-810-1117（座机，全国热线），010-82951332（手机），010-82951150（手机），bjcrisis@126.com（邮件）。该中心于 2002 年 12 月 3 日成立，隶属于北京市卫生局北京回龙观医院，主要工作目标是针对中国的自杀现象进行研究和干预。

3. “12338”妇女维权公益服务热线

非政府组织（NGO），面向全国，免费。联系方式：12338（按语音提示转心理咨询）（周一～周五 18：00～20：00，周末为 9：00～12：00、14：00～20：00）。该热线是由全国妇联设立的全国统一号码、统一规范的妇女维权热线，主要为妇女儿童提供法律、婚姻、家庭、心理、教育等方面的咨询，并受理有关妇女儿童侵权案件的投诉。

4. 同志服务中心心理咨询热线

非政府组织（NGO），所在地北京，免费。联系方式：13021165027（周一～周日，10：00～17：00）。该咨询热线致力于性少数人群的心理健康建设，为同性恋等性少数人群以及想了解该群体的人们提供咨询服务，以增加人与人之间的相互了解、沟通、尊重和相爱，促进心理健康专业的普及与实用。

（三）接受心理治疗，重获心理健康

当我们出现心理障碍时，寻求心理治疗是当前最需要做的事情了。有些学生对心理治疗认识不足，观念陈旧，认为这是一件令人羞耻的事情，所以虽然出现了心理疾病症状，也不去积极主动寻求治疗。因此，通过心理卫生知识的学习，了解心理治疗的有关知识是消除误区非常重要的途径。同时，相比于因为心理疾病而处在持续不断的痛苦之中，以至于影响了个人的幸福感、成长和成才，积极地寻求科学的途径来进行调节，以恢复我们的心理健康，获得更好的内心体验和个人成长，其实是对自己更负责任的行为，也是关爱自己的表现。

拓展阅读

心理障碍的治疗方法

心理障碍的治疗主要包括心理治疗和生物干预。心理治疗是指由受过专业训练的人员，以心理异常者为对象，在不使用药物的原则下，针对心理异常者的"病象""病情"与"病因"给予诊断和治疗的过程。长期以来，人们容易将心理咨询和心理治疗混为一体，但二者有明显的区别，详见表 2–3。

表 2–3　心理咨询与心理治疗的区别

项目	心理咨询	心理治疗
服务对象	需要解决发展问题的健康人或恢复期患者	心理障碍患者
解决问题	人际、情绪、家庭、就业等心理困扰	各种心理障碍

续表

项目	心理咨询	心理治疗
所需时间	相对较短，一次至数次	几十次至数月，甚至数年
干预层次	意志层面，注重教育和支持功能	无意识层面，重在重建人格

心理治疗对于轻到中度抑郁障碍、焦虑障碍、强迫症、人格障碍是有用的，但不适用于急性精神病障碍、严重的抑郁障碍，以及存在紧急自杀风险的患者。后述的这些患者应首先考虑进行医学治疗，将疾病症状、自杀风险控制在适度范围，待病情缓解和稳定后再考虑加入心理治疗进行联合治疗。

接下来介绍生物干预法：目前心理障碍的生物学干预主要包括药物治疗和电休克治疗。药物治疗是改善心理障碍，尤其是重型心理障碍的主要和基本措施。电休克治疗可用于一些心理障碍的急性期，如无抽搐电休克疗法。

1. 药物治疗

药物治疗主要可分为抗精神病药物、抗抑郁药物、心境稳定剂和抗焦虑药物。此外，还有精神振奋药物和改善脑代谢药物等。

（1）抗精神病药物　抗精神病药物主要通过阻断脑内多巴胺受体，发挥抗幻觉、妄想等抗精神病的作用。常用的药物有氯氮平、奥氮平、利培酮等。研究表明，抗精神病药物的长期维持治疗可显著减少精神分裂症的复发率。因此，要根据医嘱按时服药，不能自行停药。

（2）抗抑郁药物　抗抑郁药物是一类治疗各种抑郁状态的药物，但不会提高正常人的情绪。部分抗抑郁药对强迫、惊恐和焦虑情绪有治疗作用。目前常用的抗抑郁药有氟西汀、帕罗西汀、舍曲林、氟伏沙明、米氮平、文拉法辛等。

（3）心境稳定剂　又称“抗躁狂药物”，主要用于治疗躁狂以及预防双相情感障碍的躁狂或抑郁发作。主要包括锂盐、丙戊酸盐、卡马西平，以及新一代抗精神病药物如奥氮平、利培酮等。心境稳定剂通过抑制相应受体功能活动，起到稳定心境的作用。

（4）抗焦虑药物　主要包括苯二氮䓬类和坦度螺酮等药物。前者既是抗焦虑药也是镇静催眠药，可用于各型神经症、失眠和躯体疾病伴随出现的焦虑、紧张、失眠、自主神经紊乱等，也可用于癫痫及酒依赖戒断期替代治疗；主要包括安定、劳拉西泮等药物，但这类药物长期服用会导致药物依赖。

2. 无抽搐电休克疗法

无抽搐电休克疗法是以一定量的电流通过大脑引起意识丧失的治疗方法，

是精神障碍非常重要的治疗手段。治疗前加用麻醉剂和肌肉松弛剂，以避免引起抽搐。

很多人认为是药三分毒，其实，所有治疗方案都有利弊，最终方案的制定在于利弊取舍。对于轻度的心理障碍，单纯的心理治疗有效，可以不辅佐以药物，但对于中重度心理障碍，药物在控制急性症状、延缓病情进展、促进痊愈、预防复发等方面起着十分重要的作用。随着科学的发展，药物的副作用在随之减少，且存在个体差异，应遵循医嘱，正确看待药物治疗。

二、从学校层面，开展心理健康教育的工作

（一）加强心理健康课程建设

通过选修或必修的形式面向全校学生开设心理健康类课程。课程内容的选择要结合高职学生常见的心理问题类型，应包括高职学生的自我意识与人格、情绪管理与调节、人际交往训练、挫折应对与压力管理等。使学生通过课程教学能够获得较为全面系统的心理健康知识，并运用于解决学习生活中的实际问题，提高心理素质。

（二）做好心理健康测评工作

针对每年新入学的学生，要及时开展心理普查，建立心理健康档案。对普查结果进行统计分析，并开展针对重点关注学生的面谈工作，向学校和各院递交新生心理普查的研究报告，及时通报有关情况，为各级学生教育管理部门提供管理和决策的依据，积累高职学生心理健康教育的一手资料。

（三）强化心理咨询辅导服务

心理健康教育中心每个学期都要保障心理咨询工作的人员和时间的落实，规范心理咨询的流程，完善心理咨询档案管理，重点探索和建立咨询学生跟踪随访、效果反馈和咨询员督导机制。结合学生成长、发展等实际问题，加强对各层次、各类别学生的针对性辅导，努力满足学生发展的需求。

（四）举办心理健康专题讲座

高职院校应该根据学生需要，定期举办心理讲座，如针对新生，开展新生适应主题讲座；针对毕业生，开展就业心理、压力调节等主题讲座。同时，辅导员作为服务于一线的学生工作者，应注重对其进行心理知识、心理辅导技能方面的培训，以便更好地解决学生的一些心理问题。

（五）加强学生心理社团建设

高职学生心理社团是发挥学生自我教育和心理互助的重要组织和形式，

高职院校应每年指定专人对学生社团的活动进行详细的指导，提出任务要求，考核监督社团的活动开展。此外，对社团成员进行集中培训，让成员了解社团的服务宗旨，提高助人的意识和能力，指导社团开展心理素质提升的活动。

（六）开展心理健康教育活动

每年的5月25日是全国大学生心理健康日，高职院校可根据自己的具体情况，开展心理健康周或心理健康月活动。根据学生学习、生活各阶段的心理特点和成长发展中关注的热点问题，通过心理影片、心理海报展、团体心理辅导、现场心理咨询等形式，开展心理健康主题教育宣传活动，以营造教育氛围，普及心理知识，帮助学生解决心理困惑，提高高职学生整体心理素质，服务学生全面发展。

此外，学校还应该进一步完善心理健康网站建设，发挥网络优势，宣传心理健康教育知识，同时开设宣传橱窗等宣传教育活动，普及心理健康知识，交流心理健康教育经验，营造校园心理健康教育氛围。

三、从家庭层面，创造利于预后的家庭环境

良好的家庭关系有助于患者的预后。很多心理障碍患者在住院期间达到痊愈，回家后很快复发，很大程度上是因为不良的家庭环境未改变，患者再次表现出同样的行为模式。让家庭成员关注家人心理健康，共同了解疾病知识，共同制订康复计划，对家人提供心理支持，鼓励家人之间进行开放的、有效的沟通，改善家庭关系，创造和谐友善的家庭氛围，并重视家校共育的作用，及时与患者所处环境（如学校）进行信息对换，增加了解患者疾病现状的途径，从而改善心理障碍患者的预后。

四、从社会层面，助力心理问题预防和康复

社会干预主要包括预防和康复等内容。向大众进行心理健康教育、普及精神卫生知识，从而提高公众心理健康水平，为早期发现、诊治心理障碍奠定基础。完善目前心理障碍服务体系，让个体能更有效地接触心理咨询、心理治疗、精神专科治疗。完善社区康复内容，早期发现，后期随访、预防复发，提高患者社会适应能力，恢复劳动能力等。社会干预是一项宏大的工程，对于提高全民身心健康、促进心理障碍患者痊愈及回归社会是十分重要的。

自我觉察

建立“我的”社会支持系统

当你遇到困扰时可以向周围哪些人求助？请在图 2-1 中列出可以帮助你的人或资源。

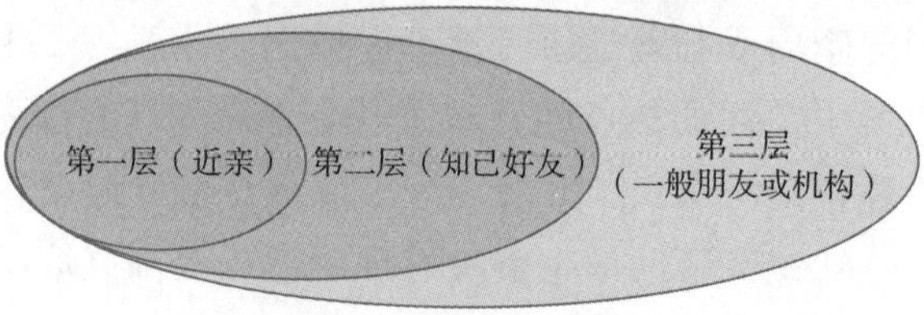

图 2-1　社会支持系统

高职学生在刚入大学时，都可能遇到这样那样的心理问题。当你产生困扰且无法调适时，该去哪里寻找打开心理之锁的钥匙呢？关注和挖掘身边的社会支持力量非常重要，也许他们就会成为你在遇到困难时重要的求助对象！想一想，根据社会支持系统，把你的结果写在下面。

（1）当我在学业上遇到问题时，我可以求助于：________、________、________。

（2）当我在恋爱与性上遇到问题时，我可以求助于：______、________、________。

（3）当我在人际关系上遇到问题时，我可以求助于：______、________、________。

（4）当我在个人发展上遇到问题时，我可以求助于：______、________、________。

（5）当我在其他生活上遇到问题时，我可以求助于：______、________、________。

知识巩固

专题二　知识巩固

课外拓展

1. 书籍推荐

《感谢自己的不完美》（图 2-2），武志红著，中国华侨出版社，2021。

生命总有不完美，那是光照进来的地方。我们一直以为一些负面情绪是不好的、不完美的，甚至会影响我们的心理健康，阻碍我们成长。作者从新的角度，用心理学的知识告诉我们，这些坏情绪对我们有极大的帮助和正面意义，我们应该接纳它们，并感谢它们让我们越来越坚强，体验到更多生命的精彩。

图 2-2　《感谢自己的不完美》

2. 影视推荐

《我们如何对抗抑郁》（图 2-3），导演史慧，2021 年。

这部纪录片一共 6 集，每集 24 分钟。作为中国首部全方位解读抑郁的系列纪录片，节目面对抑郁高危群体，走近真实的抑郁症患者，并追访医学界、科学界专家与学者，希望从个人、家庭、社会多角度呈现对抗抑郁的经验、路径与方法，也让我们对抑郁有了更深入的了解。

图 2-3　《我们如何对抗抑郁症》

模块二

认识自我、发展自我

专题三 遇见未知的你
——高职学生自我意识的培养

专题体系结构

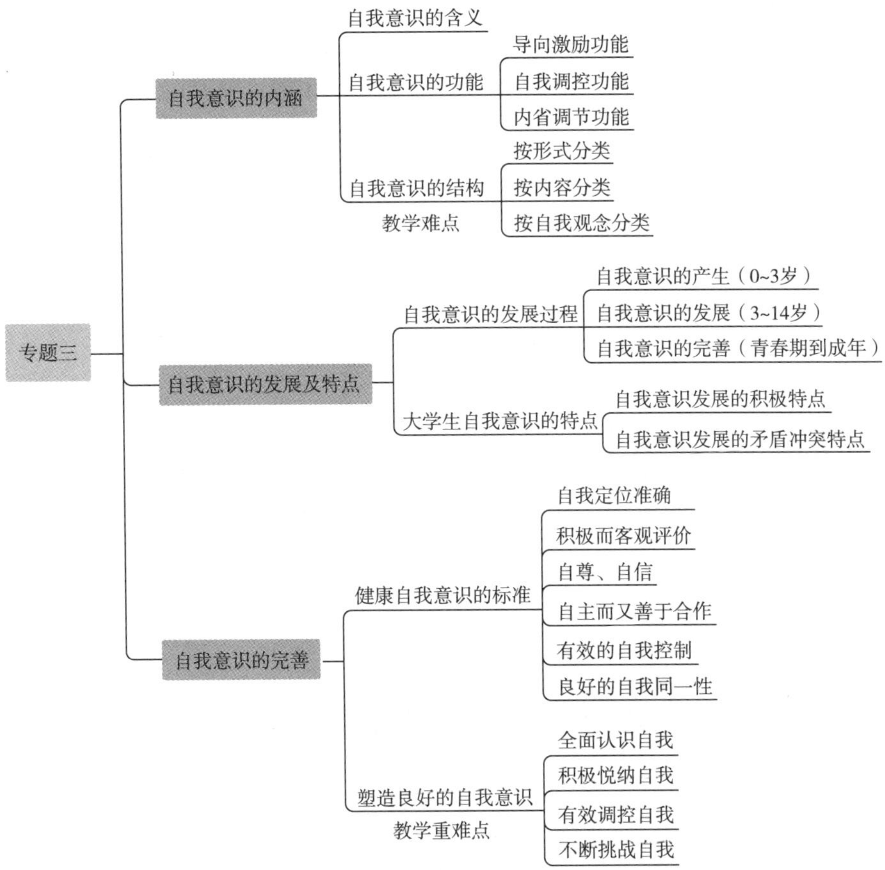

专题概述

本专题主要围绕自我意识的含义、分类、结构，自我意识的特点以及自我意识的完善等内容展开，使高职学生明确自我意识在个体发展过程中的重要作用，掌握塑造良好自我意识的途径与方法，促进高职学生自我意识的进一步完善。

专题目标

1. 知识目标

了解自我意识的内涵，理解自我意识对个体发展的重要性，掌握健全自我意识的途径与方法。

2. 能力目标

使学生具备完善自我意识的能力。

3. 素质目标

引导学生能够客观看待自己的优缺点，学会悦纳自我，培养学生的担当和责任意识，能将个人发展与社会发展相结合，树立正确的理想自我，并强化不断提升自我、超越自我的观念。

专题导入

大学阶段是高职学生自我意识迅速发展和趋于完善的重要时期。在这一时期，高职学生在身心方面发生巨大的变化，开始思考“我现在是什么样子、我以后想成为什么样子的人”等问题。因此，了解什么是自我意识、自我意识的内容和结构、自我意识的发展过程，可以帮助高职学生多方位、立体地认识自我，积极体验自我，有效管理自我，促进其不断悦纳自我并树立自信心，从而维护其心理健康水平。

单元一　自我意识的内涵

认识自己、了解自己绝不比认识世界容易。早在古希腊时期“认识你自己”这句镌刻在德尔菲神庙的话就激励着人们不断探索自我。老子有言：“知人者智，自知者明。”人不仅要始终保持探索外在世界的好奇心，还要怀有常常审视自我、不断认识自我的清醒自觉，唯有如此才能做世事洞明的智者。但是，“认识自己”是艰难而又曲折的一个过程，且会贯穿我们的一生。

一、自我意识的含义

自我意识是个体觉知自己身心状态及自己与周围世界关系的心理过程的总和。简单的讲，自我意识就是知道世界上有“我”这么一个独一无二的存在，知道我和世界其他所有人、所有生物、所有物体都有所不同。当高职学生思考：“我究竟是怎样的一个人”“在所处的班级里是什么样的位置”“别人是如何看待我的”“我想成为什么样的人”“我该怎样改变现状”，这些就是自我意识。

二、自我意识的功能

自我意识是个体发展到一定阶段的必然产物，健康的自我意识对个体心理健康发展、社会交往、工作和成功有极其重要的功能，如导向激励、自我调控、内省调节。

（一）导向激励功能

通过正确的自我认识，个体会确定较为合理的“理想自我”，即为个人将来的发展确定目标，这对个人的认识、情感、意志行动产生很大影响，也为个体活动提供动力。例如：自我意识健全的个体，在从事一项活动之前，活动的目的和结果就以观念的形式存在于头脑之中，并依此制定计划，指导自己的活动，从而激发出强大的动力，以达到预期的目标。

（二）自我调控功能

个体想要获得发展并有所建树需要具备两个方面：一是要对自我做出正确认识、设计科学合理的奋斗目标；二是能对自己的注意力、道德、行为、时间等加以控制，对自己偏离目标的情感和行为加以调节。许多事实告诉我们，在走向成功的路上，很多人并不缺乏机会和才华，而是缺乏自控的意识和能力，故而与成功失之交臂。自我控制是自我意识发挥能动作用的一个重要表现，它是人们目标得以实现的重要保障，是人们成才与成功的守护神。

（三）内省调节功能

内省和调节就是个体成长中所进行的自我监控和自我教育。由于主客观条件的制约，“理想自我”的实现常常会遇到各种障碍，致使个体产生不同程度的挫败感。这时，自我意识就会对自己的认识、情感、意志行为等进行反省，找到受挫的主客观原因，并重新调节认识，形成新的“理想自我”，使其与“现实自我”趋于统一。

自我觉察

自我二十问

第一步：请先以“我是……”开头完成20个句子，记录在下面：

例如：我是<u>一个善良的人</u>。

1. 我是______________________________。
2. 我是______________________________。
3. 我是______________________________。
4. 我是______________________________。
5. 我是______________________________。
6. 我是______________________________。
7. 我是______________________________。
8. 我是______________________________。
9. 我是______________________________。
10. 我是______________________________。
11. 我是______________________________。
12. 我是______________________________。
13. 我是______________________________。
14. 我是______________________________。
15. 我是______________________________。
16. 我是______________________________。
17. 我是______________________________。
18. 我是______________________________。
19. 我是______________________________。
20. 我是______________________________。

第二步，围绕以下几个方面，对自己的答案进行分析。

1. 完成的速度如何?

完成速度与你对自己的了解程度、你愿意自我表露的程度有关。

2. 是正负面评价都有，还是只有一方面的评价?

这可以显示你的自我意识是全面的还是片面的?如果所有的自我评价都是正面的，要留意自己是不是过度自负，看不到自己的不足；如果所有的评价都是负面的，则留意自己是不是过度自卑，看不到自己的长处。

3. 如果都有，是正面的评价多还是负面的评价多？

这直观地反映出自己是否自信。如果负面的自我评价过多，表明个体的自我情感体验比较消极，个体不够自信。如果正面的自我评价过多，表明个体的自我情感体验比较积极，个体比较自信。

4. 你写的内容的深度如何？

观察你写的 20 个句子里，是表现性的句子多，如“我是一名大学生”，还是反映对自己看法的句子多，如“我觉得我是一名有理想、有抱负的大学生。”如果表现性的句子偏多，有可能是自我意识的深度不够，或者不愿意让别人了解自己的内心世界。如果反映性的句子偏多，表明自我意识的深度比较透彻，或者愿意分享自己的内心世界。

5. 内容有涉及未来吗？是否有集中的主题？

内容中涉及未来的那部分，可能正好体现了你的理想和抱负，生活是否充满生机。20 个句子都涉及了哪些主题？或许这些正是你当下最关注的事物，甚至是你以前自己都未意识到的方面。

三、自我意识的结构

自我意识是一个多层次、多维度的心理系统，既是稳定的，又是发展的；既是对自己所有方面的认知，又是具有能动作用的监控与驱动机制，可以从不同的角度进行分析。

（一）按形式分类

从形式上看，自我意识可分为自我认知、自我体验和自我调控，如图 3-1 所示。

图 3-1　自我意识的分类（按形式）

1. 自我认知

自我认知属于自我意识的认知部分，它是自我意识的首要成分，也是自我调节控制的心理基础，是指自己对自己身心特征的认识，主要包括自我感觉、自我观察、自我分析和自我评价等。自我感觉是自我观察的前提，自我观察是其他心理活动的基础，自我分析是在自我观察的基础上进行的，而自我评价是对自己各个方面的综合评价，包括一个人对自己能力、品德、行为等方面的评价。因此，自我认知就是对自己存在的认识，是结合观察、分析外部等情况，通过社会比较等方式获得的多维度、多层次的心理系统。

拓展阅读

“乔哈里视窗”理论

该理论由美国心理学家乔瑟夫·卢夫特（Joseph Luft）和哈林顿·英汉姆（Harrington Ingham）提出，他们按照自己知道到不知道，他人知道到不知道，把人对自我的认知分为四个板块（图 3-2），公开的自我、盲目的自我、秘密的自我和未知的自我。

公开的自我，是指自己知道，别人也知道的信息，即大家都了解的那个我。例如你的名字，你的发色等。

盲目的自我，是指别人知道的关于我的信息或者他人对我的评价，但自己却不清楚。例如你的处事风格，别人对你的感受等。

秘密的自我，是指我自己知道而别人不知道的信息，即自己的秘密或隐私。例如你的秘密、希望、心愿，以及你的喜好等。

未知的自我，是指自己和他人都不了解的领域，但其对其他领域可能存在一定的影响。

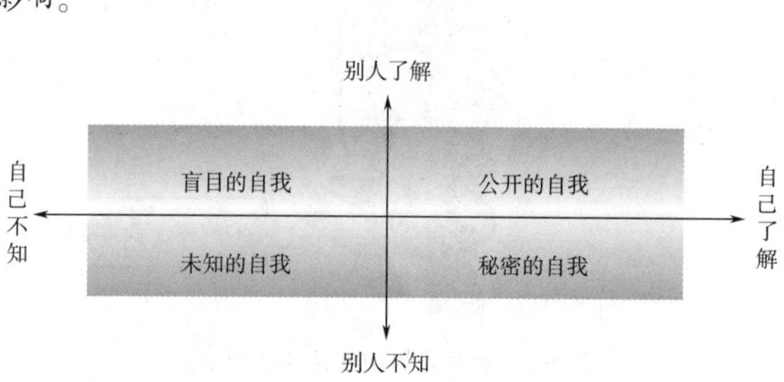

图 3-2　乔哈里视窗

自我认知是一个不断探索的过程，人若想更多地了解自我，可以通过与他人分享秘密自我的部分，也可以通过他人的反馈来减少盲目自我的部分。随着不断的观察、分析、评价，就会越来越接近那个真实的自我。

2. 自我体验

自我体验属于自我意识的情绪、情感成分，是“主观的我”对“客观的我”所持有的一种态度，包括自尊、自信、自卑、自满、内疚、羞耻等，自我体验涉及“我是否满意自己”和“我能否悦纳自己”等问题。如：对自己的体貌比较满意、对自己的家庭经济条件能接纳，个体就会产生自信的情绪体验，否则会产生自卑等情绪体验。而随着年龄的增长，自我体验会越来越多地融入社会道德、价值标准等外在规范。良好的自我体验有助于个人的身心发展。

3. 自我调控

自我调控属于自我意识的意志成分，是指个体对自己心理、行为、态度等方面的调节与控制，主要包括自我监督、自我激励、自我控制、自我暗示等，它是自我的最高阶段。自我调控需在自我认知和自我体验的基础上进行。只有在充分了解自我认知和自我体验的基础上，人们才会了解自己的行为是否符合社会规范，能否符合社会道德要求，从而提高自己的内在成长和外在表现。自我调控的核心是“我应该做什么”“我如何实现自己的理想”“我要如何改变自己”等。

（二）按内容分类

从发展进程上看，自我意识分为生理自我、社会自我和心理自我。

1. 生理自我

生理自我是指个体对自己生理状态的认识、评价及体验，如身高、体重、容貌、温饱感、舒适感、病痛等。“我饿了，是对我身体的一种感觉”“我头有些痛，也是对自己身体的一种感觉”。一个人对自己的外貌、服饰装扮的定位和评价是个体对自我最直接的感受和理解。如果个体对自己这些生理状态的评级比较高，就会体验到“自己是有吸引力的、是迷人的”等积极的情绪情感；反之，就会体验到自卑等消极的情绪情感。

2. 社会自我

社会自我是指个体对自身与外界客观事物的认识和评价，是对自己在一定社会关系和人际关系中角色、地位、名望等的认识和体验。如：“我在群体中的地位、作用是怎样的”“我如何认识、评价我与他人之间的相互关系”

等。如果被他人接纳和喜欢，个体就会体验到自信、自尊等积极的情绪情感；反之，就会产生孤独、寂寞等消极的情绪情感。而这些情绪情感会促使个体做出相应的自我调控，如：追求名誉地位，与他人形成竞争，争取得到他人的好感等。

3. 心理自我

心理自我是指个体对自己心理活动、个性特点、心理品质的认识、评价和体验，如智力、能力、性格、气质、理想、爱好等。心理自我是自我意识中最核心、最持久的部分，其形成大约需要 10 年的时间。如果对心理自我的评价较高，如认为自己性格好、能力强，个体就容易体验到自我肯定、自我接纳等积极的情绪情感；反之，就会体验到自我否定、自我矛盾等消极的情绪情感。而这些情绪情感会促使个体做出相应的自我调控，如：努力实现理想，监督自己的行为要符合社会规范，不断追求智慧与能力的发展等。

（三）按自我观念分类

从自我观念来看，自我意识可分为现实自我、镜中自我和理想自我。

1. 现实自我

现实自我是指个体从自己的立场出发，对自己目前所处实际状况的基本看法和认识，其所探寻的是自我的真实状态，剖析“我实际上是什么样的人”。

2. 镜中自我

镜中自我又称他人自我或者投射自我，是指个体想象自己在他人心目中的形象或他人对自己的基本看法。如“我想象我在他人心中是怎么样的一个人”或者“他人认为我是怎么样的一个人”。

3. 理想自我

理想自我是自己对“将来的我”的想象，其涉及的根本问题是“我想成为怎样的人”或“我应当成为怎样的人”，这也是个体追求的目标。例如：“我想成为一个有理想、有抱负的人。”

镜中自我和现实自我可能存在差距，当两者的差距较大时，个体会觉得自己不被他人理解，或尝试改变现实自我。当理想自我是建立在个体的实际情况之上，并且符合社会的要求和期望时，它就会指导现实自我做出积极适应，并作用于内外部环境，从而使个体的自我意识获得快速的发展。如果这三种类型的自我之间彼此协调一致，就会加快自我的发展；如果三者之间存在矛盾，就会引起个体内心的混乱，甚至会引发严重的心理疾病。

心理训练

三个“我”

1. 目的

协助个体做自我反省，促进协调、整合自我。

2. 操作

（1）请描述你的“现实自我”。

____。

（2）请描述你的“理想自我”。

____。

（3）请描述你的“镜中自我”。

____。

（4）对三个“我”做出核验，主要是检查三个“我”是否协调一致。若否，差异何在，并尝试找出原因。

现实自我和理想自我是否一致：__________，存在的差异：____________

____。

差异存在的原因：____

现实自我和镜中自我是否一致：__________，存在的差异：____________

____。

差异存在的原因：____。

（5）为了达到更积极的效果，你应当努力探索，看看如何使三个“我”更加协调一致，并制订促进三个“我”协调统一的方案。有了具体的计划，你会比较容易在生活中落实并做出相应改进。请你认真思考，并将结果填写在表3-1中。

表3-1　　三个“我”的协调统一方案

三个“我”	具体的调整措施
现实自我	
理想自我	
镜中自我	

（6）团体分享。

注意：一个心理健康的人，三个“我”是和谐一致的。当一个人自己和他人眼中的“我”没有太大差距，个人理想也就没有脱离现实，就是一个自我形象明确而健康的人。但当三个“我”不协调时，我们就该问自己，别人为何不了解我？我是否能够做到表里一致？不过，我们不必期望自己三个“我”百分之百的协调一致，因为那是不切实际的想法。

单元二　自我意识的发展及特点

一、自我意识的发展过程

人的自我意识并非与生俱来，而是随着个体年龄的增长以及其在后天的社会实践、社会交往的过程中逐渐形成和发展起来的。个体自我意识从发生、发展到相对稳定和成熟，要经历三个时期。

（一）自我意识的产生（0~3 岁）

在生命降生之初，婴儿是没有自我意识的，他们甚至无法将自己和外界事物进行区分。8 个月左右，婴儿的生理自我开始出现，这也是自我意识的最初形态。这个阶段的婴儿听到自己的名字会有反应，但人我不分、物我不分。1 岁左右，儿童开始能区分自己的动作和动作对象，如不会再把玩具当作自己身体的一部分，即自我意识开始萌芽。2 岁左右，儿童逐渐学会用第一人称“我”来称呼自己。3 岁左右，儿童开始出现羞耻感、自主性和占有欲，如看到妈妈喜欢其他孩子会生气；使用第一人称“我”的频率增加，这时儿童的自我意识有了一定发展，但其仍然是以自我为中心的，即用自己的想法来解释外部世界，并把自己的想法和情感投射到外界事物上。因此，这一时期又被称为自我中心期。

（二）自我意识的发展（3~14 岁）

这一阶段是个体接受社会文化、学习社会角色的重要时期。这一阶段的个体从游戏、学习、劳动等活动中不断地模仿、认同、练习，逐渐习得社会规范，形成对各种角色的观念，如性别角色、家庭角色和同伴角色等。这一时期，青少年开始意识到自己在人际关系、社会关系中的地位和作用，意识到自己所承担的社会责任和享有的社会权利。虽然青少年开始关注自己的内部世界，能够初步意识到自己的兴趣爱好和气质性格等，并具有一定的自主性和自信心，但这时他们主要依据别人的观点去评价事物、去认识人，且自己的认识趋同于权威或同伴的评价。因此，这一时期又被称为客观化时期。

（三）自我意识的完善（青春期到成年）

从青春期到成年是个体自我意识迅速发展并趋向成熟的关键期。而对正处于成年早期的高职学生，他们的自我意识发展正经历着一个特别明显的“分化-冲突-统一”的过程。这一过程标志着高职学生自我意识开始出现分化，即原本“笼统的我”被分化为“理想自我”和“现实自我”等。同时，在这一过程也可能产生矛盾与冲突，即“理想自我”和“现实自我”没有协调一致或者其矛盾无法很好地解决，就会面临“自我同一性”危机。

二、大学生自我意识的特点

大学生自我意识的表现与其他年龄段有不一样的特点。心理学家研究发现，大学生自我意识的发展呈现两极性，既有积极的特征，也有其矛盾冲突的一面。

（一）自我意识发展的积极特点

1. 自我认识更具有主动性和自觉性，自我评价更广泛

此时的大学生对自我的认识基本与外界一致，能自觉地按照社会的要求来评价和设计自己，开始思考人生的价值和意义，并自觉体现在具体的行动中。如对能为自我认识提供方法和途径的心理测量及其他各种有关杂志、书籍都有着浓厚的兴趣。此外，随着大学生自我认识的全面发展，其对自我的评价也不再拘泥于某一方面，能从不同的角度、更加广泛地评价自己，同时其自我评价的能力也会随着年龄的上升而提高。

2. 自我体验更具有丰富性

处于大学阶段的高职学生，其自我体验的内容比较丰富。研究发现，大学生自我体验的情绪、情感基调是积极的、健康的，大多数学生都能喜欢自己、对自己感到满意，同时也能热情地对待他人。此外，由于大学生正处于个体情感的活跃期，因此其对外部世界及自己内心世界许多方面的自我体验都比较敏感，尤其当涉及与自己相联系的事物时，其情绪情感会表现出情境性和波动性。

3. 自我调控水平明显提高

大学生在自我调控方面的积极主动性增加，能长期有效地调控自己的心理、语言和行为，防止活动的任意改变，坚持实行预定的行动计划，使之服务于理想自我的实现。自我调控水平的提高促使个体的控制方式逐步从外部控制转变为内部控制，即主动掌握自己的心理变化。此外，大学生自我调控水平的提高促使个体按照一定的标准和要求来规划自己的未来，用更多的社会标准要求自我，能自觉根据社会的要求来调节自己不合实际的目标和动机。

（二）自我意识发展的矛盾冲突特点

大学生自我意识的发展逐渐趋于完善，但趋于完善的这一过程并不是一蹴而就，可能存在各种矛盾，甚至出现混乱的现象，而这些矛盾或混乱主要表现为各种心理冲突。

1. 理想自我与现实自我的冲突

理想自我与现实自我的差距是大学生自我意识最突出、最集中的矛盾表现。由于现实条件与自己的理想相差甚远，这给大学生带来很大的苦恼和冲突。如果这些苦恼和冲突处理不好，则会引起自我的分裂，进而导致一系列心理问题。

2. 独立意识与依附心理的冲突

大学生的独立意识迅速发展，在人与人的关系中，主要表现为不依赖他人而独立行动的意向。虽然独立意识迅速发展，但由于缺乏社会阅历与经验，当遇到重大事情、突发事件时，大学生又往往盼望亲人、老师、同学能够给予支持。因此，大学生无法做到真正意义上的独立。这种自我的独立与依赖的矛盾，常常使部分大学生陷入痛苦与矛盾之中。

3. 交往需要与自我闭锁的冲突

处于青年期的大学生最渴望友情与爱情的滋养，渴望得到同伴群体的认同与接纳，渴望交往与分享，渴望自我价值得以实现，渴望成为群体中受尊重与受欢迎的人。但他们又存在着自我闭锁的倾向，许多人往往不愿主动敞开自己的心扉，不经意将自己的心灵深藏起来，在公开场合很少发表个人的真实意见，甚至与他人交往时存有较强的戒备心理，总是有意无意地与同学保持一定距离。正是这种交往需要与自我闭锁的矛盾冲突，使大学生在正常的人际交往中走进误区，造成心理困扰，有些同学甚至出现了人际交往障碍。

4. 自信心与自卑感的冲突

由于大学生的自我意识还处于发展过程中，心理尚未成熟，因此对自我的认知易存在偏差，即出现盲目的自信或过分的自卑，不利于良好自我意识的形成。如当个体过分自卑时，可能会通过自我排斥来否定自己，甚至出现拒绝接纳自我的心理倾向，压抑自我的积极性，甚至可能引发严重的情绪情感损伤和内心冲突；如果盲目自信，可能会误判对手，错失机会，也有可能使得个体思维单一，走入误区。

心理测试

自我和谐量表（SCCS）

人本主义心理学家罗杰斯（Rogers）提出，自我和谐是指自我内部的协调一致以及自我与经验的协调。自我和谐量表（SCCS）是由北京大学心理系的王登峰教授，在罗杰斯关于自我和谐概念的基础上，结合心理治疗实践编制的（表3-2）。该量表从三个方面测查被试者的“不和谐”认知：自我与经验的不和谐、自我体验的灵活性和自我观念的刻板性。

指导语：下面是一些关于自我看法的句子描述，请你认真阅读，并根据该句话与你现在对自己的看法相符合的程度（1代表该句话完全不符合你的情况，2代表比较不符合你的情况，3代表不确定，4代表比较符合你的情况，5代表完全符合你的情况），选出对应的数字（打√即可）。每个人对自己的看法都有其独特性，因此答案没有对错之分。

表3-2 自我和谐量表

题目	完全不符合	比较不符合	不确定	比较符合	完全符合
1. 我周围的人往往觉得我对自己的看法有些矛盾	1	2	3	4	5
2. 有时我会对自己在某方面的表现不满意	1	2	3	4	5
3. 每当遇到困难，我总是首先分析造成困难的原因	1	2	3	4	5
4. 我很难恰当表达我对别人的情感反应	1	2	3	4	5
5. 我对很多事情都有自己的观点，但我并不要求别人也与我一样	1	2	3	4	5
6. 我一旦形成对事物的看法，就不会再改变	1	2	3	4	5
7. 我经常对自己的行为不满意	1	2	3	4	5

续表

题目	完全不符合	比较不符合	不确定	比较符合	完全符合
8. 尽管有时得做一些不愿意的事，但我基本上是按自己意愿办事的	1	2	3	4	5
9. 一件事好是好，不好是不好，没有什么可以含糊的	1	2	3	4	5
10. 如果我在某件事上不顺利，我往往会怀疑自己的能力	1	2	3	4	5
11. 我至少有几个知心朋友	1	2	3	4	5
12. 我觉得我所做的很多事情是不该做的	1	2	3	4	5
13. 无论别人怎么说，我的观点绝不改变	1	2	3	4	5
14. 别人经常会误解我对他们的好感	1	2	3	4	5
15. 很多情况下，我不得不对自己的能力表示怀疑	1	2	3	4	5
16. 我朋友中有些是与我截然不同的人，这并不影响我们的关系	1	2	3	4	5
17. 与朋友交往过多容易暴露自己的隐私	1	2	3	4	5
18. 我很了解自己对周围人的情感	1	2	3	4	5
19. 我觉得自己目前的处境与我的要求相距太远	1	2	3	4	5
20. 我很少去想自己所做的事是否应该	1	2	3	4	5
21. 我所遇到的很多问题都无法自己解决	1	2	3	4	5
22. 我很清楚自己是一个什么样的人	1	2	3	4	5
23. 我很难自如地表达我所要表达的意思	1	2	3	4	5
24. 如果有足够的证据，我也可以改变自己的观点	1	2	3	4	5
25. 我很少考虑自己是一个什么样的人	1	2	3	4	5
26. 把心里话告诉别人，不仅得不到帮助，还可能招致麻烦	1	2	3	4	5
27. 在遇到问题时，我总觉得别人都离我很远	1	2	3	4	5
28. 我觉得很难发挥出自己应有的水平	1	2	3	4	5
29. 我很担心自己的所作所为会引起别人的误解	1	2	3	4	5
30. 如果我发现自己某些方面表现不佳，总希望尽快弥补	1	2	3	4	5
31. 每个人都在忙自己的事情，很难与他人沟通	1	2	3	4	5
32. 我认为能力再强的人也可能遇上难题	1	2	3	4	5
33. 我经常感到自己是孤立无援的	1	2	3	4	5

续表

题目	完全不符合	比较不符合	不确定	比较符合	完全符合
34. 一旦遇到麻烦，无论怎样做都无济于事	1	2	3	4	5
35. 我总能清楚地了解自己的感受	1	2	3	4	5

1. 计分方法

各分量表的得分为其所包含的所有题目上的得分相加，每个题目的得分为：选择“1”，得1分。其中“自我体验的灵活性”分量表为反向计分，即选择“1”，得分则为5，以此类推。每个分量表相关的题目如下：

自我与经验的不和谐：第1、4、7、10、12、14、15、17、19、21、23、27、28、29、31、33题。

自我体验的灵活性：第2、3、5、8、11、16、18、22、24、30、32、35题。

自我观念的刻板性：第6、9、13、20、25、26、34题。

2. 结果解释

(1) 分量表　“自我与经验的不和谐”反映的是自我与经验之间的关系，包含对能力和情感的自我评价，自我一致性、无助感等，它所产生的症状更多反映了个体对经验的不合理期望。

“自我体验的灵活性”与敌对、恐怖的相关显著，可以预示自我概念的刻板和僵化。

“自我观念的刻板性”不仅同质性较低，而且与偏执有显著相关，使用情况仍然在探索中。

(2) 总量表　将“自我体验的灵活性”反向计分后，再与其他两个分数相加。得分越高自我和谐度越低。在大学生中，低于74分（包含74分）为低分组，75~102分为中间组，103分及以上为高分组。

单元三　自我意识的完善

一、健康自我意识的标准

衡量个体的自我意识是否健全并非易事，它没有一个绝对的标准，有学者提出健康的自我意识应当包括以下几项内容。

（一）自我定位准确

能够准确地自我认识与评价，不夸大自己的优势与不足，对自己的优缺点有着客观、全面的了解和清醒的认识，对现状与未来有较为明确的预判，既不好高骛远，也不妄自菲薄。

（二）积极而客观评价

能够以积极的态度去认识和评价人、事，客观理性地分析现象背后的原因。

（三）自尊、自信

自尊是个体获得良好发展的前提，是自信、自立、自强的基础；有了自信的人才能不畏艰难，坦然面对困境，迎难而上。自我意识健全的人，既能尊重内心真实反应，充分体验自己的内心感受，又能适度表达自己的情绪、情感，既不压抑自我，也不放纵自我。

（四）自主而又善于合作

善于独立处理自己和周围世界关系的问题，有主见并能够独立支配自己的行为，同时也不拒绝与他人合作。

（五）有效的自我控制

有效的自我控制是个体心理结构中最重要的调节机制，也是心理成熟的最高标志。自我意识健全的人，能够对自我进行控制，善于根据主客观条件的变化及时调整自我，积极肯定自我和悦纳自我，既能保持自我独立，又能与外界保持一致。

（六）良好的自我同一性

能认识到“我是谁”“在别人眼中我是谁”，并可以将自己心中的自己与别人眼中的自己进行统一。自我意识健全的人，有着良好的自我同一感，是主观自我与客观自我、现实自我和镜中自我、理想自我与现实自我相统一的人，有积极的目标意识和内心意识，积极进取，敢于尝试和承担责任，能感受到自我的连续性和完整性。

拓展阅读

大学生良好自我意识的衡量指标

（1）接受自己的生理状况，不自怨自艾。

(2) 对自己的心理素质有较清晰的认识，知道自己的长处和短处。
(3) 对自己所处的环境有较清晰的认识，包括家庭和学校环境。
(4) 对自己的经历有正确的评价。
(5) 对未来自我发展有较明确的目标。
(6) 对自己的需求有清楚的认识。
(7) 知道生活中什么是应该珍惜的，什么是应该抛弃的。
(8) 对妨碍自己达到目标的因素有较为清楚的认识。
(9) 对自己能够做到的事情有较为清楚的认识。
(10) 对自己的希望和能力的差距比较清楚。
(11) 能正确估计自己的社会角色。
(12) 对自己的感受和情绪有较为清楚的认识。
(13) 明白自己能力的极限。

二、塑造良好的自我意识

(一) 全面认识自我

正确、全面地认识自我是培养健全自我意识的基础。认识自我就是要全面地了解自己的身体、心理以及自己的个性，了解自己的优点和不足，把握自己与群体的关系以及自己在社会生活中所处的位置，从而能对自我做出恰如其分的评价。高职学生可以通过以下途径促进对自我的认识。

1. 学会自我反思

高职学生在大学生活中要学会自我反思，检查自己的行为和动机是否正确，行为过程中有哪些长处和不足，取长补短并进一步完善自己的行为。随着自我意识的发展，高职学生逐步具备自我反思和内省的能力，能够与自我进行内心对话，对自己的内心活动加以分析，使自己不仅成为观察的主体，也成为自我观察的对象，能意识到自己的内心活动，给自己独处的机会，以便反省过去发生的事情，并思考自己将来想要做的事。

2. 参考他人评价

高职学生可以通过他人对自己的态度、期望、评价来进一步认识自己。“他人”既是评价者，又是参与者，通过与父母、师长的沟通，汲取其宝贵经验。当然，在接受他人的评价之前，要先综合考虑他人的身份、地位、态度等，以便有选择性地接受或参与他人的评价，以形成关于自我的概念。需要注意的是，不少学生会很在意别人对自己的评价，因此对待来自他人对自己的评价要有正确的态度，不能因为别人过高地评价自己而忘乎所以，也不能因为别人对自己过低的评价而一蹶不振。

3. 适度与人比较

他人是反映自我的一面镜子，与他人交往，是个体获得自我认识的重要途径。与优秀的人比较，我们可以发现自己与他人的不足与差距，进而促进我们积极向他人学习，并获得一定的经验，然后按照需要去规划自己的前途；与能力比我们差的人比较，我们可以看到自己的优势与成就，进而再次督促我们努力学习，继续奋斗，不断创造属于自己的美好未来。

典型案例

2020—2021 年度大学生榜样人物——陈君

简介：陈君，武汉纺织大学绿色环保协会会长。他的足迹遍布 11 个省的 27 个市、68 条江河湖泊，被网友誉为“行走在‘江湖’之间的绿色精灵”。同时，他也被武汉纺织大学评为“青春力量，感动纺大”之“守护绿色，宣传环保”的大学生榜样。

2020—2021 年度大学生榜样人物——陈君

4. 参与社会实践

通过社会实践活动，高职学生可以增加生活阅历，明确其参加活动的动机、态度等，进而反躬自省，弥补能力的不足与缺陷。此外，社会实践成果的价值有时直接标志着个体自身的价值，理想的活动成果能促进个体认识自我的能力，发现自我的价值，从而进一步开发自我潜能、激发自信。

自我觉察

我的自画像

请用 10 分钟的时间，在下面的方框内，用绘画来描述你认识的自己，注意这不是考察你的绘画技术，跟着感觉随意画即可，请不要画火柴人或漫画人。

（二）积极悦纳自我

悦纳自我是发展健康自我体验的关键和核心。悦纳自我，就是无条件地接受自己的一切，无论好的还是坏的，成功的还是失败的。对自己的本来面目抱认可、肯定的态度，接受现实自我，包括自己的相貌、身高、家庭背景、文化学历等；平静而理智地对待自己的长处与短处，欣赏自己的独特性，肯定自己的优点并进行积极心理暗示，同时也要接纳自己的不完美，培养自信、自立、自强、自主的心理品质，从而发展自我、更新自我。

心理训练

悦纳自我训练

请完成下面的语句吧！

我最欣赏自己的外表是：____________________。

我最欣赏自己对朋友的态度是：____________________。

我最欣赏自己对学习的态度是：____________________。

我最欣赏自己的一次成绩是：____________________。

我最欣赏自己的性格是：____________________。

我最欣赏自己对家人、长辈的态度是：____________________。

我最欣赏自己做事的态度是：____________________。

我最欣赏自己的优点是：____________________。

（三）有效调控自我

自我调控是健全自我意识、完善自我的根本途径。自我调控是个体主动定向改造自己的心理品质、特征及行为的心理过程，也是个体将对待自己的态度具体化为行动的过程。要使自我调控积极有效，高职学生应从以下四方面着手。

1. 合理定位理想自我

理想自我是高职学生将来要实现的目标，在确立其目标与内容时，要立足社会需要，符合社会对高职学生的要求和规范；要不断加强对自己的理想信念，树立对未来美好愿景和远大价值目标的自觉追求，鼓励其胸怀天下、立志高远，将个人发展和社会发展相结合，在专业知识上、道德品质上不断提升自我、超越自我，做一个健康向上、有益于国家和社会的人；同时，要从自身的实际出发，既不好高骛远，也不过于简单，积极思考人生、理解人生，懂得人生的价值和意义，并通过实现这一目标而努力地完善自我。

【思政案例】

在奋斗和创业中实现人生价值

——记中国石油天然气集团公司工程技术分公司副总经理秦文贵

中国石油天然气集团公司工程技术分公司副总经理秦文贵，曾连续二十年在我国海拔最高的青海油田工作。在昆仑山下的茫茫戈壁，他由一名大学生逐渐锻炼成为高级工程师。当年他大学毕业时是很抢手的，可是他依然选择了最艰苦的青海石油工作。到油田报到后，他发现环境的艰苦远远超出了其想象，高原反应使他头昏脑涨，不住地流鼻血，一夜一夜的睡不着。一次施工作业发生井喷，油水泥浆劈头盖脸浇透了全身，秦文贵有点后悔不该来这儿。但是“常以青春换成功，常把黄昏当早晨”的石油工人精神潜移默化地感染着他。慢慢地，秦文贵建立起自己的人生坐标：“只有为社会创造价值的人，他的人生才会有价值；只有自强不息、努力奋斗的人，他的人生才会闪烁出灿烂的光辉，越是艰苦，越要奋斗，越要奉献！”

油田钻井需要大量的技术套管，这些套管成本很高。秦文贵脑海中闪现出一个大胆的想法：能不能做些简化，少用些套管？如果成功，经济效益将相当可观。他查阅了200多口油田资料，反复论证并设计方案，时常通宵达旦，最终这项课题获得成功。4口实验井共节约成本近700万元。专家说：“这是青海油田开发史上一个伟大的创举，一座里程碑。”

毕业十年时，组织上派秦文贵到加拿大学习。临行前，他来到油田烈士公墓，在碑墓前默默站了很久，然后抓了把沙土，用白方巾包好，让这把带有油香的沙土陪他远行。在加拿大期间，秦文贵如饥似渴地学习石油工业的先进技术。在学习将要结束时，国外一家石油工厂以高出国内十倍的薪水邀请他去工作，并承诺为其办理爱人和孩子定居海外的手续。然而，秦文贵毫不犹豫地做出了回国的选择。“烈士墓前带来的那一把沙土时刻提醒我，建设油田需要新一代奋斗者完成我们未竟的事业”。回国后的几年里，秦文贵主持并参与了20多项技术改造科研，解决了大大小小上百个生产技术难题，他实实在在地体会到科学技术转化为生产力的巨大威力，体会到一个科技工作者的价值。

秦文贵的先进事迹告诉我们，只有将个人发展与国家发展、社会发展、时代发展相结合，才能实现自我的价值。虽然在实现理想自我的历程中必定充满艰辛和曲折，但可以肯定是，我们必定是永远不停追求梦想的探索者，一定会在创新报国的不懈追求中实现自己最有价值的人生。

（节选自人民日报出版社出版孙运德等主编的《新时代中国青年的榜样》）

2. 全力锻造现实自我

“万丈高楼平地起”，无论多美好的理想自我，都要以现实自我作为出发点和立足点。现在是将来的基础，高职学生要想全力打造自我，必须努力提高现实自我，敢于自我剖析，发现现实自我的不足之处，制定提高现实自我的计划，循序渐进，才能逐步实现理想，登上辉煌的人生顶峰。因此，在现实生活中，我们要从小事做起，培养自己脚踏实地的精神，学会制定切实可行的目标与计划，帮助其提升现实自我，进而实现理想自我。

3. 塑造优良意志品质

对自我的监督与修正，离不开意志的力量。只有意志健全的人才能做到对自我的有效调控。因此，每位高职学生都应注重增强自我调控的自觉性、主动性，从而达到自我实现。如何培养良好的意志品质，主要有以下四点：第一，设定符合意志品质训练的可行性项目；第二，树立正确的挫折观来培养高职学生的意志品质；第三，积极参加实践活动，磨砺意志品质；第四，坚持一项长久的运动，如跑步、跳绳等。

4. 培养健康情绪情感

“天生我材必有用”，我们要认识到自己是对社会有用的人，是有希望的人、能成功的人，那么就会体验到一种积极的情绪情感，如自尊、自爱、自信等。这些健康的情感又是自我调控的激励因素和动力源泉，能促使我们为了改变现实和实现理想自我而更加努力。因此，我们要积极培养健康的情绪情感，进而促使个体自我意识的完善。

自助指南

自信训练小方法

（1）走路速度加快25%，说话声音加大20分贝。

（2）挑前面的位子坐。

（3）练习正视别人。

（4）练习当众发言。

（5）学会微笑。

(6) 关注自己的优点。

(7) 与自信的人多接触。

(8) 树立自信的外部形象。

(9) 冒一次险。

(10) 自我心理暗示，不断对自己进行正面心理强化。

(11) 扬长避短。

(12) 做好充分准备。

(13) 冒一次险。

(14) 尽量依靠自己。

(15) 做自己喜欢做的事。

(四) 不断挑战自我

培养良好的自我意识不仅需要个体在认识自我、悦纳自我的基础上，自觉规划行为目标、主动调节自身行为，而且还需要不断地挑战自我，使自我意识不断完善。

1. 塑造健康人格

人格不仅是个体心理面貌的集中反映，也是其心理行为的基础。健康自我意识的形成，除了要有对自我的正确认知外，还要有健全的人格作为支撑。高职学生培养积极、和谐、健全的人格，对健康自我意识的发展将起到良好的生成和促进作用。

2. 明确行动目标

相比无目标指向的行为，个体有目标指向的行为所带来的成就要大得多。因为正确的目标能够诱发人的动机，强化人的行为，并促使其指向预定的方向。当然行动目标的制定要符合社会的需要和个人的特点，不可盲目，否则会适得其反。

3. 激发个人潜能

每个人都拥有丰富却有待开发的潜能，美国心理学家亚伯拉罕·马斯洛(Abraham Maslow)指出："实际上绝大多数人，一定有可能比现实中的自己更伟大一些，只是缺乏一种不懈努力的自信"。因此，高职学生在不断挑战自我、完善自我的实践中，通过各种训练方法激活其动力、挖掘其潜能，进而实现个人潜能的充分发挥。

4. 不断超越自我

意义治疗与存在主义分析的创始人维克多·弗兰克尔（Viktor Emil

Frankl）认为人真正追求的不是自我实现而是超越自我的生活意义，主要表现为勇于承担责任、敢冒风险，不断地创造。

超越自我，可以通过4A步骤来实现，即接纳-行动-情感投入-成就。接纳（Acceptance），是接纳自我与自我所在的现实环境；行动（Action），是对自己决定的事，付诸行动并全力以赴；情感投入（Affection），是工作学习时的情感投入，个体能获得乐趣并乐在其中；成就（Achievement），是以上三者完成后的自然结果。接纳是超越自我的基础与条件，行动是超越自我的保障与动力，情感投入是超越自我的“催化剂”。只有认清现状、行动正确、不断地情感投入，才有可能成就自我、完善自我，并实现不断地超越自我。

超越自我的过程并不是一帆风顺的，有可能存在短暂的迂回甚至是倒退，但是总体发展方面是朝前的。同样，超越自我也是一个全新自我形成的过程，今天的我超越了昨天的我，明天的我又是新的提升，这样的人生路径才能走得更加幸福美满。

知识巩固

专题三　知识巩固

课外拓展

1. 书籍推荐

《认知觉醒：开启自我改变的原动力》（图3-3），周岭著，人民邮电出版社，2020年。

图3-3　《认知觉醒：开启自我改变的原动力》

总是拖延焦虑又改不掉？该书告诉你：不是你不努力，而是大脑在“偷懒”！书里用简单例子解释“为什么我们会本能地刷手机（原始脑）、摆烂（情绪脑）”，以及如何用“观察员视角”训练理性思维。阅读此书，你将通过大脑构造、潜意识、元认知等思维规律看清自己，从刻意练习、深度学习、关联、反馈等事物规律中看清世界，提升自控力、专注力、学习力、行动力和情绪力等，让你从“道理都懂”变成真正掌控自己的生活。

2. 影视推荐

《哪吒之魔童降世》（图 3-4），导演：饺子，2019 年。

该片讲述了哪吒虽“生而为魔”却“逆天而行斗争到底”的故事。电影告诉我们要从多方面认识自己，不要太在乎别人的看法与评价，要接纳自己“最初的不完美”，不断克服困难、迎难而上，不断完善自我，实现最终的自我蜕变与自我超越，愿同学们能在该影片中寻找到不断超越自我的力量。

图 3-4　《哪吒之魔童降世》

专题四　做更好的自己
——高职学生健康人格的塑造

专题体系结构

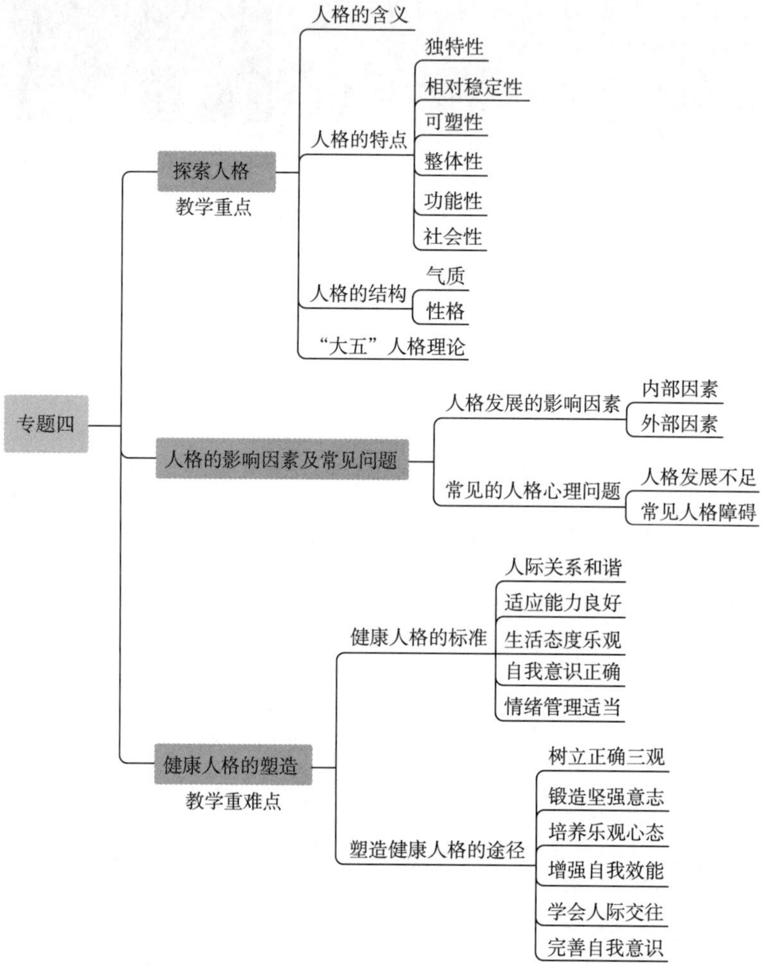

专题概述

本专题主要围绕人格的含义与结构、高职学生常见的人格心理问题，以及如何塑造健康人格等内容展开，使高职学生明晰人格在个体发展和自我成就等方面的重要作用，促进学生关注自己的人格发展，并积极主动地塑造健康人格。

专题目标

1. 知识目标

使学生了解人格的含义、特点和影响因素，理解人格的结构，掌握塑造健康人格的方法与途径。

2. 能力目标

引导学生正确认识自己的人格特质，使学生具备发展健康人格的能力。

3. 素质目标

强化学生不断追求健康人格的意识，培养其发展自尊自信、不屈不挠、坚韧不拔和乐观豁达等积极人格品质。

专题导入

人格是伴随着人的一生不断成长的心理品质，会影响和制约高职学生的学习、生活和工作的各个方面。如果一个人形成了良好的人格，其工作、学习效率会更高，心理更健康，人生更幸福。从某种程度上来讲，一个人的人格或个性决定了他的命运。

单元一　探索人格

一、人格的含义

一般认为，人格是指个体在遗传的基础上，通过与后天环境的相互作用而形成的，具有一定的倾向性，相对稳定的和独特的心理行为模式。心理学中的人格概念，更接近日常话语中的“性格”一词，如内外向、情绪稳定性、处事和待人的方式等，其反映了一个人的整体精神面貌，即心理品质或心理特征的总和。

二、人格的特点

（一）独特性

不同的遗传素质、生存环境及教育条件使人们形成了各自独特的心理特征，即一个人区别于他人的特征。所谓“人心不同，各如其面”，指的就是人格的独特性。人格的独特性是人格最突出的心理特征，这种独特性不仅仅表现在某些个别的心理或行为特征上，更体现在整个行为模式上，使得人与人之间相互区别开来。但是，人格的独特性并不意味着人与人之间的个性毫无相同之处，如每一个国家或民族的人都有一些共同的心理特征。

（二）相对稳定性

人格的稳定性是指一个人在其心理和行为活动中表现出来的一贯的、比较稳定的特点，即在时间上具有前后一贯性，在空间上具有一定的一致性，也就是我们所说的“江山易改，秉性难移”。例如一个性格外向的高职学生，他不仅仅在家中非常活跃，在班级活动中也表现出积极主动的一面，在老师、同学面前同样也能自然地表现自己；他不仅在大学期间如此，即使毕业若干年后再相逢，他依然如故。但需要注意的是，人格的相对稳定性并不意味着一成不变，也仍然具有可塑性和可变性。

（三）可塑性

人格是在个体的内外环境的相互作用下形成，同时也可以在内外环境相互作用的过程中发生变化。总体来说，儿童的人格结构还不稳定，受环境的影响较大，具有很大的可塑性。成人的人格比较稳定，但自我意识、自我调节对人格的改变发挥着重要的作用。例如遭受挫折、失败可以使人低落、消沉，但通过自我调节也可以使人战胜困难，变得坚强和勇敢。

（四）整体性

人格的整体性是指人格是由多种成分和特质组成，且这些特质在一个人身上不是孤立存在的，而是相互关联，形成一个有机整体。简单来讲，即一个人的所思所想所为是一致的，有怎样的认知，就有与其认知相一致的行为表现。因此，人格的整体性是衡量一个人心理健康与否的重要指标，当一个人人格结构的各方面，如认知、情感、性格等，彼此和谐一致时，就会呈现出健康的人格特征，否则就会出现各种心理冲突，甚至出现“人格分裂”。

（五）功能性

人格是一个人生活成败、喜怒哀乐的根源。人们常说的“性格决定命运”，即是对人格功能性的体现。当个体的人格功能发挥正常时，表现为健康而有力，支配着人的生活与成败；当人格功能失调时，就会表现出懦弱、无力、失控，甚至变态的行为。例如面对挫折与失败，有志者认真总结经验教训，在失败的废墟上重建人生的辉煌；而怯懦的人一蹶不振，失去了奋斗的目标。

（六）社会性

人格是在一定的社会环境中形成的，一个人的人格必然反映出他生活的社会文化的特点，以及他所受到教育的影响。所以，人格既是社会化的对象，又是社会化的结果。如果婴儿的社会接触被剥夺，就不可能成长成正常的人，典型的如狼孩。

典型案例

央视纪录片《苏东坡》

简介：本纪录片主要介绍了苏东坡的一生以及他面对人生起落的态度。苏东坡先后经历了考中进士入朝为官，因“乌台诗案”被贬黄州，随宋哲宗即位又被重新起用，因新党执政再次被贬惠州、儋州，最后在获赦北还途中病逝于常州。虽然他的人生起起伏伏，尝尽人生苦难，但他仍以诗书为伴，写下许多流传千古的诗句，并能以坚韧不拔和乐观豁达的心态面对周遭不好的境遇，实现自我价值。

三、人格的结构

人格的结构是多层次的，包括个性倾向性、自我意识和个性心理特征。其中个性倾向性包括一个人的需要、动机、兴趣、价值观；自我意识包括自我认知、自我体验、自我调控；个性心理特征包括气质、性格、能力等，这三个方面的结合，就形成一个人较为稳定的人格特征。其中，气质和性格是人格的重要方面。

（一）气质

1. 气质的含义

气质是指个人生来就具有的心理活动的动力特征，可以指个人的性情或脾气，也可以指个人心情随情境变化而随之改变的倾向。例如有的人性情急躁，喜怒形之于色；有的人说话、做事总是慢条斯理，很难发火；有的人活泼好动、善交朋友；有的人则喜欢独处，安静并且少言寡语。气质是与生俱来的，并无好坏之分，其反映了个体人格的生物属性，对人的实践活动有一定的影响，但不起决定作用。

2. 气质的四种类型

最早提出气质学说的是古希腊医生希波克拉底（Hippocrates），他认为人体内有四种液体，即血液、黏液、黄胆汁、黑胆汁。这四种液体在人体内的比例不同，便形成了气质的四种类型，即胆汁质、多血质、黏液质、抑郁质。

（1）胆汁质　热情、直率、精力旺盛、勇敢积极，但情绪容易激动、脾气暴躁，具有很高的兴奋性和较弱的抑制力，能够以极大的热情投身于事业，克服在达到既定目标道路上的重重困难。但是，一旦精力消耗殆尽，则易对自己的努力丧失信心。胆汁质的代表人物有《三国演义》中的张飞，《水浒传》中的鲁智深、李逵等。

（2）多血质　活跃好动、表情外露、善于交际、适应性强，但做事缺乏持久性，注意力容易转移，容易从事多变或多样化的工作。多血质的人多是杰出的活动家，其对事业有浓厚的兴趣。但是如果工作受挫或者需要付出艰苦努力时，热情就会锐减。多血质的代表人物有《红楼梦》中的王熙凤。

（3）黏液质　安静稳重、不卑不亢，严肃认真，善于克制忍让，但反应缓慢、能严格遵守既定的生活秩序和工作制度，固定性有余而灵活性不足。黏液质的代表人物有《水浒传》中的林冲。

（4）抑郁质　细心谨慎、情感细腻，较孤僻、善忧思，疑心重重、缺乏果断。因此，抑郁质的人不能够忍受太大的精神紧张，即使较微弱的刺激也会引发较强的情绪感受，且情绪体验丰富，常常为一些微不足道的事情动感情。这类人能够与别人很好的相处，胜任别人的委托，能够克服困难，但优柔寡断，面临危险情势会紧张、恐惧。抑郁质的代表人物有《红楼梦》中的林黛玉。

需要强调的是虽然心理学尝试对人的气质进行分类，但这种分类只是相对的，很少有人是绝对的某种气质类型。同时，气质类型并无好坏之分，不能决定人的社会价值和成就高低，任何一种气质类型，在一定情况下可能是具有积极意义，而在另一种情况下则可能具有消极意义。

（二）性格

1. 性格的含义

性格是个性心理特征中的核心部分，是一种与社会性关联最密切的人格特征，更多地体现了人格的社会属性。心理学上一般把性格看作是个体对现实稳定的态度以及习惯化的行为方式。性格是在社会生活实践中逐渐形成的，一经形成便比较稳定。但是，性格具有稳定性并不是说它是一成不变的，性格可以塑造。当学生在其生活环境中遭遇重大变故（如重要亲人的离世、经历生死一线等），也可能会引起其性格特征的显著变化。

与气质不同，性格受社会历史文化的影响，且有明显的社会道德评价的意义，直接反映了一个人的道德风貌。比如，评价某人“性格古怪”，隐含着这是一种不好的、不被认可的性格特征；评价某人“性格温和”，往往是指这是值得被肯定、接纳的性格特征。也正因为此，性格往往是有好坏之分的。

2. 性格的分类

在研究性格时，很多心理学家会将性格分为若干种类型，比较有代表性的性格分类之一是根据人们的言行和情感方式，将人的性格分为 A 型性格、B 型性格和 C 型性格，如表 4-1 所示。

表 4-1　　A、B、C 三种性格类型的特征及表现

类型	特征	表现
A 型	争强好胜，雄心勃勃，勇于进取，急躁易怒，缺乏耐心	常有时间紧迫感，行动匆忙，总想一心二用；事无巨细，必须亲恭；说话坦率，言不择辞，往往出口无心，极易得罪人；习惯指手画脚，给人以咄咄逼人之感
B 型	情绪比较稳定，社会适应性强，为人处世比较温和，生活有节奏，做事讲究方式，表现为想得开、放得开	悠闲自得，不求名利；缺乏时间观念，喜好慢步调的生活；待人随和，不喜竞争；工作、生活从容、满意
C 型	内心冲突大、矛盾而痛苦，悲观失望、情绪压抑，常给人以不急不躁的印象	过分压抑自己的负面情绪，不善表达严重的焦虑和抑郁；在日常生活和工作中委曲求全、逆来顺受，但内心却又极不服气；悲观失望，矛盾而痛苦

四、“大五”人格理论

塔佩斯（Tupes）等人的研究发现，大约有五种特质可以涵盖人格描述的所有方面，分别是开放性（Openness）、责任心（Conscientiousness）、外倾性（Extraversion）、宜人性（Agreeableness）、神经质或情绪稳定性（Neuroticism），被称为“大五”人格，也称“五因素”人格结构理论，如图 4-1 所示。

开放性描述的是一个人对经验持开放、探求的态度。责任心描述的是一

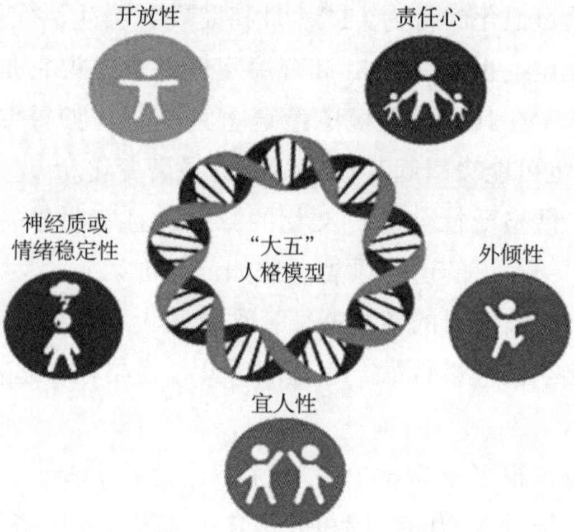

图 4-1 "大五"人格模型

个人细心、可靠和自律的程度。外倾性描述的是个体对关系的舒适程度。宜人性描述的是个体服从他人的倾向性。神经质描述的是个体对人、事情绪的稳定性。五种人格特质的特点如表 4-2 所示。

表 4-2 "大五"人格模型

因素	特点
开放性	具有想象、审美、情感丰富、求异、创造、智能等特质
责任心	显示胜任、公正、条理、尽职、成就、自律、谨慎、克制等特点
外倾性	表现出热情、社交、果断、活跃、冒险、乐观等特质
宜人性	具有信任、利他、直率、依从、谦虚、移情等特质
神经质或情绪稳定性	具有平衡焦虑、敌对、压抑、自我意识、冲动、脆弱等情绪的特质，即具有保持情绪稳定的能力

国内学者提出，根据我国的国情和时代发展特征，结合社会进步对高职学生人格发展的要求，可以将"大五"人格结构的核心内涵加以阐释，为高职学生的人格发展提供参照。例如：开放性即不断获得新知和探索未知，创造性地面对社会；责任心即社会责任心强，人格特质与人品统一；外倾性即具有社会适应能力的意向和性格表现；宜人性即有爱心和同情心，尊重他人，不以自我为中心；神经质即用理性调控情绪，提高心理成熟度。

自我觉察

奥尔波特的特质理论

奥尔波特（Gordon W. Allport）将人格特质分为三种：首要特质、核心特质和次要特质。首要特质影响一个人如何组织生活，是一个人最典型、最具概括性的特质。如薛宝钗的稳重，不仅体现在大观园的姐妹交往中，也体现在处理哥哥挨打及入狱等家庭变故的诸多事务中。核心特质是代表一个人主要特征的特质，通常有5~10个，如薛宝钗的善于社交、端庄大方、温柔敦厚、豁达包容，以及性冷无情、富于心机等都属于核心特质。次要特质是一些不大重要的特质，是个体在适应环境时的某些暂时性行为，而不是特定的特征，比如对衣服、食物的选择。

我们可以通过以下方法去发现自己的核心特质，从而达到自我认识的目的。

第一步：列出5~10个最能描述自己的形容词。

____

____

第二步：找同学/好朋友/父母帮你列出5~10个形容词。

____

____

第三步：总结出对你形容最贴切的5~10个形容词。

____

____

心理测试

中国“大五”人格问卷简版（Brief Version，CBF-PI-B）

简介：该问卷由王孟成博士和戴晓阳教授在中国“大五”人格问卷［Chinese Big Five Personality Inventory（CBF-PI）］的基础上编制，共包含40个题目。

指导语：表4-3是一些描述人们性格特点的句子，请根据每个句子与您的性格相符程度在相应的数字（数字1~6代表吻合程度，“1”表示完全不符合，“2”表示大部分不符合，“3”表示有点不符合，“4”表示有点符合，“5”表示大部分符合，“6”表示完全符合）上画圈。例如：“在集体活动中，我是个活跃分子”非常恰当地描述了您，那么请您在“6”上画圈，以此类推。每个人的性格各不相同，所以答案没有对错之分，请根据您的实际情况作答。

表 4–3　　中国“大五”人格问卷简版

题目	完全不符合	大部分符合	有点不符合	有点符合	大部分符合	完全符合
1. 我常感到害怕	1	2	3	4	5	6
2. 一旦确定了目标，我会坚持努力地实现它	1	2	3	4	5	6
3. 我觉得大部分人基本上是心怀善意的	1	2	3	4	5	6
4. 我头脑中经常充满生动的画面	1	2	3	4	5	6
5. 我对人多的聚会感到乏味	1	2	3	4	5	6
6. 有时我觉得自己一无是处	1	2	3	4	5	6
7. 我常常是仔细考虑之后才做出决定	1	2	3	4	5	6
8. 我不太关心别人是否受到不公正的待遇	1	2	3	4	5	6
9. 我是个勇于冒险，突破常规的人	1	2	3	4	5	6
10. 在热闹的聚会上，我常常表现主动并尽情玩耍	1	2	3	4	5	6
11. 别人一句漫不经心的话，我常会联系到自己身上	1	2	3	4	5	6
12. 别人认为我是个慎重的人	1	2	3	4	5	6
13. 我时常觉得别人的痛苦与我无关	1	2	3	4	5	6
14. 我喜欢冒险	1	2	3	4	5	6
15. 我尽量避免参加人多的聚会和嘈杂的环境	1	2	3	4	5	6
16. 在面对压力时，我有种快要崩溃的感觉	1	2	3	4	5	6
17. 我喜欢一开头就把事情计划好	1	2	3	4	5	6
18. 我是那种只照顾好自己，不替别人担忧的人	1	2	3	4	5	6
19. 我对许多事情有着很强的好奇心	1	2	3	4	5	6
20. 有我在的场合一般不会冷场	1	2	3	4	5	6
21. 我常担忧一些无关紧要的事情	1	2	3	4	5	6

续表

题目	完全不符合	大部分符合	有点不符合	有点符合	大部分符合	完全符合
22. 我工作或学习很勤奋	1	2	3	4	5	6
23. 虽然社会上有些骗子，但我觉得大部分人还是可信的	1	2	3	4	5	6
24. 我身上具有别人没有的冒险精神	1	2	3	4	5	6
25. 在一个团体中，我希望处于领导地位	1	2	3	4	5	6
26. 我常常感到内心不踏实	1	2	3	4	5	6
27. 我是个倾尽全力做事的人	1	2	3	4	5	6
28. 当别人向我诉说不幸时，我常感到难过	1	2	3	4	5	6
29. 我渴望学习一些新东西，即使它们与我的日常生活无关	1	2	3	4	5	6
30. 别人多认为我是一个热情和友好的人	1	2	3	4	5	6
31. 我常担心有什么不好的事情要发生	1	2	3	4	5	6
32. 在工作上，我常只求能应付过去便可	1	2	3	4	5	6
33. 尽管人类社会存在着一些阴暗的东西（如战争、罪恶、欺诈），我仍然相信人性总的来说是善良的	1	2	3	4	5	6
34. 我的想象力相当丰富	1	2	3	4	5	6
35. 我喜欢参加社交与娱乐聚会	1	2	3	4	5	6
36. 我很少感到忧郁或沮丧	1	2	3	4	5	6
37. 做事讲究逻辑和条理是我的一个特点	1	2	3	4	5	6
38. 我常为那些遭遇不幸的人感到难过	1	2	3	4	5	6
39. 我很愿意也很容易接受那些新事物、新观点、新想法	1	2	3	4	5	6
40. 我希望成为领导者而不是被领导者	1	2	3	4	5	6

1. 计分方法

你所选择的数字即你在该题目上的得分，如选择“1”，得1分，其中第5、8、13、15、18、32、36题等7个题目为反向计分，即选择“1”，得分则为6，以此类推。40个题目中，每个题目都相应的代表了“大五”人格的某个维度，将代表该维度的每个题目的得分相加，即为该维度的总得分。每个维度相关的题目如下：

开放性：第4、9、14、19、24、29、34、39题。

责任心：第2、7、12、17、22、27、32、37题。

外倾性：第5、10、15、20、25、30、35、40题。

宜人性：第3、8、13、18、23、28、33、38题。

神经质：第1、6、11、16、21、26、31、36题。

2. 大学生常模

常模是一种供比较的标准量数，大学生常模是指以大学生为标准化样本而测试得出的标准量数（表4–4）。测验分数必须与这种标准比较，才能显示出它所代表的意义。

表4–4 “大五”人格模型的大学生常模

维度	性别	样本数	平均值	标准差
开放性	女	754	31.9682	6.18305
	男	454	32.5991	6.74137
责任心	女	754	33.2878	6.51839
	男	454	32.8987	6.64411
外倾性	女	754	30.7613	6.94496
	男	454	31.0947	7.24057
宜人性	女	754	37.7095	5.64997
	男	454	36.2930	6.30008
神经质	女	754	26.9098	7.47371
	男	454	24.9714	7.06336

3. 结果解释

将计算得出的测验分数与大学生常模作比较，在某一维度上，若测验分数高于大学生常模可以判定其为高特质，反之则为低特质。例如：在开放性这一维度，某一同学的得分是40，相比大学生常模的得分31.9682，其属于高开放性特质，其会表现出富有想象、创造力强、标新立异、好奇等个性特质（表4–5）。

表 4-5　　“大五”人格模型各维度分值解释

维度	分值解释
开放性（O）	高 O 特质：想象、审美、情感丰富、求异、高创造、好奇心强
	低 O 特质：刻板、低审美、创造性差、遵守习俗、好奇心不够
责任心（C）	高 C 特质：能胜任、公正、条理、尽职、成就、自律、谨慎、克制
	低 C 特质：不能胜任、不公正、没有条理、低成就、武断、随意
外倾性（E）	高 E 特质：热情、善于社交、果断、活跃、高冒险、乐观
	低 E 特质：冷漠、木讷、优柔寡断、缄默、低冒险、悲观
宜人性（A）	高 A 特质：信任、利他、直率、依从、谦虚、移情
	低 A 特质：怀疑、利己、含蓄、叛逆、自大
神经质（N）	高 N 特质：焦虑、敌对、压抑、自我意识、冲动、脆弱
	低 N 特质：冷静、不温不火、大方自在、感情冷漠

单元二　人格的影响因素及常见问题

一、人格发展的影响因素

心理学家们认为，人格是在内部因素与外部因素的交互作用下逐渐形成并发展起来的。

（一）内部因素

1. 生物遗传因素

不同的个体因遗传基因不同，通常会表现出不同的人格特征。对“双生子”的追踪研究发现，人格的情绪稳定性、尽责性、智力和外倾性等多种维度，同卵双生子比异卵双生子表现出更多的相似性。即使在完全不同的环境中长大的同卵双生子，他们也有许多相似的特质和习惯。所以，我们人格的一部分是“可遗传的”。

2. 个人主观因素

人格的形成与发展还受到个人内部主观因素的影响。相关研究发现，个体的积极、乐观、豁达的心态会塑造自身积极的人格品质。个体需求的适当满足会促进其人格的完善，而基本需要的被剥夺或者过分给予将导致人格发展出现停滞，甚至倒退。此外，个体与团体的关系通过对所属团体的认同感或忠诚度来制约个体人格的形成与改变。

（二）外部因素

1. 社会文化环境

社会上各种思潮和文化、各种信息和现象都会影响高职学生的人格。社会思潮能准确地反映社会意识在每个时期的变化情况，并对已形成的人格产生冲击。同样，社会文化塑造了社会成员的人格特征，使其成员的人格结构朝着相似性的方向发展。这种相似性具有维系社会稳定的功能，又使得每个人能稳固地“嵌入”这种文化形态里。此外，社会中海量信息的传播和传播媒介会影响个体人格的形成与发展。各种社会现象，如刻板印象“富人都不喜欢钱，穷人都会吝啬”等，以及社会期待也会有意无意地对人格的形成与塑造产生影响。

2. 家庭环境

家庭是塑造人格的基石，家长的人格会潜移默化地影响和塑造孩子的人格。相关研究证实，家庭的教育方式（特别是父母的教养方式）会影响孩子人格的形成与发展。相较于“独断–专制型”教养方式和“放任–忽视型”教养方式，“权威–民主型”教养方式中长大的孩子更容易形成一些积极的人格品质。此外，夫妻之间的关系也会影响到孩子人格的形成，那些在家庭成员相互尊重、充满爱的家庭中长大的子女，更易形成受人欢迎的人格品质。

3. 学校教育因素

学校是高职学生生活、学习的主要场所，对高职学生身心健康产生直接或间接的影响。青年学生的许多心理问题是在学校中产生并通过学校行为集中表现出来的，学校教育的缺陷直接影响高职学生健康人格的形成，尤其是不良的班风以及教师不良的举止、风格、言谈等，对学生人格的形成起着潜移默化的作用；另外，校园媒体、校园网等要素，特别是一些甄选不全、暗含不良色彩的网络信息会误导高职学生健康人格的发展。

二、常见的人格心理问题

（一）人格发展不足

人格发展不足是指个体介于正常人格与人格障碍之间的一种人格状态，也可以说是一种人格发展的不良倾向。俗话说：“金无足赤，人无完人”，我们大部分人都或多或少地存在一些人格发展不足的现象。人格发展不足不仅影响个体的活动效率，妨碍正常的人际交往，同时还会给个体的人生蒙上一种消极、阴暗的色彩。了解这些常见的人格发展不足，有助于我们及时纠正自身的人格偏差，维护自身的心理健康。

1. 自卑

自卑是一种对自己不满、鄙视、否定的情感。进入大学后，一些高职学生发现山外有山、人外有人，尤其是当学习、社交、文体方面显露出不足时，就容易怀疑自己、否定自己，产生自卑心理。

如何消除高职学生的自卑感，可以从以下几个方面着手：

（1）积极地自我暗示　高职学生要对自己进行积极自我暗示、自我鼓励，相信事在人为。如果怀着“豁出去的心理”去从事自己的活动，事先不过多体验失败后的情绪，会有助于建立自信心。

（2）客观地认识自我　对于自身生理原因引起的自卑心理，要理解一个人无法掌控自己的身高长相，但可以提高自身素养，为他人、为社会多做贡献，从而获得较高的社会评价。对于学业不佳造成的自卑心理，能认识到学习是个艰苦的过程，要通过自身努力不断提高知识水平。

（3）评价体系多元化　进入大学之后，高职学生对自己的评价标准应多元化，不再仅拘泥于学业成绩。通过学校提供的多种展示平台，如运动会、歌唱以及各种技能大赛，进一步拓展自己的能力，发现自我的闪光点，提升对自己的积极评价，进而消除自卑心理。

心理训练

我的优点

每天记录下自己的一个优点或者成功的一件事情，可以是很小的优点或者事情，如“今天我给同学带饭了”“我会做 PPT 了”，刚开始的时候会觉得有些困难，慢慢就会习惯。坚持记录两个星期，之后再回顾自己的这些优点和事情，看看会有什么发现（表 4-6）？

表 4-6　“我的优点”记录卡

第一星期	优点记录	第二星期	优点记录
星期一		星期一	
星期二		星期二	
星期三		星期三	

续表

第一星期	优点记录	第二星期	优点记录
星期四		星期四	
星期五		星期五	
星期六		星期六	
星期日		星期日	

通过记录，我的发现是________________________________。

2. 悲观

悲观是指个体看待世界时的重点放在了不幸和痛苦之上，或者出发点通常是不幸和痛苦的。悲观的性格特点在高职学生中时有出现，可表现为在遇到不如意、失败时垂头丧气、怨天尤人，面临重任、挑战时自认无能为力而甘愿接受失败，对前途失去信心、心灰意冷等。

悲观不仅会影响高职学生的心情、食欲及身体健康，也可能会引发诸如抑郁症、焦虑症等心理障碍。引发悲观的原因，既有人生态度、意志品质方面的原因，也有认知错误、人格不成熟的原因。虽然引发悲观的原因多种多样，但是我们可以通过积极的自我调适或在必要时寻求专业的帮助，将悲观的性格向乐观慢慢转化。

自助指南

让悲观者转化为乐观者的10条建议

根据德国心理学家皮特·劳斯特（Peter Lauster）的研究，得出10条让悲观者转化为乐观者的建议：

（1）越担惊受怕，就越容易遭受灾祸。因此，一定要懂得积极态度所带来的力量，要坚信希望和乐观能引导你走向胜利。

（2）即使处境危难也要努力寻找积极因素。这样，你就不会放弃争取微小胜利转机的希望。如果你保持乐观，那么你克服困难的勇气就会倍增。

（3）以幽默的态度来接受现实中的失败。有幽默感的人会有能力轻松地克服厄运，排除随之而来的倒霉念头。

（4）不要被逆境困扰，也不要幻想事情会出现奇迹，而是脚踏实地、坚持不懈、全力以赴地去争取胜利。

（5）不管你面临着多么严峻的形势也要去发现有利的条件。不久，你就会看到自己会获得一些小的成功，这样自信心自然就会增大。

（6）不要把悲观作为保护你失望情绪的缓冲器。乐观是希望之花，能赐给人力量。

（7）即使失败了，你也要想到自己曾经多次获得过成功，这是值得庆幸的。如果十个问题，你做对了五个，做错了五个，那么你完全有理由庆祝一番，因为你已经成功地解决了五个问题。

（8）在你的闲暇时间里，努力去接近乐观的人，观察他们的行为，这样可以培养起你的乐观态度，乐观的火种也会慢慢在你的内心点燃。

（9）要知道，悲观不是天生的。像人类的其他态度，悲观不但可以减轻，而且通过努力也能将其转化成一种新的相反的态度——乐观。

（10）乐观的态度使你获得成功，那么你就应该相信这样的结论，乐观是成功之源。

此外，培养多方面的兴趣、爱好，多参加集体活动，多加强体育锻炼，多看幽默剧、相声等给人带来欢乐的节目，都会有助于培养乐观的性格。

3. 羞怯

羞怯的性格在高职学生中并不少见，比如不敢在大众场合发表意见，害怕与陌生人打交道，路上见到异性同学手足无措，见到老师很难为情，说话感到紧张等。羞怯是一个人自我防御心理过强的结果，其特点表现为：过于胆小、被动和谨小慎微，过于关注自己在别人心目中的形象，觉得自己总处在众目睽睽之下，于是变得敏感、拘束、自信心不足。一般而言，害羞之心人皆有之，但过分害羞就需要加以调整，因为它可能会抑制高职学生的人际交往，影响其个人才能的正常发挥，也可能导致压抑、孤独、焦虑等不良心态，甚至引起社交恐惧症等心理障碍。虽然害羞的人格特征与神经类型有一定的联系，但更多的还是后天因素所致，所以通过有意识的调节可以改变。

改变羞怯的方法主要有以下几种：

（1）对自己进行具体分析　找到自己的所长和所短，发挥自身的长处，以增强信心并补偿不足。

（2）放下思想包袱　抛弃顾虑，不怕说错话，不怕做错事，在行动之前不要只想到失败，要走出自我否定的阴影。一个人说错话办错事并不可怕，不必因此过于感到难为情，错了及时改正就好。

（3）不要太在意别人的议论　如果我们总把别人说的话放在心上，便寸步难行，失去做事和说话的勇气。自己决定的事情就要大胆去做，因为无论你做得多好，都不可能让所有人都满意。

（4）要树立信心　在自信心的支持下，会有助于人发挥自己的特长。当获得成功时，就会形成正性强化，在成功体验下重新建构自我认识。经过若干次积极强化，最终形成较稳定的、正向的、肯定的自我认识。

（5）有意识地锻炼自己　人的胆量和能力都是自我锻炼的结果。我们要敢于说第一句话，迈第一步。一旦这样做了，我们会发现自己是有能力、有潜力把事情做好的。

（6）要学会交往，注意观察模仿　可以在与人的交往中观察别人是怎样交往的，尤其是观察两种人：一是观察交往成功者，看他们为什么总是成为交往的中心，为什么能将各种复杂的交往方式运用得得心应手；二是观察从害羞中走出来的那些人，了解他们是怎样改变自己的，并向他们学习。

4. 猜疑

猜疑是指个体在缺少根据的前提下，对客观事物（包括事物或人物）的怀疑，会对人的日常工作、人际交往等产生很大的破坏作用。猜疑的表现有，经常处于不安全、痛苦的心理状态，怀疑老师对自己有偏见，怀疑同学们议论自己，怀疑自己患了严重疾病甚至不治之症。引起猜疑的原因有很多，有的是在社会交往中曾经受过骗，蒙受过巨大的精神挫折和经济损失，结果不敢再相信别人；也有的是对自己缺乏信心，在某些方面认为不如他人，就会怀疑自己、看不起自己；也有的是由认知偏差引起的，例如有同学开了善意的玩笑，却认为对方是在挖苦、讽刺自己。

高职学生可以通过以下方法来帮助自己消除不良的猜疑心理。

（1）加强人际交往，增进人与人之间的了解　产生猜疑心理时，要主动增加接触交往。在交往过程中，可以客观地观察、了解有关情况，开诚布公地交谈，消除误解，打消猜疑的念头。

（2）正确对待别人的怀疑，学会自我安慰　不必过分在乎别人如何看待自己，用平常心来看待他人的议论，和同学及朋友坦诚相处，相信“日久见人心”。

（3）抛弃成见，换位思考　学会全面发展地看问题，改变自己封闭的思维方式，积极寻找产生猜疑的原因，找到消除猜疑的方法；学会换位思考，学会站在对方的角度看问题，这样心情会豁达开朗，也可避免许多不必要的猜疑。

（二）常见人格障碍

人格障碍即人格发展的内在不协调，是指在没有认知障碍或者智力障碍的情况下，个体出现的情绪反应、动机、行为活动的异常。人格障碍一般始于童年或青少年，而持续到成年或终生，17 岁之前一般不做人格障碍的诊断。人格障碍这一心理问题会严重地影响人际关系的处理，妨碍学习、工作和事业的正常发展，损害亲情、友情和家庭幸福。人格障碍的类型有很多，大致可以分为三大类群。

1. A 组人格障碍，以“行为怪癖、奇异”为特征的类群

A 组人格障碍包括偏执型人格障碍、分裂样人格障碍和分裂型人格障碍。偏执型人格的基本特征是对他人不信任和猜疑的普遍模式，以至于把他人的动机解释为恶意的；分裂样人格障碍的基本特征是社交关系的脱离和人际交往中情感表达受限的普遍模式；分裂型人格障碍的基本特征是一种社交和人际关系缺陷的普遍模式，表现为对亲密关系感到强烈的不舒服和建立亲密关系的能力减弱，且有认知或感知的扭曲和古怪行为。

2. B 组人格障碍，以“情感强烈而不稳定”为特征的类群

B 组人格障碍包括反社会型人格障碍、边缘型人格障碍、表演型（癔症型）人格障碍和自恋型人格障碍。反社会型人格障碍的基本特征是一种漠视或侵犯他人的普遍模式，表现为行为不符合社会规范、经常违法乱纪、对人冷酷无情等；边缘型人格障碍的基本特征是一种人际关系、自我形象和情感的不稳定，以及显著冲动的普遍模式；表演型（癔症型）人格障碍的基本特征是一种过度情绪化和追求他人注意的普遍模式，表现为过分感情用事或夸张言行、吸引他人注意等；自恋型人格障碍的基本特征是一种夸大、需要他人赞扬且缺乏共情的普遍模式。

3. C 组人格障碍，以“紧张、退缩”为特征的类群

C 组人格障碍包括回避型（焦虑型）人格障碍、依赖型人格障碍和强迫型人格障碍。回避型（焦虑型）人格障碍的基本特征是社交抑制、自感能力不足和对负性评价极其敏感的普遍模式；依赖型人格障碍的基本特征是一种过度需要他人照顾以至于产生顺从和依附行为，并害怕离开别人的普遍模式，依赖和顺从行为旨在带来照顾，源自在没有他人的帮助下无法独立生活的自我感知；强迫型人格障碍的基本特征是一种沉湎于有秩序、完美以及精神和人际关系上的控制，而不惜牺牲灵活性、开放性和效率的普遍模式。

单元三　健康人格的塑造

一、健康人格的标准

（一）人际关系和谐

人际关系是社会关系的直接表现，是构成人类社会最普遍、最直接的关系，最能体现一个人人格健康的程度。人格健康的人乐于与他人交往，能与他人建立良好的关系，具备对他人表现出温暖、理解和亲近的能力，能够在与人交往中感到愉悦。

（二）适应能力良好

社会适应能力反映了人与社会的协调程度。人格健康的人能和社会保持良好的、密切的接触，以一种开放的态度，主动关心社会、了解社会，观察所接触的各种事物和现象，看到社会发展的积极面和主流，在认识社会的同时，使自己的思想、行为跟上时代的发展，与社会的要求相符合，表现出能较好地适应环境的变化。

（三）生活态度乐观

乐观的人生态度是人类在社会实践中获得本质力量的表现。人格健康的人常能以乐观、积极的心态面对生活，看见生活的光明面，对未来充满希望和信心。即使生活中遇到困难和挫折，也能耐心地去应付，不畏艰险，勇于拼搏。

（四）自我意识正确

自我意识是人格的核心，而正确的自我意识是高职学生健康人格的一个重要标志。具有健康人格的人对自己有恰如其分的评价，充满自信、扬长避短，在日常生活中能有效地调节自己的行为，与环境保持平衡；不自视清高、妄自尊大，做力所不能及的工作；也不自轻自贱、妄自菲薄，以致错过可以努力的机遇。

（五）情绪管理适当

情绪对人的活动、健康有重要影响，它标志着个体人格的成熟程度。人格健康的人情绪反应适度，具有调节和控制情绪的能力，能经常保持愉快、满意、开朗的心境；当消极情绪出现时，能合情合理地宣泄、排解、转移与升华。

二、塑造健康人格的途径

要培养健康的人格，是一项系统的、长时期的自我改造、自我实现的过程，可以从以下途径着手。

（一）树立正确三观

人可以认识和改变自己的主观世界，并在这一过程中形成自己的世界观、人生观、价值观。一个人如果有了正确的三观，就能对社会和人生有一个正确的看法和认识，采取适当的态度和行为，使人有高瞻远瞩之态，并能正确地观察和分析客观事物，做到冷静、稳妥地处理遇到的事物，形成大度、乐观、开朗等良好的人格品质。

（二）锻造坚强意志

良好的意志品质不是先天就有的，也不会轻而易举就形成，它需要个人从日常事情做起，通过不断努力逐渐培养，并以良好习惯的形式固定下来。高职学生应从日常学习和生活做起，锻炼意志品质，进而实现培养优秀人格的目的。

心理训练

更新你的习惯

（1）列出你的良好习惯及相应的收获。

____

____。

（2）列出你的不良习惯及相应的损失。

____

____。

（3）列出你准备为改正不良习惯而采取的措施。

____

____。

（三）培养乐观心态

乐观的人一般对目标的坚持性更强，能够获得更多的资源，对生活的满意度更高，能以积极的心态面对问题，并取得更理想的结果；在面临不可避免的危险、疾病和死亡时，乐观的人也会产生更强大的动力并生存下去。因此，高职学生在身处困境时，要树立乐观的心态，积极面对，在逆境中不断发展自己，成就更好的自己，培养不屈不挠、坚韧不拔的良好个性品质。

（四）增强自我效能

高职学生人格发展过程中遇到的问题，有很大部分是源于自我效能感的缺乏，持有“我是学不好的”“我是不行的”等心态。自我效能感高的高职学生，在日常的社会活动中会充满信心和决心，也会具有较高的自我实现动机，并相信自己的能力，相信通过自身的努力能够实现目标；能够保持学习、工作的积极性，从更高层次认识到学习和工作的意义。高职学生可以从自己的成功经历（如某次被表扬、获得某个荣誉、成绩的提高等）和榜样的成功经验中汲取提高自我效能感的能量，并在这个过程中进一步地培养自己自信、坚强、理智等个性品质。

（五）学会人际交往

人格健康的个体与人相处时，尊敬、信任等正面态度多于嫉妒、怀疑等消极态度，常能以真诚、公平、谦虚、宽容的态度尊重他人，同时也受到他人的尊重和接纳。高职学生若要具有稳定的人际关系，需要掌握基本的人际交往技巧，如换位思考、学会欣赏他人，培养合作精神等，主动营造轻松的人际交往环境，达到心理相容的目的，为人格的健康发展创造有利的环境。

（六）完善自我意识

高职学生可以通过全面认识自我、积极悦纳自我、有效调控自我、不断挑战自我等多种途径，不断完善自我意识，从而使自己能在日常生活中有效地调节自己的行为并与周围的环境保持平衡，相信自己具有一定能力以及待开发的潜能，有较强的自我效能感和自我价值感，能为了实现自己的价值而主动努力学习与工作，并在这个过程中塑造优良的个性品质。

总之，我们的人格存在美好的一面，也有不足之处，我们要有意识地“优胜劣汰”，不断强化我们优秀的一面，克服劣质的一面，最终实现人格的整体优化。

心理测试

积极人格品质简易问卷

简介：该问卷依据乔丹·彼得森（Jordan B. Peterson）和马丁·塞利格曼（Martin E. P. Seligman）的优秀品质和美德理论编制而成，主要用于测量人的积极人格品质。

指导语：请您仔细阅读表4-7，在每题符合自己实际情况的数字上画“○”。“1”表示从来没有，“2”表示绝大多数时间没有，“3”表示多半时间没有，“4”表示一半时间有，“5”表示多半时间有，“6”表示绝大多数时间有，“7”表示所有时间都有。每一题只能选择一个数字，请认真填写。

表4-7　积极人格品质简易问卷

序号	积极人格品质	从来没有	绝大多数时间没有	多半时间没有	一半时间有	多半时间有	绝大多数时间有	所有时间都有
1	创造性或灵活性	1	2	3	4	5	6	7
2	好奇心或兴趣	1	2	3	4	5	6	7
3	开放、虚心	1	2	3	4	5	6	7
4	爱学习	1	2	3	4	5	6	7
5	远见或智慧	1	2	3	4	5	6	7
6	勇敢和勇气	1	2	3	4	5	6	7
7	坚定不移和持之以恒、勤奋、刻苦	1	2	3	4	5	6	7
8	诚实或真诚	1	2	3	4	5	6	7
9	热情或激情	1	2	3	4	5	6	7
10	爱或依恋	1	2	3	4	5	6	7
11	仁慈或慷慨	1	2	3	4	5	6	7
12	社会智力或社交技巧	1	2	3	4	5	6	7
13	忠诚和协作	1	2	3	4	5	6	7
14	公平、正直	1	2	3	4	5	6	7
15	领导能力	1	2	3	4	5	6	7
16	宽恕或仁慈	1	2	3	4	5	6	7

续表

序号	积极人格品质	从来没有	绝大多数时间没有	多半时间没有	一半时间有	多半时间有	绝大多数时间有	所有时间都有
17	谦虚	1	2	3	4	5	6	7
18	谨慎、判断力	1	2	3	4	5	6	7
19	自制或自我调节	1	2	3	4	5	6	7
20	对美的欣赏或敬慕	1	2	3	4	5	6	7
21	感恩	1	2	3	4	5	6	7
22	希望或乐观	1	2	3	4	5	6	7
23	有趣或幽默	1	2	3	4	5	6	7
24	信念或精神	1	2	3	4	5	6	7

计分方法：每个题目选择的数字，即为你在该题目上的得分，如在“创造性或灵活性”，选择了选项“7”，那么你的得分即为7。将每个积极人格品质的得分进行排序，筛选出得分最高的前五项人格品质，并填写在下方空格内：

1. 你排在前五项的积极品质是（请按顺序填写序号）：

（1）______；（2）______；（3）______；（4）______；（5）______。

2. 请结合自身实际情况，认真思考在今后的学习、工作和生活中，你打算怎样善用你的积极人格品质？

____

______________________________。

3. 你还想发展和培养的积极人格品质是什么？你打算如何做？

____

____

____

______________________________。

知识巩固

专题四　知识巩固

课外拓展

1. 书籍推荐

《活出心花怒放的人生》（图 4–2），彭凯平著，中信出版集团，2020 年。

图 4–2　《活出心花怒放的人生》

在这个物质充盈、信息发达的时代，我们本该是幸福的。然而，我们中的大多数人时常感到焦虑、烦躁、沮丧、难以专注，也因此丧失了对幸福的感知。幸福不是简单的生理满足，也不依附于攀比和财富。幸福是一种有意义的快乐，而这种意义来自我们在自我塑造、情绪情感、人际交往等人生课题中的创造与收获。愿这本书能带给你积极的力量，重新审视自我，帮助你解开人格塑造方面的困扰，成为更幸福的人。

2. 影视推荐

《长安三万里》（图 4–3），导演谢君伟，2023 年。

图 4–3　《长安三万里》

该片传递了一种超越时空的理想主义精神。影片中的诗人们，尽管身处逆境，但始终怀揣着对美好未来的向往与追求。希望这种精神力量，能带给你面对生活的鼓舞与启示。它提醒我们，在面对生活中的种种困难与挑战时，要保持积极向上的心态，坚守内心的信念与追求，完善自我的人格，以积极的信念面对生活中的挑战。愿你在影片中领悟中国美学和诗词传统文化的魅力，深入心灵的成长，在人格的重塑中实现“轻舟已过万重山”。

模块三

提高心理调适能力

专题五　构建和谐关系
——高职学生的人际交往

专题体系结构

- 专题五
  - 人际交往的本质
    - 人际交往的含义
    - 人际交往的过程
      - 定向阶段
      - 情感探索阶段
      - 情感交流阶段
      - 稳定交往阶段
    - 人际交往的心理需求
      - 包容的需求
      - 支配的需求
      - 感情的需求
    - 人际交往的意义
      - 正确认识自我的途径
      - 保持身心健康的有效方式
      - 交流信息、获取知识的重要途径
  - 人际交往的特点及影响因素
    - 人际交往的特点
      - 交往的愿望强烈
      - 交往的社会性强
      - 交往具有多样性
      - 交往的范围扩大
      - 交往注重独立性
    - 人际交往的影响因素（教学重点）
      - 人际吸引
      - 认知偏差
  - 人际交往能力的提升（教学重难点）
    - 人际交往的基本原则
      - 尊重与平等
      - 诚实与守信
      - 理解与宽容
      - 合作与互利
    - 人际交往的一般技巧
      - 意以理解，学会倾听
      - 积极表达，学会沟通
      - 推己及人，学会换位
      - 乐于欣赏，学会赞美
      - 不要讨好，学会拒绝
      - 主动退让，学会道歉
    - 人际冲突的有效应对
      - 理解自身的冲突
      - 确认问题和需求
      - 表达感受和需求
      - 确认对方是否理解

专题概述

本专题主要围绕人际交往的本质、高职学生人际交往的特点、人际交往的影响因素、人际交往能力的提升等内容展开，使高职学生意识到良好的人际交往有利于调动自身的积极性，塑造自我并完善个性，从而促进身心良好发展。

专题目标

1. 知识目标

了解人际交往的内涵，理解人际交往的影响因素，掌握一定的人际交往技巧。

2. 能力目标

使学生正确应对生活中的各类人际交往问题，发展良好的人际交往能力。

3. 素质目标

培养学生乐于与人交往的积极心态，树立自强自信的人际交往形象，强化人际交往中的责任与担当，主动构建正确、和谐的人际关系。

专题导入

对正处于青年期的高职学生而言，其自我成长的过程必然要与人交往并形成自己的人际关系。高职学生有较强的交往意愿，但由于缺乏丰富的交往经验，容易出现一些人际交往问题。因此，学习和掌握人际交往的相关理论和知识，有助于高职学生提高人际交往质量。

单元一　人际交往的本质

一、人际交往的含义

人际交往是指人与人之间通过一定方式进行接触，从而在心理和行为上发生相互影响的过程，包括动态和静态两层含义。动态的人际交往是指人与人之间物质和非物质相互作用的过程，即通常意义上的人际交往；静态的人际交往则是指人与人之间互动过程中所建立起来的情感联系，以及所形成的人与人之间的心理倾向及相应的行为反应，即人际关系。

高职学生人际交往是指学生在学习、生活过程中同其他人形成的学习、竞争、合作、交流等各种各样的关系，如师生关系、同学关系、亲属关系、恋人关系、网友关系等。

拓展阅读

归属和爱的需求

美国著名心理学家亚伯拉罕·马斯洛（Abraham Maslow）把人类的需求像阶梯一样从低到高分为了五种，如图 5-1 所示。

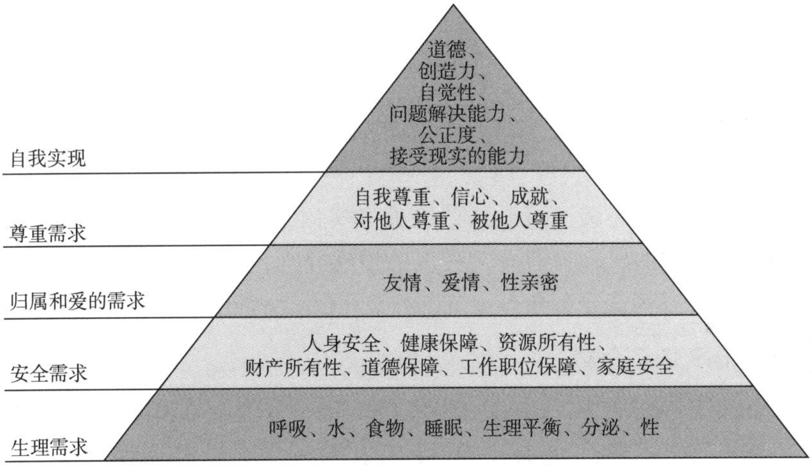

图 5-1　马斯洛需求层次理论

其中，归属和爱的需求位于第三层，指的是人要与他人建立情感联系，以及隶属于某一群体并在群体中享有地位的需要。这一层次的需求包括两个方面：一是友爱的需求，即人人都需要伙伴之间、同学之间的关系融洽或保持友谊和忠诚，人人都希望得到爱情，希望爱别人，也渴望接受别人的爱；二是归属的需求，即人都有一种归属于一个群体的感情，希望成为群体中的一员，并相互关心和照顾。马斯洛认为如果这种需求得不到满足，人们就会产生强烈的孤独感、疏离感和痛苦的体验。

二、人际交往的过程

社会心理学家欧文·阿特曼（Irvin Altman）和达尔马斯·泰勒（Dalmas

Taylor）认为人际交往主要有两个维度：一是交往的广度，即交往或交换的范围；二是交往的深度，即交往的亲密水平。如图 5-2 所示，良好的人际关系的发展，一般经过四个阶段：定向阶段、情感探索阶段、情感交流阶段、稳定交往阶段。

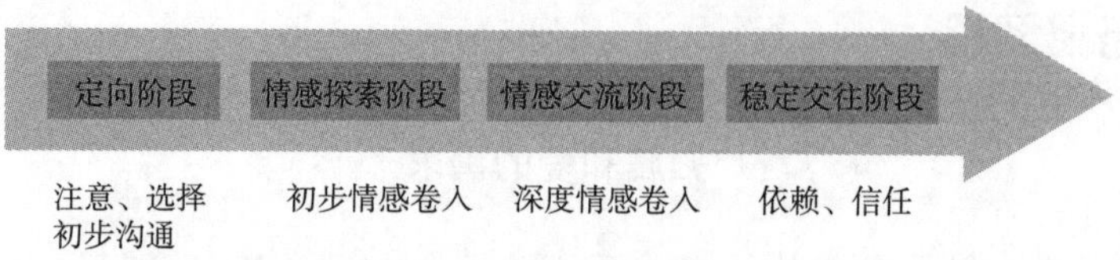

图 5-2　人际关系发展的四个阶段

（一）定向阶段

人们对交往的对象具有很高的选择性。在这个阶段，人们只有很表层的自我表露（即有意透露与自己相关的信息）。

（二）情感探索阶段

如果在定向阶段双方有好感，产生了继续交往的兴趣，那么就可能有进一步的自我表露。这时，双方有一定程度的情感介入，但是还不会涉及私密性的领域。双方的交往还会受到角色规范、社会礼仪等方面的制约，比较正式。

（三）情感交流阶段

如果在情感探索阶段双方能够谈得来，建立了基本的信任感，就可能发展到情感交流的阶段，彼此有比较深的情感介入，会谈论一些相对私人性的话题。这时，双方的关系已经超越了正式规范的限制，比较放松，比较自由，如有不同意见也能够坦率相告，没有多少拘束。

（四）稳定交往阶段

情感交流如果能够在一段时间内顺利进行，人们就有可能进入更加密切的阶段，双方成为亲密的朋友，可以分享各自的生活和情感等，自我表露更深更广，相互关心也更多。

拓展阅读

人际交往四种心理模式

美国著名的心理学家爱利克·伯奈（Eric Berne）依据自己和他人所采取

的基本生活态度，提出了人际交往的四种心理模式。

1. 我不好-你好，我不行-你行

在交往中总认为自己不行，对自己缺乏自信，认为别人都比自己强。表现为自卑，甚至是社交恐惧，根源于童年的无助感，长大后就容易放弃自我或顺从他人。

2. 我不好-你也不好，我不行-你也不行

不喜欢自己也不喜欢别人，看不起自己也看不起别人，常放弃自我，陷入绝境，极端孤独和退缩。

3. 我好-你不好，我行-你不行

以自我为中心，自以为是，总认为自己是对的，而别人是错的，把人际交往中失败的责任推在他人的身上，常导致自己固执己见，唯我独尊。

4. 我好-你也好，我行-你也行

相信他人，能够接受自己和他人，并努力去改变他们能改变的事物，善于发现自己和他人的优缺点与长处，从而使自己保持一种积极、乐观、进取的心理状态，是一种成熟、健康的人际交往的心理模式。

三、人际交往的心理需求

社会心理学家威廉·舒茨（William Schutz）认为，每个个体在人际互动过程中都有三种基本的需求，即包容的需求、支配的需求和感情的需求。这三种基本的人际需要决定了个体在人际交往中所采用的行为，以及如何描述、解释和预测他人行为。

（一）包容的需求

希望与别人来往、结交，建立和维持关系的一种欲望。通俗讲就是希望你们接纳我，把我看成是自己人，看成是一伙的，不要把我给推出去。行为表现是通过交往、沟通、参与，表现出亲和等。

（二）支配的需求

有些人在与人交往的时候，更多的是愿意能够控制别人，控制场景，控制事态的发展。行为表现比如说运用权力、权威去超越、控制、支配和领导他人。需要注意的是，支配的需求不是去指使别人干这干那，或者对权力的迷恋，它更多的是对环境稳定性的一种需求。

（三）感情的需求

感情的需求指在感情上希望与他人建立和维持良好关系的欲望，行为表

现为喜爱、亲密、同情、热情。感情的需求本质上是一种对亲密的需求。

舒茨进一步根据三种基本的人际需求将每一种需求下的个体行为表现分为两种：自己主动表现者（Expressed）和被动期待别人的行为者（Wanted），据此形成了六种基本的人际关系取向，如表 5-1 所示。

表 5-1　六种人际关系取向

心理需求	行为倾向	
	主动性	被动性
包容	主动与他人交往	期待他人接纳自己
支配	支配他人	希望他人引导
感情	主动表示友爱	等待他人对自己亲近

第一种为主动包容式，即积极主动与他人交往，积极参与社会活动；第二种为被动包容式，即在交往中往往表现出退缩，期待他人接纳自己；第三种为主动支配式，即在人际交往中倾向于运用权力，控制他人；第四种为被动支配式，即期待他人引导自己，愿意追随他人；第五种为主动感情式，在人际交往中往往表现出对他人的友善、喜爱、同情和亲密；第六种是被动感情式，在人际交往中的负面情绪较多，对他人较为冷淡，同时期待他人对自己亲密。

四、人际交往的意义

（一）正确认识自我的途径

人际交往，可以帮助我们提高对自己、对他人的认识和理解。人的自我意识并不是一个自然成熟的过程，而是通过交往，不断以他人为镜，在与他人的对照中不断调整自己；从他人的评价和态度以及与他人的关系中认识自己。因此，高职学生的交往面越宽，交往越深，对对方的认识越完整，对自己的认识也越深刻。

（二）保持身心健康的有效方式

高职学生思想活跃、情感丰富，人际交往的需要极为强烈，渴望真诚友爱。积极的人际交往，良好的人际关系，可以使高职学生精神愉快，情绪饱满，充满信心，保持乐观的人生态度。相反，如果缺乏积极的人际交往，不能正确地对待自己和别人，则容易形成精神上、心理上的巨大压力。

（三）交流信息、获取知识的重要途径

现代社会是信息社会，人们对拥有信息和利用信息的要求，随着信息量

的扩大，也在不断地增长。通过人际交往，高职学生可以交流信息和成果，丰富经验，增长见识，开阔视野，活跃思维，启迪思想。

拓展阅读

独学而无友，则孤陋而寡闻

这句话出自《礼记·学记》，本身是在探讨学习的法则。一个人，独自苦学再深，也难免偏颇狭隘，如果没有学友之间互相交流，那么久而久之就会孤陋寡闻、见识闭塞。在校园时代，老师经常会对学生反复提醒：要师生之间多提问、要同学之间多请教。很多题目冥思苦想答不上来，只是源于自己思维方法上的障碍，与人交流之后，思路一开阔，很多难题就迎刃而解了。

而在当今的网络时代，人人都着迷于手机社交中的“朋友圈”：刷一刷，海量内容映入眼帘，四海内外尽收眼底。其实，这就是我们在信息爆炸的年代里，不再仅仅依靠一己之力去获取信息，而是凭借与众人沟通来扩展学识的一种方式。在知识潮汐磅礴蜂拥的今天，却愈发彰显出了来自两千年前《礼记》这句话的现实性。倘若固守着“独学而无友”的步调，就会掉队在“孤陋而寡闻”的僻涩里。

宏观来看，文化的发展、文明的前进，也是这样。每一种文明，都如同是人类文明版图上一个独立的学生，倘若行僻而坚、固执封闭，这种文明的发展就会越来越艰涩、这种文明的存在就会越来越脆弱。这就同理于生物物种的生存规律，太过纯粹而无交杂，就会走向纤弱、病态甚至灭亡。所以，对于文化来讲，交融性，就意味着生命力。在中西方文化的神话认知里，都不约而同把“水”看作是象征文明的洪流，西方有诺亚方舟托起生命、开创文明新纪元，中国有大禹治水挽救生命、开启文明新时代。那么，文明形态就正如江河，包容吸收才能绵延不绝，百川交汇才能磅礴成海，拒绝新流只能萎缩成一潭死水。

单元二　人际交往的特点及影响因素

一、人际交往的特点

（一）交往的愿望强烈

高职学生随着知识的增长，心理的逐步成熟，成人感也日益增强，加之进入了一个全新的人际环境，其人际交往的愿望往往非常强烈，会迫切地希望同他人分享和交流体验，希望别人了解自己，渴望得到他人的尊重和承认，也急于了解他人和社会。

（二）交往的社会性强

在中学阶段，学生注意力多集中在学习上，没有时间和精力进行很多的人际交往；进入大学后，他们走出家门，认识、结交了更多的朋友，交流更多的信息，接受更多的新思想，与社会的接触比中学时更加频繁与密切，人际交往呈现出前所未有的开放式交往趋势。

（三）交往具有多样性

高职学生交往的内容除了专业知识以外，内容丰富多彩，涉及文学、艺术、体育、政治、外交、人生、理想、爱情和社会问题等各个方面。主要形式由偶尔的相聚、互访发展到较为经常的聊天、社团活动、聚会、体育活动、娱乐、结伴出游，以及其他一些集体活动。

（四）交往的范围扩大

高职学生过着朝夕相处的集体生活，众多的交流机会、相似的人生经历、共同的学习任务使得他们不断以新的眼光和标准去扩大交往范围，寻求更多更好的伙伴，进入各式各样的校园交际环境。

（五）交往注重独立性

高职学生自我意识的发展所带来的独立意识的增强，使其开始以独立的人格和态度处事，逐步减少甚至摆脱了对家庭的依赖，在社会环境中试图从自我的角度出发，去选择交往的对象、交往的内容及方式，在人际交往上体现出更多的独立性。

二、人际交往的影响因素

（一）人际吸引

人际吸引指的是个体与他人之间情感上相互亲密的状态，是人际关系中的一种肯定形式。按吸引的程度，人际吸引由低到高可分为亲合、喜欢和爱情三个层次。其中，影响人际吸引的主要因素有接近性与熟悉性、相似性与互补性，以及个人特质。

1. 接近性与熟悉性

接近性是指居住距离近，就比较容易相互喜欢，形成友谊。例如高职学生进入大学后，最初的人际关系往往都是从宿舍、班级、老乡等开始。相比之下，高职学生最好的朋友往往都是来自同一宿舍；而老乡由于地缘关系，在陌生环境中也会产生心理上的亲近感。需要注意的是，空间距离往往在交往初期影响较大，随着个体对环境逐步熟悉，其影响会慢慢弱化。

熟悉能引起喜欢。在一个心理学实验中，实验者给参与者看一组人的照片，有些照片看了 25 次，有些照片只看了一两次，然后问参与者对照片的喜欢程度。结果表明，照片被看的次数越多，被喜欢的程度越高。因此，高职学生有意识地提高自己在别人面前的曝光度，增加同别人交往的频率，有助于培养彼此的感情；同样，曾经熟悉、要好的朋友、同学，也可能随着时间的推移、彼此间联络的减少，熟悉程度会随之减弱，感情也易变淡。

拓展阅读

人际距离

美国人类学家爱德华·霍尔（Edward Twitchell Hall Jr.）认为人们在社会互动中，有四种不同的人际距离（图 5-3）：①亲密距离（0~0.46m），如亲子行为、恋人、护理、抚慰等；②个人距离（0.46~1.2m），其中 0.46~0.8m 是亲密朋友交往的距离带，0.8~1.2m 是普通朋友交往的距离带；③社交距离（1.2~3.6m），未曾相识或一般相识，公事公办、应酬或初步了解的交往；④公众距离（3.6m 至目光所及），如庆典、演讲时的主持者与听众、交警与行人等。

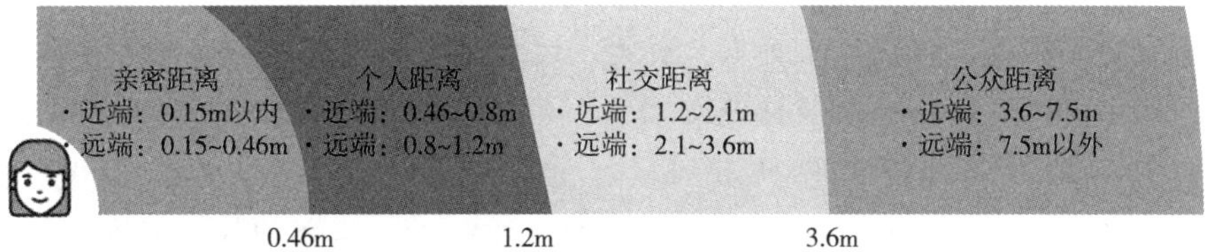

图 5-3 人际距离

虽然，地理位置不是人际关系好坏的唯一的、决定的因素，但是，远亲不如近邻，地理位置接近的优势无疑是影响人际交往的一个有利条件。但是，有时地理位置近也可能产生与集体利益不一致的小团体主义倾向。

2. 相似性与互补性

人们往往容易喜欢那些和自己有相似之处的人。“物以类聚，人以群分”，有着更多相似性的高职学生之间更容易产生共鸣，形成良好的人际关系。人与人之间的相似性可以包括信念、价值观、人格特征、兴趣爱好、社会背景、地位、年龄、经历等方面。需要注意的是，实际拥有的相似性很重要，但更重要的是双方能感知到这种相似性。

当双方在某些方面看起来互补时，彼此的喜欢也会增加。互补性可能促进两个截然不同的人相互取长补短，和谐相处。互补的方面可以是需要，也可以是社会角色、人格特质的互补。例如，有学校里，一个支配欲强的同学，常能和恭顺服从、缺乏主见的人关系亲密。

3. 个人特质

（1）才能　才能一般会增加个体的吸引力。人们总喜欢与聪明能干、有才华、有学识的人交往。但是，当一个人的能力超过一定的限度，就可能“曲高和寡”，对别人构成社会比较的压力，让人感受到自己的无能和失败，那么这样的才能就不会对人际吸引力有帮助。

拓展阅读

犯错误效应

著名的社会心理学家艾略特·阿伦森（Elliot Aronson）设计了这样一个实验：在一场竞争激烈的演讲会上，有四位选手，两位才能出众，几乎不相上下，另两位才能平庸。才能出众的一名选手在演讲即将结束时不小心打翻了一杯饮料，而才能平庸的选手中也有一名碰巧打翻了饮料。实验结果表明：才能出众而犯过小错误的人更有吸引力，才能出众但未犯过错误的排名第二，而才能平庸却犯错误的人最缺乏吸引力。阿伦森将这种现象命名为“犯错误效应”，也称“白壁微瑕效应”。

通常，人们都喜欢有才能的人，但任何事情都有一个限度，如果一个人过于突出自己的能力，事情就会向反方向发展。因为人首先会进行自我价值保护，没有人会喜欢一个总是衬托出自己无能和低劣的对象。相反，如果一个优秀的人经常犯点小错误，则会在无形中降低了自己的完美度，缩小了与人的心理距离，保护了他人的自尊，因而也会赢得更多人的喜爱。因此，如果你是一个强者，请不要使自己过于“完美”，或追求“完美无瑕”，适当地“示弱”，适度地暴露些“缺点”反而会赢得更多人的喜爱。

（2）外貌特征　一般而言，那些长相漂亮、身材匀称、谈吐优雅、衣着得体的人更容易受到人们的欢迎；而穿戴不整齐、外形邋遢、蓬头垢面的人往往难以给人带来心理上的愉悦感。需要注意的是，在人际交往中，把外貌作为判断他人的依据，得出的结论有时候是不准确的。

（3）个性品质 个性品质是影响一个人吸引力的最稳定因素。美国学者诺曼·亨利·安德森（Norman Henry Anderson）研究了影响人际关系的人格品质，结果发现受欢迎程度最高的 6 项个性品质分别是真诚、诚实、理解、忠诚、真实、可信；而最不受人欢迎的个性品质包括了说谎、假装、邪恶、冷酷、不老实等，详见表 5-2。

表 5-2 安德森研究中影响人际关系的人格品质

最积极品质	中间品质	最消极品质
真诚	固执	古怪
诚实	刻板	不友好
理解	大胆	敌意
忠诚	谨慎	饶舌
真实	易激动	自私
可信	文静	粗鲁
智慧	冲动	自负
可信赖	好斗	贪婪
有思想	腼腆	不真诚
体贴	易动情	不善良
热情	羞怯	不可信
善良	天真	恶毒
友好	不明朗	虚假
快乐	好动	令人讨厌
不自私	空想	不老实
幽默	追求物欲	冷酷
负责	反叛	邪恶
开朗	孤独	装假
信任	依赖别人	说谎

在我国，古人把拥有诚实、责任、理解、宽容、智慧、善良、信任等优秀人格品质的人称为“君子”，把拥有古怪、敌意、自私、贪婪、说谎、虚假、邪恶、狡诈等不受欢迎的人格品质的人称为“小人”。人和人之间都有心理磁场，具有优秀人格品质的人人格魅力最高，自然能吸引到更多“优质”

的朋友，正所谓你若花朵般盛开，蝴蝶和清风自然会到来。

（二）认知偏差

1. 光环效应

光环效应，又称“晕轮效应”，指的是当一个人对另一个人的某种特征形成好或坏的印象后，就倾向于据此推论该人其他方面的特征。即如果某人被贴上了正面的标签，那么他就会被“优秀”的光圈笼罩着，并被赋予一切优良的品质，正如“爱屋及乌”。反之，如果他被贴上了负面的标签，那么就会被“消极”的光圈笼罩着，他所有的品质都会被认为是恶劣的。光环效应本质上是一种以偏概全的认知，要想走出晕轮效应对我们的影响，就要警惕“印象陷阱”，学会多视角看人。

2. 投射效应

投射效应是指在人际交往的过程中，总是假使他人和自己有相同的倾向，即把自己的特性投射到他人身上，从而形成对他人的印象。把自己的某种品质、性格、爱好投射甚至强加到他人身上，以自己为标准去衡量他人，会使客观性大打折扣，从而难以正确认识他人。因此，高职学生在认知过程中应注意客观性，力求从客观实际出发，深入考察、摈弃主观猜测，尽量减少人际交往中的误会和矛盾。

3. 首因效应

首因效应指交往双方的第一次印象对今后交往关系的影响，即先入为主带来的效果，虽然这些第一印象并非总是正确的，却是最鲜明、最牢固的，并且决定着以后双方交往的进程。因此，高职学生在与人交往时，一方面要注重印象管理，给他人留下良好的第一印象，为以后的交流打下良好基础；另一方面对他人不要过于拘泥于第一印象，要经过长期的观察与了解之后再做判断，并在后续的交往中更全面地认识和了解他人。

4. 近因效应

一般而言，在与陌生人的交往中，首因效应比较明显；而熟人之间的交往，近因效应会发挥较大的作用。近因效应是指交往过程中我们对他人最新的认识占了主体地位，掩盖了以往形成的对他人的评价。近因效应使人们更看重新近信息，并以此为依据对他人做出判断，忽略了以往信息的参考价值，从而不能全面、客观、公正地看待他人，这就需要人们用清醒的头脑去判断事实的真相，而不是盲目跟风，让近因效应占据主导地位。

5. 刻板效应

刻板效应，又称刻板印象，是指社会上对于某一类事物或人的一种比较固定、概括而笼统的看法。在人际交往中，我们有时会把对某群体的整体看法强加到该群体中的每一个个体身上而忽视其个体特征，如认为教师都比较严肃、四川人都能吃辣。刻板印象虽然可以使人迅速洞悉整体概况，节省时间与精力，但对个体的认识易产生偏差。因此，我们要善于用“眼见之实”去核对“偏听之辞”，有意识地重视和寻求与刻板印象不一致的信息，尽量克服刻板印象的负面影响而获得准确的认识。

单元三　人际交往能力的提升

了解和掌握人际交往遵循的原则和心理调适技巧，对高职学生完成学业、顺利就业、成就事业等均有重要意义。

一、人际交往的基本原则

（一）尊重与平等

尊重包括了自尊和尊重他人。自尊就是在各种场合都要尊重自己，维护自己的尊严，不要自暴自弃；尊重他人就是要尊重别人的生活习惯、兴趣爱好、人格、价值、隐私等。平等是进行正常人际交往的基础，高职学生在与人交往时，虽然彼此间存在着出身、资历、能力、学识等许多差异，但人格都是平等的，应彼此真诚、平等以待。

（二）诚实与守信

“言必信，行必果”“人，无信不立”“言而无信非君子”都是古人关于诚实与守信的至理名言。高职学生在人际交往中，要做到言行一致，答应别人的事要尽量做到，做不到的要讲清楚，以赢得对方的理解；要学会信任别人，也赢得别人的信任；要自信，给别人以信赖感和安全感；要心怀善念，坚决摒弃假恶丑。

心理训练

信任后倒

1. 活动准备

（1）组织者讲解活动规则和安全注意事项，请参与者按照规则开展活动。

（2）所有成员摘下眼镜、手表、首饰及身上任何尖锐和坚硬的物品，并把口袋掏空，以防手机和钥匙、钱包等掉出。

（3）准备防摔软垫。

2. 活动流程

（1）每两人一组站起来，朝一个方向站好，在软垫铺设的区域进行此活动。当教师发出指令后，在前的同学向后慢慢仰倒，在后的同学双手接住。完成后，调换方向，两人互换角色，每位同学轮流充当后仰者和承接者。此动作可多试几次。

（2）全体同学站起来，朝一个方向站好，最后一名同学建议挑选身高和体重较占优势的男生。当教师发出指令后，在前的同学向后慢慢仰倒，在后的同学双手接住。完成后，调换方向，互换角色，每位同学轮流充当后仰者和承接者。此动作可多试几次。

（3）请几名同学谈谈自己的活动感受。

（三）理解与宽容

理解就是我们能真正地了解对方的处境、心情、好恶、需要等，并能设身处地地关心对方。宽容则是在坚持原则和自爱的基础上，以博大的胸怀接纳别人。由于性格、家庭、经历、文化、修养等差异的存在，高职学生在人际交往中难免会发生一些不愉快的事情，甚至产生矛盾冲突。这时候我们就要学会宽容、理解别人，才能使人际交往中的感情纽带更牢固。

（四）合作与互利

对于高职学生而言，在人际交往中做到交往双方相互关心、帮助与支持，既有利于考虑双方的共同利益，满足彼此的需要，又能促进相互联系、深化双方的感情，营造良好的人际交往氛围，从而有利于人际交往和人际关系的深度发展。

二、人际交往的一般技巧

（一）意以理解，学会倾听

倾听有层次之分，最低层次是“听而不闻”，如耳旁风；其次是“敷衍地听”，比如只用“嗯”“噢”“好的”的回应方式进行反应，虽有反应其实是心不在焉；再次是“选择性地倾听”，只听符合自己口味的，其余的便拒之于耳门之外；接着是“专注地听”，或许对方的每句话都印在了大脑里，然而是否听出了对方的真意，则是未知数；层次最高的聆听，应当是“设身处地地倾听”，也就是“共情式倾听”。共情式倾听是从对方的立场去聆听，设身处地地倾听对方，就会以诚于中、形于外的品格，赢得对方的信赖。一个聪明的倾听者，不能仅仅满足于表层的听知理解，而要从说话者的言语中听出话中之话，从其语情语势，身体的动作中演绎出隐含的信息，把握说话者的真实意图。

拓展阅读

共情式倾听

共情式倾听是以共情为基础发展而来的，是一种积极倾听，是以对方为中心的倾听，目的是要让对方感觉到他被理解了。如何才能做到共情式倾听呢？

（1）专注的态度（表情、姿势等）　我们要用肢体语言传达自己的关心及表现出对对方的话感兴趣。如停下正在做的事情（放下手机等），转身注视着对方，这往往是共情式倾听成功的前提。

（2）倾听并推测对方的感觉或情绪　通过“假如我是你”的换位思考，推测出对方在事件中的情绪，并用合适的语言把这种情绪说出来，让对方感到被理解。

（3）开放式询问　在遇到事情时，一般先不要急着帮对方出主意，告诉对方凡事都有解决办法，用开放式询问的方法引导对方尽可能多地想出解决问题的办法。比如，我们可以这样问：“你认为这个事情怎么解决好？”

（4）建设性引导或者询问　放在开放式询问之后，了解对方是否需要帮助，和对方一起讨论哪种方法更有优势或者提供一点建议。比如，我们可以这样说：“你看……效果会如何？”或者“如果……也许可以解决问题，你觉得呢？”

（二）积极表达，学会沟通

沟通是人与人之间、人与群体之间思想与感情的传递和反馈的过程。那么，如何做到良好的沟通呢？

第一，适当的自我表露。自我表露有助于增加他人的安全感，从而引发另一个自我表露的行为，有助于沟通双方的相互支持和理解，从而形成良性的互动。就像我告诉你一个秘密，你也可能告诉我一个秘密。

第二，学会知觉检核。核验自己对某个事实、某个人的认知是否正确，避免掉入刻板印象的陷阱，通过对别人有更加正确的了解，进而选择更加适合的沟通方式，改善沟通效果。

第三，扩充情绪词汇。能否合理且清晰地表达情绪，是影响沟通质量的关键之一。在现实生活中，我们大多数人常用的情绪词汇都很有限，而如果我们能够用更加具体准确的词汇去表达想法，沟通效果会更好。比如征求意见时，如果每个同学都告诉班长“还行、一般”，但又不给出具体描述的话，那么就没有办法去弄清楚大家到底是满意还是不满意。而如果同学告诉班长，班级的晚自习制度太严，让大家感到过于紧张，或者评优评先不公平，让大家感觉有些沮丧，班长就可以更加清楚地了解到同学的真实感受，并且有针对性地做出改变。

第四，多用事实性陈述，避免使用意见性和推论性的陈述。意见性陈述，即我认为某件事是怎样的，推论性陈述则是我猜某件事是怎么样的，而事实性陈述就是只客观描述这件事是怎么样的。意见性陈述和推论性陈述很多时候掺杂了强烈的个人情感，与事实存在偏差，容易造成沟通中的误解和冲突。

第五，少用“你”，巧用“我”和“我们”。在与人的沟通时，“你”这个字眼会表达出一种对他人的论断，通常意味着说话者有资格评断他人，容易激起他人的防卫。而使用“我”，描述的只是自己对他人行为的反应，没有对行为的价值做出任何评判，语气更加平和，更容易让他人接受；而使用“我们”，则有助于拉近沟通双方的距离，有助于创造良好的沟通氛围。

第六，关注非语言信息。心理学家发现，肢体语言在有效的沟通技巧中占了55%，而实际说话内容只占了7%。在交谈时，我们的面部表情、手势，甚至是站立的姿势都是在传递着信息。例如，手臂处于张开的状态，表明你平易近人，也乐于接受别人的意见。当我们身体前倾，不住点头时，表示我们认同或支持对方，也同时对交谈内容非常感兴趣。但是，如果你的双臂交叉抱在胸前，会让人感觉您不愿意跟他沟通，影响着整个交流的过程。

心理训练

“双向 VS 单向”沟通

1. 活动准备

全班学生每人两张白纸。

2. 活动流程

(1) 单向

①教师发出单向指令，学生跟着指令完成操作，具体为：请大家闭上眼睛，全过程不许睁开眼睛也不许发问。将纸对折—再对折—再对折—把左上角撕下来—将纸旋转 180 度—再把右下角撕下来—睁开眼睛—把纸打开。

②小组交流：大家发现了什么？为什么大家撕出来的纸的形状会如此千差万别？

(2) 双向

①第一轮请一位同学参与活动，教师重复上述指令，在完成撕纸的过程中，该同学可以提问；第二轮全班学生均参与活动，教师重复上述指令，在完成撕纸的过程中，所有同学均可提问。

②小组交流：为什么允许双向交流后还存在误差？你从中得到什么启示？

(三) 推己及人，学会换位

换位思考顾名思义就是让我们能够站在对方的角度上去思考问题，遇到事情多替对方考虑，从而达到相互理解和尊重的效果。一般而言，善于交往的人，往往懂得“己所不欲，勿施于人”。我们可以从需求、避讳、做法三个维度着手提升换位思考的能力。

第一，如果我是对方，我需要什么？

有时候我们自己需要的，往往也是对方需要的，通过换位思考就能大概知道对方的需求。因此我们可以思考一下如果我是对方，我需要什么。例如，一些同学在学习中出现了失误，受到了老师的批评，在学习中一蹶不振，在这样的情况之下，我们可以推己及人试图理解这些同学往往希望别人能照顾到自己的情绪，并且最好能得到解决办法度过这种迷茫期。

第二，如果我是对方，我不希望什么？

把自己置身于对方的角度，如果我是他，我不希望什么，从而理解尊重对方，并做出正确的对策。从对方的避讳点入手，其实就可以很好地避免掉一些人际的坑。例如，在班级活动中遇到不配合的同学，如果一开始就去长篇大论地讲道理，其实这是作为一个成年人而言比较反感的一件事情，我们又将这种行为使用到别人身上，效果必定是适得其反的。

第三，如果我是对方，我会怎么做？

当别人做的事不合乎自己的意愿或是伤害到自己利益，我们会抱怨，甚至会觉得对方针对自己，给自己找麻烦，会造成误解，影响双方的关系。因此，当同学之间发生矛盾时，就可以代入思考“如果我是对方，我会怎么做”，让彼此多换位体验一下对方的想法和感受，通过这种方式，进一步增强大家的同理心，从而达到缓解矛盾的目的。

心理训练

快乐转盘

1. 活动准备

教室里撤去课桌，椅子靠墙，留出活动区域。

2. 活动流程

（1）全班同学在教室里随意站立，保持安静，准备按辅导教师的口令行动。

口令参考：

①每人脸朝天花板，面无表情地随意走动，遇人转开。

②每人脸朝自己脚尖，面无表情地随意走动，遇人转开。

③每人脸看他人脸，面无表情地随意走动，遇人转开。

④每人脸看他人脸，面带微笑，随意走动，遇人点头。

⑤每人脸看他人脸，面带微笑，随意走动，遇人握手。

⑥每人脸看他人脸，面带微笑，随意走动，遇人握手，心中说：“我欣赏你。”

⑦每人脸看他人脸，面带微笑，随意走动，遇人握手，口中说：“你很棒！”

（2）组织讨论与分享

①当大家都面无表情地随意走动时，你是否感觉不自在？希望别人能冲你笑笑吗？

②当别人主动向你打招呼或握手时，你是否很感动？

③从这个游戏中你体会到什么道理？对你在班级里的人际交往有帮助吗？

（四）乐于欣赏，学会赞美

真诚的赞美不但会使被赞美者产生心理上的愉悦，还可以培养赞美者善于欣赏的积极品质。赞美要更有效，需注意以下方面。

第一，赞美爱好。一个人爱好什么就懂什么，比如一个人爱好钓鱼，就一定拥有较为丰富的钓鱼经验，向他虚心讨教钓鱼方面的知识，不仅会令对方感觉自己受到欣赏，还能从中获取知识。

第二，赞美要具体实在。针对某人的具体某事进行夸奖，会更令人感到愉悦。比如与其夸一个人很棒，不如直接地夸其言谈举止有礼貌，让对方知道自己具体在哪方面受到夸奖比泛泛夸奖要更有效。

第三，因时因地挖掘个人特性。每个人都有自己的个性，在夸人的时候，我们可以针对某个人独有个性进行夸奖。无论性格是严谨还是开朗，都有值得非常称道的地方，比如学财务管理专业的同学，就需要严谨；学文秘专业的同学，就需要开朗。当我们的赞美恰如其分时，也能更有效激发他们学习的动力。

第四，赞美具有时效性。及时给予的赞美和反馈，往往效果最好。因为，当一个人在成功地做成某件事时，其内心的成就感爆满，会深切地渴望分享和认同，这时候趁热打铁，及时给予赞美，往往能事半功倍，锦上添花。

心理训练

学会赞美

第一步：两人一组，围绕以下三个方面相互给予对方“赞美”，并将别人对你的赞美写下来。

（1）外在方面特别漂亮的地方：________________________。

（2）一个或两个特别令人欣赏的性格特征：________________________
____。

（3）一个或两个特别的才能：________________________
____。

第二步：请每位被“赞美”的同学仔细记录下自己的感受、想法。

我的感受是________________________________
____。

我的想法是________________________________
____。

第三步：课堂分享。

（1）为什么对我们大多数人来说，给予他人赞美是困难的？

（2）为什么人们总是会很快给出负面的评价，而正面赞美却是少之又少？

（3）今天听了你的同学由衷赞美你的话，你的内心有何感受？

（五）不要讨好，学会拒绝

良好人际关系的建立并不意味着要一味地迎合对方，人际交往中适当的拒绝也很重要。心理学家认为，不会说“不”，是人际交往中心理脆弱的表现。高职学生在拒绝别人方面存在困难，往往是因为担心拒绝了朋友会伤害对方，甚至失去友谊。实际上，在我们做不到的时候，要有说“不”的勇气和信心，这时的拒绝不会使你失去朋友，反而会让朋友觉得你诚实、可靠。但是，拒绝是一门艺术，人之所以拒绝对方，有时是因为一些不得已的原因或困难，而对方并不一定知道，这就需要我们直接说出我们的难处，求得对方的理解；同时在拒绝别人时，态度要中肯，要让他看到我们很乐意为他效劳，但因自身能力、精力的有限，我们只能表示“抱歉”。以下是一些具体的操作方法：

一是谢绝法。即“不好意思，我觉得这样不合适，你再想个办法吧。”

二是婉拒法。即“是这样，我还没有想好，我考虑一下再说吧。”

三是借力法。即“我明白了，那我帮你找一个对这件事感兴趣的人，你看行吗？”

四是补偿法。即“真对不起，这件事情我爱莫能助，不过，我可以帮你做另一件事，你看行吗？”

（六）主动退让，学会道歉

心理学家盖瑞·查普曼（Gary Chapman）将道歉的语言分为了五种，分别是：表达歉意、承认过错、弥补过失、真诚悔改、请求饶恕，具体如下：

1. 表达歉意——“对不起”

当你发现自己的行为出错了，第一步要做的就是实实在在地跟对方道一声“对不起”，这能让对方逐步放下戒备心，也能稍稍缓和目前剑拔弩张的态势。一般来说，如果对方认为你的道歉是真诚的，很大程度上都会选择原谅。

2. 承认过错——“我错了”

自尊心的牵制让人难以认错，认错又可能意味着要承担责任。自尊自信的人，则不会找借口逃避责任，因为他们深知勇于道歉并能主动承担责任，反而会得到别人的尊重。

3. 弥补过失——“我能做些什么来弥补你？”

口头上的道歉可能无法完全让对方的怒气消退，因为他们内心所要的是你做出实际行动来表达歉意，行动永远比套话更重要。例如当你因为资料查找出错向同学道歉时，他可能更需要你做出行动来弥补过错，比如重新搜寻正确资料。

4. 真诚悔改——“我会努力不再做这样的事”

道歉后最忌讳的就是死不悔改。一次的明知故犯会让之前的努力毁于一旦，失信的人很难得到他人的信任，也会弱化下次道歉的效果。

5. 请求饶恕——“请你原谅我，好吗？”

在这一系列语言中，第五种语言要贯穿整个道歉的过程，用你的真诚去打动对方，让对方感受到你真心在请求原谅。

三、人际冲突的有效应对

冲突是指人际交往双方由于沟通障碍、需要不同、认识差别、个体差异等而出现的相互反对的行为。每个人都希望生活能充满阳光，都希望友谊能天长地久，都希望人情能温馨美好，但是人与人之间的冲突是在所难免的。正处于青年期的高职学生，其自身发展不成熟、情绪性格不稳定，在人际认知、交往能力方面存在差异，也易发生人际冲突。一方面，冲突会带来诸多的负面影响，比如由于双方心存隔阂，互相指责、怨恨、攻击、诋毁等；另一方面，冲突也会给我们带来“机遇”，正是冲突使关系中的问题得以暴露，如果双方能把隐藏的抱怨、误解公开表达出来，通过沟通得以澄清化解，可以增进理解、拉近关系。可见，冲突是把“双刃剑”，关键在于如何去面对和处理。

（一）理解自身的冲突

我们应该先去理解我们到底是为什么生气，我们往往生气的不仅是这件事本身，可能还有事件背后所引发的情绪体验与感受。所以，当我们与人发生冲突之后可以尝试去察觉自己的内心，弄清楚生气的原因。比如，当你的朋友把你的秘密告诉别人时，你生气的原因可能并不是自己的秘密被另一个人知道，而是他并没有把你当作好朋友，或者说他在内心深处没有去尊重你跟他之间的关系，这是你最生气的地方，也是你们冲突产生的根源。当冲突的原因清晰之后，我们就知道往哪个方向努力，也更能够想到解决冲突的办法。

（二）确认问题和需求

当我们想要通过沟通解决这个冲突之前，重要的是你必须了解到问题所引起的冲突是属于我们自己的，我们自己才是那个不满意的人。比如晚上隔壁宿舍的同学太吵了，让你无法休息，在这件事情中你是那个被吵到无法睡眠的人，而他们可能并没有觉得这有什么问题，所以是你正在面临问题，而不是他们。确定这是“自己的”问题之后，要进一步弄清楚问题背后你内心真正的没被满足的需求是什么，这样你的沟通才会有更明确的目的，而不至于过度地被不良情绪左右。

（三）表达感受和需求

很多人际冲突的根本原因在于我们有了感受和需求不直接表达，想当然地认为别人应该知道自己的感受和需求，但对方又不能理解、接受和满足自己的需求，于是就回避或发动攻击，沉默或不合作，不讲道理、挑剔或指责，甚至辱骂或攻击他人。事实上，如果对方不知道你为什么沮丧，以及你需要什么，他就不可能满足你的需求。因此，尽可能地向对方说清楚你的问题，直接表达自己的感受和需求。

（四）确认对方是否理解

在冲突之下，我们的表达特别容易被误解，这就需要我们去确认对方是否准确理解了我们的意思，比如我们可以更简单地问对方：“我不确定刚才我是否把我的意思表达得足够清楚，或许你可以告诉我你的理解，这样的话，我们的沟通就更同频了。”由此通过获取对方的反馈来确认自己的感受和需要是否传达到位，以便进一步化解冲突。

知识链接

托马斯–基尔曼冲突模型：解决冲突的五种策略

拉尔夫·基尔曼（Ralph H. Kilmann）和肯尼斯·托马斯（Kenneth W. Thomas）认为：不同的人会使用不同的方法来解决冲突，大多数人都有一个或多个他们经常使用的自然、首选的冲突解决策略。他们从强硬度和合作度两个方向出发，划分了五种常见的冲突处理模式：竞争、合作、妥协、回避和顺应，如图 5–4 所示。

（1）竞争策略　竞争策略指为满足自身的利益而无视他人的利益，是一种“我赢你输”的策略，双方都会坚持自己的观点并试图通过施加压力而迫使另一方放弃。这种策略很难使对方心悦诚服，不算一种解决冲突的好办法，但在应付危机或双方实力相差很大时往往有效。

（2）合作策略　合作策略的达成需要基于四个共识，分别是：①冲突是双方共同的问题造成的；②冲突双方是平等的，应有同等的待遇；③双方都

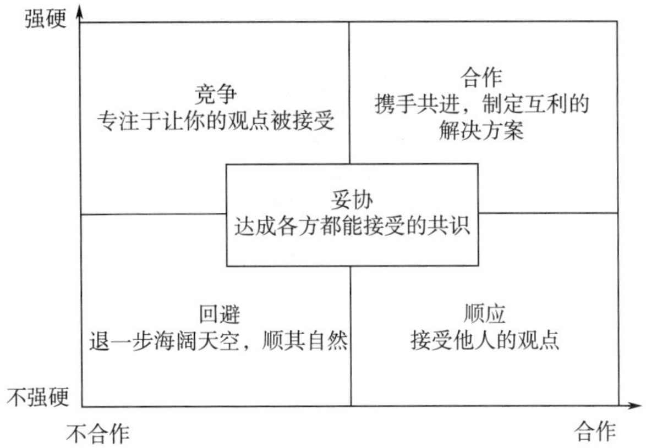

图 5-4　五种冲突处理模式

应积极理解对方的诉求，以找到双方满意的方案；④双方应充分沟通，了解冲突情境。合作策略是一种为达成冲突各方的诉求，而以合作、协商的方式寻求新资源和机会的冲突解决策略。其能否成功取决于冲突的具体情况以及双方同样获利的可能性。

（3）妥协策略　妥协策略是一种通过一系列的谈判、让步、讨价还价来部分满足双方要求和利益的冲突管理策略。为避免僵局，双方可能会做出一定让步，但为了避免给对方产生实力不强的印象而在讨价还价中失去主动性，通常双方不会在一开始就同意让步。妥协策略在双方都有达成一致的愿望时会很有效，但让步的前提是在满足对方最小期望的同时，双方都必须保持灵活应变的态度且相互信任。妥协策略的消极影响是双方可能会因妥协满足了短期利益，而牺牲了长期利益。

（4）回避策略　回避策略指既不满足自己的利益也不满足对方的利益，试图置身于冲突之外，无视不一致的存在或保持中立，以退避三舍、难得糊涂的方式来处理冲突。这种策略在双方依赖性很低时采用，可以避免冲突以减少消极后果。但在双方依赖程度较高时，回避会产生一定的负面影响。

（5）顺应策略　顺应策略指冲突中的一方主要考虑对方的利益或屈从于对方意愿，从而压制或牺牲自己的利益及诉求。实行顺应策略者，要么是考虑长远利益而获取对方的合作，要么是不得已屈从于对方的实力。这种策略在应对情绪冲突时比较有效，但当冲突是实质的合作、资源共享、责任共担时，顺应并不能解决问题，反而会被视为软弱。

需要注意的是，这几种冲突解决策略本身并不存在正确与错误之分，一种策略是否有效，往往要取决于特定情景的要求，以及你如何使用该策略。

知识巩固

专题五　知识巩固

课外拓展

图 5-5　《非暴力沟通》

1. 书籍推荐

《非暴力沟通》（图 5-5），马歇尔·卢森堡（Marshall B. Rosenberg）著，阮胤华译，华夏出版社，2009 年。

在生活中，我们会发现言语上的指责、嘲讽、否定、说教，以及任意打断、拒不回应、随意出口的评价和结论等，都可能会给我们带来情感和精神上的伤害，这甚至可能比肉体的伤害更加令人痛苦。这些无心或有意的语言暴力让人与人变得冷漠、隔阂、敌视。本书作者提出了一种新的沟通方式，即“非暴力沟通”，依照这种方式来谈话和聆听，可以重塑我们对冲突的积极思维方式，打开爱和理解，增进人与人之间的联结，使我们的生活更加和谐美好。

图 5-6　《头脑特工队 2》

2. 影视推荐

《头脑特工队 2》（图 5-6），导演彼特·道格特（Peter Hans Docter），2024 年。

该电影讲述了主人公莱莉进入青春期后，她的大脑情绪控制中心新增四位角色——焦焦（焦虑）、慕慕（羡慕）、尬尬（尴尬）和丧丧（失望）。影片精准刻画了青春期的心理矛盾，以及复杂的情绪间互相争夺控制权的过程。在影片高潮部分，为了阻止焦焦对莱莉的伤害，五人组（乐乐、厌厌、忧忧、怕怕、怒怒）决定重新夺回情绪控制中心，他们团结合作、相互支持，最终找到解决问题的办法，进而帮助莱莉走向成长。

专题六　做情绪的主人
——高职学生的情绪管理

专题体系结构

- 专题六
  - 情绪的概述
    - 情绪的含义
    - 情绪的构成
      - 主观体验
      - 外部表现
      - 生理唤醒
    - 情绪的状态
      - 心境
      - 激情
      - 应激
    - 情绪的分类
      - 基本情绪
      - 复合情绪
    - 情绪的功能
      - 适应功能
      - 动机功能
      - 组织功能
      - 社会功能
      - 保健功能
  - 情绪与身心健康（教学重点）
    - 健康情绪的标准
      - 情出有因
      - 表现恰当
      - 反应适度
      - 情绪稳定
      - 总体愉快
      - 自我控制
    - 情绪对健康的影响
      - 情绪对身体健康的影响
      - 情绪对心理健康的影响
    - 高职学生的情绪特点及困扰
      - 高职学生的情绪特点
      - 高职学生的情绪困扰
  - 情绪的有效管理（教学重难点）
    - 觉察接纳情绪
    - 理解分析情绪
    - 调节控制情绪
      - 情绪宣泄法
      - 情绪转移法
      - 情绪放松法
      - 主动培养积极情绪

专题概述

本专题主要围绕情绪的含义、构成、状态及分类，健康情绪的标准，情绪对身心健康的影响，高职学生的常见情绪困扰及情绪管理等内容展开，使高职学生能正确认识和理解情绪，掌握情绪管理的基本策略。

专题目标

1. 知识目标

使学生了解情绪的基本概念，理解情绪对身心健康的影响，掌握情绪管理的方法与技巧。

2. 能力目标

使学生具备情绪管理的能力，能接纳自己的正常情绪，对生活中所遇到的情绪困扰进行有效地调适。

3. 素质目标

使学生学会发挥情绪的正向作用，用积极情绪去感染、温暖他人，使其情绪表达能合理、合规、合法，培育理性平和的良好心态。

专题导入

高职学生的情绪整体上趋于稳定和成熟，但仍表现出心理调节机制不完善，情绪起伏波动大，情绪体验丰富、强烈且复杂等特点。情绪管理对高职学生的学习、生活以及成长成才都有着重要意义，高职学生要保持良好的情绪，就需要掌握各种情境下的情绪应对策略，从而拥有良好的心态去面对学习和生活。

单元一　情绪的概述

一、情绪的含义

情绪是对一系列主观认知经验的统称，是多种感觉、思想和行为综合产生的心理和生理状态。学者们把情绪界定为一种躯体和精神上的复杂的变化模式，是个人知觉到的独特处境的反应。

在我们的日常学习、工作和生活中，人的性格、学识、能力、习惯、爱好、追求等都能影响情绪。当客观事物符合一个人的需要和愿望时，会引起积极、肯定的情绪情感，如因为成功而感到兴奋和满足、如愿考上理想大学的快乐、表白成功的喜悦。相反，当客观事物不满足或违背一个人的需要和愿望时，则会引起他消极、否定的情绪情感，如高考落榜、求职失败带来的焦虑、沮丧、痛苦等。

二、情绪的构成

情绪由主观体验、外部表现和生理唤醒三个部分构成，如图 6-1 所示。

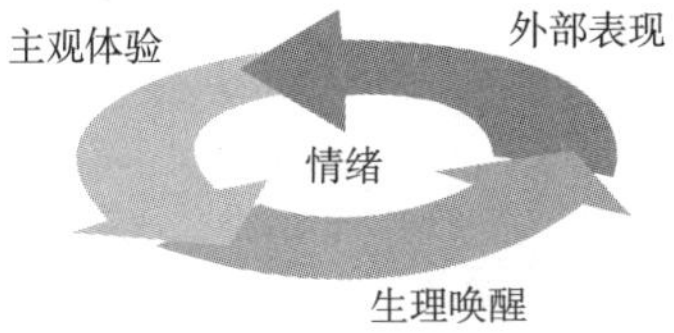

图 6-1　情绪的构成

（一）主观体验

情绪具有独特的主观体验色彩，即喜、怒、悲、惧等。由于每个人的知识、经验、需要、追求的目标、认知评价等各方面的差异，同一环境对不同的人可能意味着不同的情境，因而产生的情绪也可以不同。但是特定的情绪体验的感受色调，既没有个体、民族的差异，也没有性别、年龄的差异，情绪体验的不变性是使情绪在人际间产生共鸣的保证。

（二）外部表现

情绪具有独特的外部表现形式即表情，包括面部表情、体态表情和声调表情。表情是表达情绪状态的身体各部分的动作变化模式，表情动作是一种独具特色的情绪语言，它以有形的方式体现出情绪的主观体验，成为人际间感情交流和相互理解的工具之一。

拓展阅读

杜彻尼微笑——辨别真笑与假笑

行为心理学家保罗·艾克曼（Paul Ekman）在翻阅资料时候偶然发现，

早在达尔文的年代，就有法国解剖学家杜彻尼·博洛尼（Duchenne de Boulogne）发现了藏在笑容背后的秘密。杜彻尼使用“电生理和放大的技术”，对“每一部分的肌肉的细小变化和其带来的面部褶皱”进行分析。他发现“欢悦的情绪表达在颧骨肌肉和眼周轮匝肌上，前者可以被有意识地控制，后者却只能为真实的快乐驱使。眼周的肌肉不会听我们的话，它们是情绪的真实传达者。”因此，艾克曼认为，这种包含了面部颧骨肌肉和眼周肌肉的部分活动的微笑，才是真的发自内心的欢乐微笑。人在真笑的时候，代表他的心情是舒适与快乐，而心情能愉悦的第一条件就是他真正地消除了敌意，潜意识会认为所面对的人、所处的环境是安全的，所以才会眯起眼睛。真笑会出现鱼尾纹，假笑不会，因为虚假的笑容无法引起颧骨肌肉和眼周轮匝肌的收缩，如图 6-2 所示。

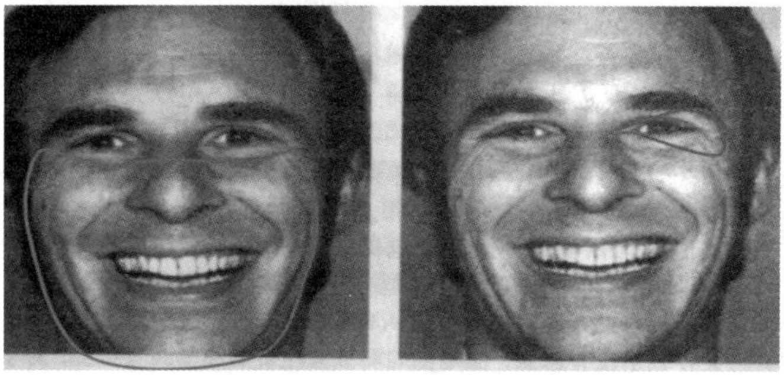

图 6-2　哪一个是发自内心的笑容？

（三）生理唤醒

情绪产生时必然伴随着显著的生理变化。大脑皮层对有关感觉信息的识别和评价，在引起情绪以及随后的行为反应中起着重要的作用；网状结构的激活是产生情绪的必要条件；边缘系统参与情绪体验的产生；内分泌系统与自主神经系统之间的联系直接参与情绪反应。由此，每一次情绪的发生，都是包括中枢神经系统各级水平、躯体神经系统、内分泌系统整合活动的结果。如情绪呈高亢兴奋状态，则心搏与呼吸加快、代谢增强、体温升高、血管紧张度增加、血压上升、肌肉紧张度增加；情绪低沉愁楚，则心搏减慢、呼吸减弱、代谢下降、血压与体温下降、肌肉松弛无力等。

三、情绪的状态

根据情绪发生的强度、持续性，可以把情绪状态分为心境、激情和应激。

（一）心境

心境是指人比较平静而持久的情绪状态。心境具有弥漫性，它不是关于某一事物的特定体验，而是以同样的态度体验对待一切事物。心境持续时间有很大差别。某些心境可能持续几小时，另一些心境可能持续几周、几个月或更长的时间。一种心境的持续时间依赖于引起心境的客观刺激的性质，如失去亲人往往使人产生较长时间的郁闷心境；人格特征也能影响心境的持续时间，同一事件对某些人的心境影响的时间较短，而对另一些人的影响时间则较长。此外，人的世界观、理想和信念决定着心境的基本倾向，对心境有着重要的调节作用。

心境对人的生活、工作、学习、健康有很大的影响。积极向上、乐观的心境，可以提高人的活动效率，增强信心，对未来充满希望，有益于健康；消极悲观的心境，会降低认知活动效率，使人丧失信心和希望。

（二）激情

激情是一种强烈的、爆发性的、为时短促的情绪状态。这种情绪状态通常是由对个人有重大意义的事件引起的。重大成功之后的狂喜、惨遭失败后的绝望、亲人突然死亡引起的极度悲哀、突如其来的危险所带来的异常恐惧等，都是激情状态。

激情状态下人往往会出现“意识狭窄”现象，即认识活动的范围缩小，理智分析能力受到抑制，自我控制能力减弱，进而使人的行为失去控制，甚至做出一些鲁莽的动作或行为。然而，激情并不总是消极的，发射卫星成功时研制人员的兴高采烈，运动员在国际比赛中取得金牌时的欣喜若狂，在这些激情中包含着强烈的爱国主义情感，是激励人上进的强大动力。

（三）应激

应激是指人对某种意外的环境刺激所做出的适应性反应。人们遇到某种意外危险或面临某种突发事件时，必须运用自己的智慧和经验，动员自己的全部力量，迅速做出选择，采取有效行动，此时人的身心处于高度紧张状态，就是应激状态。

一般来说，个体对应激的反应有两种表现：一种是活动抑制或完全紊乱，甚至发生感知记忆的错误，表现出不适应的反应，如目瞪口呆、手忙脚乱，陷入窘境；另一种是调动各种力量，活动积极，应对紧急情况，如急中生智、行动敏捷，摆脱困境。例如飞机在飞行中，发动机突然发生故障，驾驶员紧急与地面联系着陆；正常行驶的汽车意外地遇到故障时，司机紧急刹车；战士排除定时炸弹时的紧张而又小心的行为等。

四、情绪的分类

我国《礼记·礼运》记载人有“七情”即喜、怒、哀、惧、爱、恶、欲。此外，心理学家保罗·艾克曼（Paul Ekman）认为人有六种基本情绪，分别是生气、惊讶、恶心、快乐、恐惧和悲伤。总体来说，情绪是复杂多样的，一般还可把情绪分为基本情绪和复合情绪。

（一）基本情绪

基本情绪是人和动物所共有的，是先天的。每一种基本情绪都有不同的适应功能。基本情绪可以分为两类：积极情绪和消极情绪。积极情绪是与积极行为相伴随产生的情绪，包括快乐、兴趣、满足和爱等。一般认为积极情绪有三个重要的适应功能，即支持应对、缓解压力、恢复被压力消耗的资源。而消极情绪是与回避行为相伴随产生的情绪，如痛苦、悲伤、愤怒、恐惧等。事实上，适度的消极情绪有时是有益的，例如，悲伤使我们更加深刻，认识自己的不足，从而更好地学习、生活；愤怒使我们勇于反抗压迫；恐惧使我们注意生活突发的状况，更好地处理问题……但需要注意过于强烈和持续性的消极情绪则会对人的健康和社会适应有害。

（二）复合情绪

复合情绪则是由基本情绪的不同组合派生出来的，如焦虑，包含着恐惧、内疚、痛苦、愤怒四种情绪。有些复合情绪可以命名，例如愤怒–厌恶–轻蔑的复合可命名为敌意，有些则难以命名。心理学家伊扎德（C. E. Izard）的研究发现人的基本情绪有兴趣、惊奇、痛苦、厌恶、愉快、愤怒、恐惧、悲伤、害羞、轻蔑和自罪感 11 种，并由此产生了三类复合情绪：一类为在基本情绪基础上，2~3 种基本情绪的混合，如兴趣–愉快、恐惧–害羞等；二类为基本情绪与内驱力的混合，如性趋力–兴趣–享乐等；三类为感情–认知结构（特质）与基本情绪的混合，如活力–兴趣–愤怒等，如表 6–1 所示。

表 6–1 伊扎德对复合情绪的分类

基本情绪结合	基本情绪–内驱力结合	基本情绪–认知结构复合
兴趣–愉快	性驱力–兴趣–享乐	活力–兴趣–愤怒
恐惧–害羞	疼痛–恐惧–愤怒	多疑–恐惧–内疚
恐惧–内疚–痛苦–愤怒	……	……
……		

五、情绪的功能

（一）适应功能

情绪是生命进化过程的产物，是有机体适应生存和发展的一种重要方式。情绪能调节个体和环境之间的关系，例如婴儿出生时，还不具备独立维持生存的能力，这时主要依赖情绪来传递信息，与成人进行交流；当人们身体受到伤害或被冒犯时，会出现暴怒的情绪，此时的情绪能保护身体名誉和尊严。所以说情绪具有适应功能，能帮助人们适应外界环境。

（二）动机功能

情绪是伴随人的需要是否满足而产生的体验，它对人的行为具有推动或抑制作用。伊扎德指出，各种情绪体验是驱动有机体采取行动的动机力量，例如恐惧、愤怒使人躲避、不愿学习；愉悦、喜爱等积极情绪使人去探索、思考。比如，喜欢某老师，对这位老师教的学科也会更上心，更加用功学习。

（三）组织功能

情绪的组织作用是指情绪对其他心理过程的影响。这种作用表现为积极情绪的协调作用和消极情绪的破坏、瓦解作用。中等强度的愉快情绪，有利于提高认知活动的效果，而消极情绪如恐惧、痛苦等会对操作产生负面影响，即消极情绪的激活水平越高，操作效果越差。情绪的组织功能还表现在人的行为上，当人处在积极、乐观的情绪状态时，易注意事物美好的一面，其行为比较开放，愿意接纳外界的事物；而当人处在消极的情绪状态时，容易失望、悲观，放弃自己的愿望，或者产生攻击性行为。

（四）社会功能

情绪在人际间具有传递信息、沟通思想的功能。这种功能是通过情绪的外部表现，即表情来实现的，如用微笑表示赞赏，用点头表示默认等。表情也是言语交流的重要补充，如手势、语调等能使言语信息表达得更加明显或确定。情绪也可以作为社会的黏合剂，使人们接近某些人；也可以作为一种社会的阻隔剂，使人们远离某些人。如某人暴怒时，你可能会后退或碍于他的身份而压抑自己的消极情绪，不让它表露出来。由此可见，人所体验到的情绪，对其社会行为有重大影响。

（五）保健功能

情绪对一个人的身心健康有增进或损害的效能。情绪的生理特性告诉我们，当一个人产生某种情绪时，其身体内部会出现一系列的生理变化，而这些变化对人的身体影响是不同的。如“笑一笑，十年少”指的是人在愉快时，其生理反应有助于身体内部的调和与保养。反之，若一个人经常处于某种不良情绪状态，久而久之便会损害其身体健康。

单元二　情绪与身心健康

一、健康情绪的标准

（一）情出有因

任何情绪，情感的产生与发展必须由一定的原因引起。例如，可喜的现象引起欢乐的情绪；不幸的事件引起悲哀的情绪；挫折引起沮丧的情绪等。若出现无缘无故的喜、怒、哀、乐，莫名其妙的悲伤、恐惧，就不是情绪健康的表现。

（二）表现恰当

一定的刺激会引起一定的情绪反应，反应和刺激应该相互吻合，例如因成功而喜悦，因失败而痛苦，该高兴就高兴，该悲哀就悲哀。如果失去亲人还哈哈大笑，或者受到挫折反而高兴，受到尊敬反而愤怒，则是情绪不健康的表现。

（三）反应适度

情绪表现的持续时间和强烈程度都应适当，不能无休无止，也不能过分强烈或过于平淡。刺激强度越大，情绪反应就越强烈；反之，情绪反应也就越弱。如果微弱的刺激引起强烈的情绪反应，则是情绪不健康的表现。

（四）情绪稳定

情绪稳定表明一个人的中枢神经系统活动处于相对的平衡状态，也反映了中枢神经系统活动的协调。一般来说，情绪反应开始时比较强烈，随着时间的推移，反应逐渐减弱，如果反应时强时弱，变化莫测，经常处于不稳定状态，则是情绪不健康的表现。

（五）总体愉快

以愉快的心境为主，积极情绪多于消极情绪。如果一个人经常情绪低落，愁眉苦脸，心情郁闷，则可能是情绪不健康的表现。

（六）自我控制

健康的情绪是受自我调节和控制的。情绪健康的人，应是情绪的主人，可把消极的情绪转化为积极的情绪，也可把激情转化为冷静。

二、情绪对健康的影响

《黄帝内经》：“怒则气上，喜则气缓，悲则气消，恐则气下，惊则气乱，劳则气耗，思则气结。”此外，我们常说的“怒伤肝、喜伤心、思伤脾、忧伤肺、恐伤肾”（图6-3），就诠释了情绪对健康的影响。

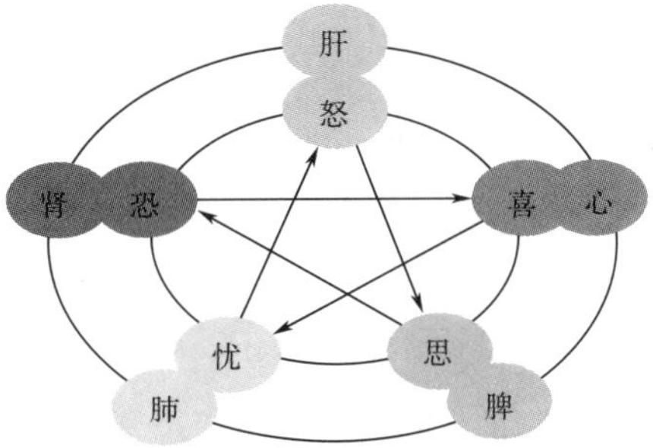

图6-3　情绪对身体的影响

（一）情绪对身体健康的影响

1. 情绪影响机体的免疫力

现代医学认为，良好的情绪可使机体生理机能处于最佳状态，使免疫抗病系统发挥最大效应，抗拒疾病的袭击。有的心理学家把情绪称为“生命的指挥棒”“健康的寒暑表”，比如积极情绪可以增强个体免疫功能水平，降低个体对于病毒易感性，增加病人的疼痛耐受性。

2. 情绪可以导致或治疗疾病

人的情绪如果发生剧变，还可导致皮肤过敏，甚至会影响到毛发。缺乏积极情绪会增加疾病的死亡风险，冠心病和心肌梗死的死亡率会更高。而积极情绪的产生使得伤口加快愈合，促进疾病痊愈。此外，对于患病的个体，积极情绪能够帮助个体更好地适应患病后的生活。

3. 情绪可以影响内分泌和神经系统功能

经常紧张忙碌、不顺心会使人体出现失眠、脱发，甚至神经衰弱等系统失调的症状。

（二）情绪对心理健康的影响

1. 情绪会影响认知思维水平

情绪和认知虽然都是独立的心理过程，有自己的发生机制和变化规律，但是二者有着密切的联系。情绪对认知活动具有组织的作用，包括对活动的瓦解或促进。例如恐惧、烦躁的情绪会阻碍问题解决的速度，过度的焦虑、紧张的情绪容易造成某件事一直无法解决；而乐观平静的情绪有助于冷静思考，使个体重新评价和解决问题。

2. 情绪会影响自我的认识和评价

人在处于消极情绪时，会降低对自我的评价，常做出“我总是失败的”“我没有能力”这样的归因。研究表明，如果在某件事上付出多次努力，却反复失败，就会在这件事情上放弃努力，并将这无助的感觉泛化到新的情景当中，从而处在“习得性无助”的心理状态；而个体活动导致的积极情绪，能够提高心理上的幸福感，提高自我评价水平。

3. 情绪会影响个性发展

稳定、持久、愉快的积极情绪易于个人形成稳重、乐观、活泼等好的人格特征；反之，则容易形成多疑、孤僻、易怒等不良人格特征。良好的个性品质会形成更多的社会联结和社会支持，促使个体积极与他人交往，而这些社会联结和支持反过来也能增加个体的积极情绪，建立健康的生活方式，很大程度推动人的个性发展和完善。

三、高职学生的情绪特点及困扰

（一）高职学生的情绪特点

1. 冲动性

高职学生情绪的冲动性是有其生理和心理基础的。心理调节机制的不完善，缺乏对外界变化的应变能力，从而影响了情绪的表现，体现为渴望成熟又稚气未脱，情绪反应不稳定，容易冲动。此外，高职学生的情绪体验特别强烈和富有激情，对任何事都比较敏感，有时一旦情绪爆发，自己则难以控制，甚至表现为一定的盲目狂热和冲动。

2. 极端性

高职学生的情绪与成年人相比，带有起伏波动的极端性，表现为易大起大落，容易从一个极端转到另一个极端，其情绪活动往往会随着认知标准的变化而改变。当行为得到肯定时，如拿到奖学金、受到表彰时，兴奋和幸福感自然流露，甚至大摆筵席来庆贺；当遭遇失败、受挫折打击、挨批评、要求没得到满足时，容易出现较长时间的沮丧、惆怅情绪。

3. 阶段性

由于各年级学生面临的学习任务和主要问题不同，其情绪特点也有差别，呈现出阶段性和层次性的特点。例如大一新生主要任务是适应新的环境、新的学习内容和学习方式，呈现情绪波动较大的状态；大二年级学生在度过适应期后，情绪趋于稳定，开始追求理想和爱情；大三学生由于面临继续升学、择业等多重选择，压力较大，情绪波动也随着加大，需要多加引导。

4. 复杂性

高职学生有着丰富、强烈而又复杂的感情世界，表现形式多种多样。不论在日常生活、学习、交往中，还是从事社会活动时，无不带有浓厚的感情色彩。在自我情感体验方面敏感丰富，注重独立感、自尊心、自信心和好胜心。高职学生还有较强的群体认同感，喜欢模仿，易受暗示，容易受当时情境气氛的感染、鼓动，可能容易表现出比单个人时更大胆的举止。

知识链接

踢猫效应

简介：踢猫效应是指对弱于自己或者等级低于自己的对象发泄不满情绪，而产生的连锁反应，描绘的是一种典型的负面情绪的传染。

5. 内隐性

高职学生的情绪表现，虽然有时也会喜形于色，但已经不像青少年时期那样坦率直露，不少人常会将自己的情绪隐藏和掩饰，体现为外在表现与内在体验并不一致，这也无形中给高职学生人际交往过程中的相互交流带来障碍，使一些学生出现孤独和苦闷的情感困惑。

（二）高职学生的情绪困扰

1. 焦虑

焦虑是一种复杂的综合性的负性的情绪，是人们在社会生活活动中，对可能造成心理冲突或挫折的某种事物或情境进行反应时的一种不愉快的情绪体验。即预期到一些可怕的、可能会造成危险的，或需要付出努力的事物和情境将要来临，感到对此无法采取有效措施加以解决而产生的紧张情绪。高职学生的焦虑可表现在以下方面：

（1）适应焦虑　这是高职学生中比较常见的情况。由于新的生活环境和学习方式的转变，造成对新环境难以很快适应，因而引起各种焦虑反应。比如一位女生，上大学前一切事情都由父母包办，现在这一切都要由自己来做，却不知如何去做，因此感到焦虑不安。

（2）考试焦虑　这是一种由于担心考试失败或渴望获得更好的分数而产生的一种忧虑、紧张的心理状态。考试焦虑一般在考试数天前就表现出来，随着考试的临近而日益严重。研究表明，一些能力不如其他人或对自己能力的主观评价不如别人的学生，以及对获得好成绩有强烈愿望的学生，容易产生较强的考试焦虑。

（3）健康焦虑　高职学生因学习紧张和高强度的脑力劳动，存在着一些可能使健康状况下降的因素，如失眠、疲倦等。当这些因素作用于那些过分关注自己的健康状况的学生时，便有可能导致焦虑。

2. 抑郁

抑郁是一种常见的情绪困扰，是一种持续时间较长的低落消沉的情绪。抑郁状态中的高职学生对学习、对生活兴趣索然，情绪低落，遇事缺乏信心，无精打采，常常逃课，同时伴有羞愧、痛苦、自怨自艾、悲伤、孤独、绝望等不良心境，严重者则体验不到生活、学习的快乐，并伴有食欲减退、失眠等症状。例如一部分高职学生由于不喜欢所学专业，感到前途渺茫，或是由于人际关系处理不当、失恋等问题而过早“看破红尘”，导致抑郁情绪。

3. 愤怒

愤怒通常是一个人在遭遇不公正的待遇时会产生的强烈的情绪反应，愤怒对人的身心健康有明显的不良影响。通常，当一个人愤怒时，会出现心悸、失眠、血压升高等身体上的不良反应，同时愤怒会使人丧失理智、阻塞思维，导致损物、伤人，甚至犯罪等失去理智的行为。处于青年期的高职学生内分泌系统处于空前活跃时期，大脑神经过程的抑制和兴奋发展不平，控制力较差，容易冲动。例如因为一件小事或一句话激动得暴跳如雷，或出口伤人，甚至动拳脚伤人。

单元三　情绪的有效管理

我国《中庸》中谈到“喜怒哀乐之未发，谓之中；发而皆中节，谓之和，致中和，天地位焉，万物育焉”，意指喜怒哀乐，是人人都有的情绪，一个人的情绪表现出来若符合法度常理，通过合理的方式表达就能达到一种和谐的处世之道。

拓展阅读

情商

情商是指个体准确觉察自己及他人的情绪，理解人际关系中所表达的情感信号，以及管理自己和他人情绪的能力。丹尼尔·戈尔曼（Daniel Goleman）认为情商是个体的重要生存力，是一种发掘情感潜能，运用情感能力影响生活各个层面和人生未来的关键品质。

戈尔曼提出构成情商的五要素和四个维度模型能力。五个要素的具体内容为：一是自我认知，即认识和理解自己的情绪情感和动机，以及它们对别人会产生什么样的影响。二是自我约束，即控制和转移破坏性的情绪或冲动。三是激励要求，即为了一些超越回报和地位的原因而努力工作的激情，充满活力和有决心追求目标的倾向。四是同理心，即理解人们的脾气秉性，根据人们的情绪反应采取对策的技能。五是社交能力，即善于建立和管理关系网络，能够找到共同的立场，建立亲密的关系。综合以上五个要素，戈尔曼把情商模型概括为四个维度，即自我意识、自我管理、关系管理、社会意识，如图 6-4 所示。

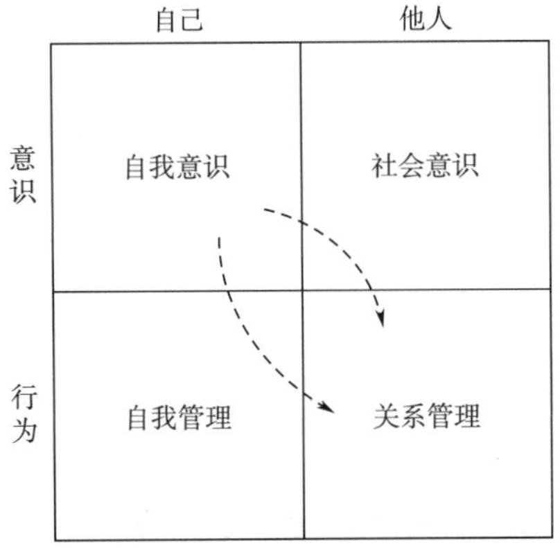

图 6-4 丹尼尔·戈尔曼情商模型

关于情商的培养，戈尔曼提出了情商培育“五步法”，具体内容如下：

(1)“我想要成为什么样的人?”——设计理想化的自我。

(2)“我现在是什么样的人?”——站在他人角度审视自己。

(3)“如何从现实的自我变成理想的自我?”——制订行动计划。

(4)“我怎样才能使变革成果稳定不变?”——持续地练习。

(5)“谁能够帮助我实现这些改变?”——建立支持自己的社区。

戈尔曼认为情绪管理是指通过研究个体和群体的自身情绪和他人情绪,充分挖掘和培植个体和群体的情绪智力,对自身和他人情绪进行协调、引导、互动和控制的一种现代管理办法,可以使个体和群体保持良好的情绪状态,以乐观的态度、幽默的情趣及时地缓解不良心理,对生活中矛盾和事件引起的不良反应进行有效排解,实现良好的管理效果。对于高职学生来说,可以通过情绪管理培养自身驾驭情绪的能力。

一、觉察接纳情绪

觉察接纳情绪,即当自己某种情绪刚一出现时便能够察觉,它是一个人所具备的能够监控自己的情绪以及对经常变化的情绪状态的觉察,是自我理解和心理领悟力的基础。

当我们有某个情绪出现的时候,如实地观察它、感受它,允许它的出现而不去抗拒和排斥它,允许它自然地来、自然地去,内心不做好与不好的判断,也不做对错的评判,没有应该不应该的纠结,这就是接纳。事实上,在人生中无论遇到什么样的问题,基本上都只有两种可行对策:接纳它或采取有效行动改变。若暂时无法采取行动,那么在能够行动之前,唯一的选择就是去接纳它。试图对抗情绪,只会占据更多的认知资源,无法聚焦到想做的事上,而接纳它,并利用它传递的信息做出更理性、更完整的判断,会让我们事半功倍。

自我觉察

觉察你的情绪

现在,你可以回想曾经面对某人情绪爆发的一件事情,可能是一场争论,或是某人生你的气或对你心烦,或是某人给你施加压力等,请按照以下步骤进行觉察:

第一步，感受自己的体验，作为了解情绪的信息源，对每次体验，要尽量回答以下问题：

（1）引起我愤怒的具体事情是什么？最激怒我的是什么？

____

______________________________。

（2）我愤怒的根源是别人吗？是我自己吗？是一件东西或事情吗？

____

______________________________。

（3）这件事情我怎样解释？还有我没有想到的原因吗？事发后哪些话使我更加愤怒？

____

______________________________。

（4）有什么样的身体感觉伴随愤怒体验？

____

______________________________。

（5）我表现了什么行为反应？我的反应是口头攻击吗？

____

______________________________。

第二步，反思和希望（如果我怎么做，会使得彼此都不受伤害）：

____

______________________________。

通过以上觉察，一方面可以使不良情绪得到缓解；另一方面，有助于将自身的情绪具象化，促使对自己形成较为理性的认识。

二、理解分析情绪

高职学生要正确认知自己的情绪，从而达到有效地管理自己的情绪的目的。美国心理学家阿尔伯特·艾利斯（Albert Ellis）创建了情绪 ABC 理论（ABC Theory of Emotion）。其中，A（Activating events）表示诱发性事件或者外在的环境；B（Belief）表示个体针对诱发性事件或外在环境产生的一些信念；C（Consequence）表示产生的情绪和行为的结果。该理论认为诱发性事件 A 只是引起情绪及行为反应的事件，而人们对诱发性事件所持的评价、解释、看法、想法 B 才是引起人的情绪及行为反应的更直接的原因。即引起人们情绪困扰的并不是外界发生的事件，而是人们对事件的态度、看法、评价等认知内容，如图 6-5 所示。因此要改变情绪困扰不是致力于改变外界事件，而是应该改变认知，通过改变认知，进而改善情绪。

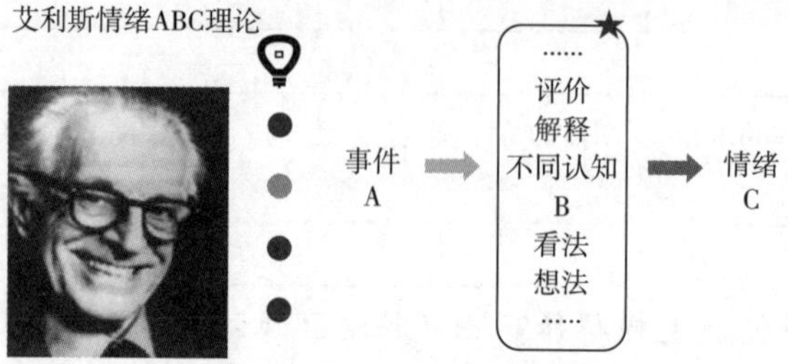

图 6-5　情绪 ABC 理论

拓展阅读

成长型思维

人的思维模式分为两种：成长型思维和固定型思维。成长型思维的提出者是美国斯坦福大学的卡罗尔·德韦克（Carol S. Dweck），在她看来，当我们认为智力和能力可增长时，我们就拥有了成长型思维模式。而当我们认为智力和能力固定不变时，便往往是固定型思维模式。

如图 6-6 所示，一个拥有成长型思维模式的人，在对待努力、挑战、失败、他人的成功和来自他人的批评时，都和拥有固定型思维模式的人呈现出极大的差别。如面对挑战，拥有成长型思维的人会把它看作学习的机会，而对于固定型思维的人来说，它则是一种威胁，会阻碍成功。当面对不良情绪时，成长型思维的作用体现得最为充分。我们在生活中常常会遇到消极情绪，如果我们拥有成长型思维，我们就可以转变一些负性视角，让自身用正确的认知和态度去面对生活中的各类事件，用理性的认知思维去驳斥不合理信念，用发展、成长的眼光看问题，进而达到改善自身的情绪结果。总之，拥有成长型思维的人会从当下的事件中进行反思，提醒自己保持良好的情绪水平，以帮助自己更好地实现目标。因此，培养成长型思维能够帮助高职学生敢于、乐于突破自己的“舒适区”，去学习新知识、迎接新挑战，在面对困难时努力地学会控制自己的情绪，用健康、积极的心态去面对一切。

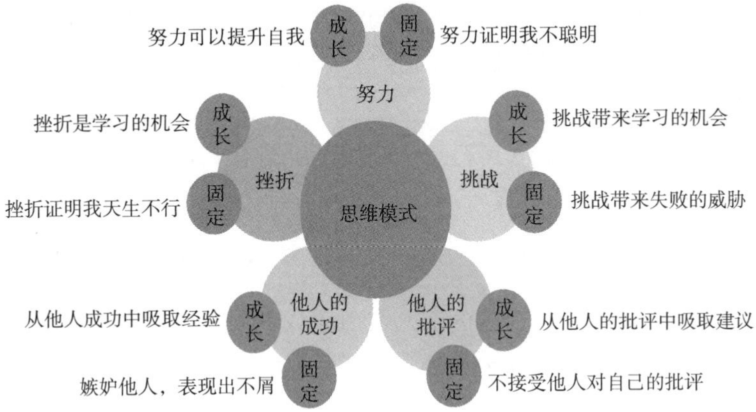

图 6-6　成长型思维与固定型思维

那么，如何培养成长型思维呢？

1. 相信变化，相信改变的力量

成长型思维模式是建立在相信变化基础之上的。拥抱成长、拥抱变化，你就会获得新的思考和处理方式。

2. 保持学习

新的研究成果显示，大脑更像肌肉，它会发生改变。你越使用它，它就变得越强壮。当你学习的时候，大脑会成长，因此每一天都让自己变得更好一些，多让自己做一些事，提高自己的能力，之后你会有突飞猛进的进步。这样，以前你觉得很难甚至无法完成的事情，比如学习一门新语言，看上去就会变得简单，因为你的大脑变得更强、更聪明了。

3. 命名

给自己固定型思维模式起个名字，提醒自己它的出现，它是如何让我们思考、感受和采取行动的？这又会给身边的人带来怎样的影响？例如，德韦克提到："所有能引发自我怀疑的诱因都能引发我的固定型思维模式，然后会引发进一步的自我怀疑。我决定将这个自我怀疑的家伙命名为'戴尔·丹顿'，这是赛斯·罗根在喜剧片《菠萝快车》里扮演的角色。把我的固定型思维模式想象成一个懒惰、无能，坐在我大脑角落里的笨蛋，这有助于我和'它'做斗争"。

4. 教育

你的固定型思维模式本来是为了保护你、让你感到安全才存在的。但"它"却并没有做好。所以，用成长型思维模式的新方法去教育"它"，"它"就可以帮助和支持你。让"它"接受挑战，不要放弃，在受挫折后卷土重来，并帮助和支持“它”成长。你要理解固定型思维模式人格的观点，但也要慢慢地去教“它”用不同的方法去想问题，带“它”一起踏上你通往成长型思维模式的旅程。

最后，要知道改变思维模式，并不能一步到位，以前的旧信念瞬间被替换成新的信念。相反，新信念将与旧信念并存，随着新信念越来越强，你就会获得新的思考和处理方式。

依据情绪 ABC 理论，合理的信念会引起人们对事物适当的、适度的情绪反应；而不合理的信念则相反，会导致不适当的情绪和行为反应。常见的不合理信念有以下三种：

一是绝对化的要求。人们常常以自己的意愿为出发点，认为某事物必定发生或不发生的想法。它常常表现为将“希望”“想要”等绝对化为“必须”“应该”或“一定要”等。例如，“我必须成功”“别人必须对我好”等。这种绝对化的要求之所以不合理，是因为每一客观事物都有其自身的发展规律，不可能以个人的意志为转移。对于某个人来说，他周围的人或事物的表现及发展也不会以他的意愿来改变。因此，当某些事物的发展与其对事物的绝对化要求相悖时，他就会感到难以接受和适应，从而极易陷入情绪困扰中。

二是过分概括化。一种以偏概全的不合理思维方式的表现，它常常把“有时”“某些”过分概括化为“总是”“所有”等。它具体体现在人们对自己或他人的不合理评价上，典型特征是以某一件或某几件事来评价自身或他人的整体价值。例如，有些人遭受一些失败后，就会认为自己“一无是处、毫无价值”，这种片面的自我否定往往导致自卑自弃、自罪自责等不良情绪。而这种评价一旦指向他人，就会一味地指责别人，产生怨忿、敌意等消极情绪。

三是糟糕至极。认为如果一件不好的事情发生，那将非常可怕和糟糕。例如，“我没考上大学，一切都完了”“我没当上部长，不会有前途了。”这种想法是非理性的，因为对任何一件事情来说，都会有比之更坏的情况发生，所以没有一件事情可被定义为糟糕至极。但如果一个人坚持这种“糟糕”观时，那么当他遇到他所谓的百分之百糟糕的事时，他就会陷入不良的情绪体验中一蹶不振。

因此，在日常生活和工作中，当遭遇各种失败和挫折，要想避免情绪失调，就应多检查一下自己的大脑，看是否存在一些“绝对化要求”“过分概括化”和“糟糕至极”等不合理想法，如有，就要有意识地用合理观念取而代之。

心理训练

与常见的不合理信念辨析

要求：分析以下句子，先判断其属于哪一类不合理信念（“绝对化要求”“过分概括化”“糟糕至极”），并填写在括号内；再尝试对其进行辩驳，并将结果填写在横线上。

参考答案

(1) 一个人应被周围的人喜欢和称赞，尤其是生活中重要的他人。(　　　　　)

辩驳：____。

(2) 一个人必须能力十足，各方面都有成就，这样才有价值。(　　　　　)

辩驳：____。

(3) 那些邪恶可憎的人及坏人，都应该受到责骂与惩罚。(　　　　　)

辩驳：____。

(4) 当事情不如意的时候，是很可怕，也是很悲惨的。(　　　　　)

辩驳：____。

(5) 不幸福、不快乐是外在因素所造成的，个人无法控制。(　　　　　)

辩驳：____。

(6) 我们必须非常关心危险可怕的事情，而且必须时时刻刻忧虑，并注意它可能再次发生。(　　　　　)

辩驳：____。

(7) 面对困难和责任很不容易，倒不如逃避较省事。(　　　　　)

辩驳：____。

(8) 一个人应该要依靠别人，且需要找一个比他强的人来依靠。(　　　　　)

辩驳：____。

(9) 过去的经验决定了现在，而且是永远无法改变的。(　　　　　)

辩驳：____。

(10) 人生中的每个问题，都有一个正确而完美的答案，一旦得不到答案就会很痛苦。(　　　　　)

辩驳：____。

三、调节控制情绪

（一）情绪宣泄法

适当倾诉，可以帮助自身快乐加倍，痛苦减半。当你感觉到不良情绪时，不要把情绪隐藏起来折磨自己，可选择向朋友、亲人、老师等倾诉，在倾诉的过程中，内心的忧虑和苦闷等不良情绪将得到发泄和疏导，能减轻心理压力。此外，通过呐喊宣泄也是一个不错的选择，我们可以找一个空旷或者没人的地方，大声地呼喊，当你真正喊出来的时候，会感到浑身轻松，如释重负，我们的负面情绪也会随着这些呼喊声释放出来。最后，适当哭泣也可以释放人心中的压力，往往当一个人哭过之后，发现心情会舒畅很多。

（二）情绪转移法

当高职学生在被不良的消极情绪影响时，可以选择短时间内离开当时的情境，借助其他开心的事情转移自己的注意力，如听听音乐、看看电影、参加活动、假期旅游、逛街等。积极参加学校组织的各类文化艺术活动、社团活动、社会实践活动等，既能陶冶情操，又能在活动中表现自己，体验集体、个人及社会关系的现实存在，增强生活情趣，从而转移当下不良的情绪体验。研究发现，合理、适当的运动也可以在一定程度上缓解不良情绪，如跑步、打球、疾走、做瑜伽或自己喜爱的运动，都是释放情绪的好方法，还能有效预防乳腺癌、心血管疾病等。

（三）情绪放松法

1. 呼吸放松法

一种通过呼吸调节缓解紧张情绪的方法，见效快并且最容易做。

具体方法如下：

（1）吸气　采用鼻子呼吸，腹部吸气。如图 6-7 所示，双肩自然下垂，慢慢闭上双眼，缓慢并深深地按“1、2、3……”吸气，约 4 秒钟使空气充满胸部。呼吸均匀、舒适而有节奏。

（2）抑制呼吸　吸到足够多时，憋气 2 秒钟。

（3）呼气　要自然而然地把肺里的空气呼出来，肩膀、胸，直至膈肌等都感到轻松舒适。在呼吸时还要想象着将紧张徐徐地驱除出去，注意放松节拍和速度。注意感觉自己的呼气、吸气，体会“深深地吸进来，慢慢地呼出去”的感觉。

以上三个动作连续做 10 遍，会使呼吸变得自然而均匀；再做 10 遍会使你欢快舒畅而又心情平静；再做 10 遍会使呼吸缓慢深长而又充分放松。如果你遇到紧张的场合，或是不知道自己该怎么办、手足无措之时，不妨先做一次呼吸放松。

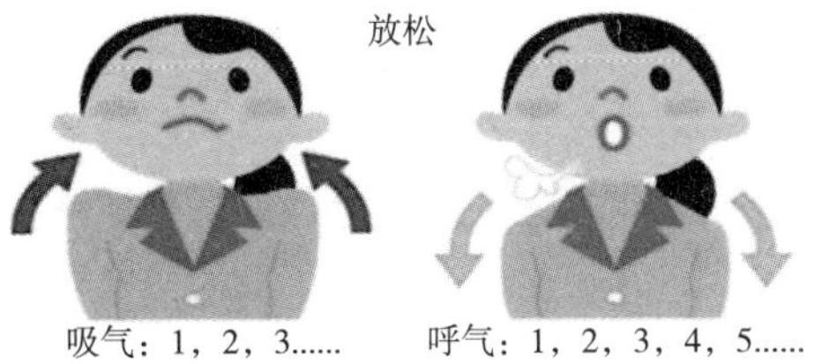

图 6–7　呼吸放松法

2. 音乐放松法

利用音乐来调节情绪已被各行业人士广泛运用：医院用音乐治疗精神病人；怀孕的母亲用音乐进行胎教；商店播放音乐以提高销售量；农场对乳牛播放优美的音乐以增加乳牛的出乳量。这些做法都表明音乐对人和动物的情绪有着巨大的调节作用。当你有情绪困扰时，听一段喜爱的音乐，总会对你的心情起到放松和愉悦的作用。有研究发现，阿尔法（α）波音乐是一种 8～14 赫兹，每分钟 60～70 节拍的音乐。它能把人们带入到阿尔法脑波状态，当脑波处于阿尔法波时，大脑内化学物质发生改变，血液循环畅通，焦虑和紧张感下降，从而放松大脑，协调身心。这里推荐几个著名作曲家的阿尔法脑波音乐：莫扎特的《A 大调第 29 号交响曲》《D 大调第 7 号小提琴协奏曲》《G 小调第 40 号交响曲》《A 大调第 5 号小提琴协奏曲》，贝多芬的《D 大调小提琴协奏曲》《降 E 大调第 5 号钢琴协奏曲》。

心理训练

着陆技术

所谓着陆技术，就是把各种感官（视、听、味、触、嗅）调动起来，与周围的环境充分连接。当我们处在非常强烈的情绪状态下时，我们的头脑没法冷静思考，甚至可能会做出一些冲动过激的行为。这个时候，可以使用着陆技术来放松自己的情绪。着陆技术的原理是把注意力从内在的思考转到外部世界。当我们去体验周围的环境，心跟它待在一起的时候，就能和负性情绪保持一种健康的距离，能够在应激状态下稳定身体、锚定当下，找回身体的稳定感和掌控感。

首先，深呼吸。选择一个舒适的姿势坐在椅子上，做几个深呼吸。深深地吸气，慢慢地呼气。之后尽量保持匀速平稳的呼吸，保持睁着眼睛，环视房间，始终与当下保持连接。

其次，感受身体。注意你坐在椅子上踏实的感觉，注意你的双脚及双脚踩在地上的坚实的触感。

再次，看一看，你周围有什么呢？你可以随手拿起一个小物品（比如一支笔或一个水杯等），当你拿起这样东西，感受它有什么样的温度、触感呢？它的重量如何？看看它是什么颜色、什么形状的？观察一下，它有什么样的纹路呢？你也可以把它放在鼻子底下闻一闻，有没有什么样的气味？你也可以随手拿起旁边一个小零食，把它放在嘴里，慢慢地咀嚼。当你咀嚼它的时候，尽可能多地用心感受关于这个零食的每一个细节。

最后，以一个深呼吸结束着陆，感受一下，自己的情绪和开始有什么不同？需要注意的是，在着陆过程中不要谈论负性情绪或者书写负性情绪，用心关注当下，和负性感觉分离，不要和它们有联系。保持中立，避免去判断"好"或者"坏"。例如，不要说"墙是蓝色的，给我一种忧郁的感觉"，而只是简单地描述"墙是蓝色的"，然后继续到下一步即好。

（四）主动培养积极情绪

除了及时地调节消极情绪，我们也可以主动地去增加积极的情绪体验，具体做法如下：

1. 品味美好

当美好的事情发生，将美好的事情传播给自己的亲人、朋友。一起品味美好，则美好加倍，积极体验加倍。原本瞬间的美好，持久了，放大了。

2. 乐善好施

释放善意的同时，也享受善意。善意和积极情绪是相辅相成的，能够启动良性循环。每日一善的做法，可以让我们在平常的日子里，体会更多的积极情绪。

3. 心流体验

心流体验指全身心投入到活动里，忘记时间，忘记自我。带着激情地工作和生活，更有机会得到心流体验。投入自己的爱好中，也能获得心流体验。心流，能给人带来极大的愉悦感、满足感和成就感。

4. 梦想未来

为自己构想行动的蓝图，具体形象地描述自己将要抵达的地方，激活行动的脑区，实施蓝图计划，将有助于获得积极乐观的情绪体验。

5. 发挥自身优势

真正要获得幸福的生活，就要找出自己的优势与美德。频繁地使用自己的优势去重塑学习、工作或日常生活，所产生的积极情绪明显且更持久。

6. 增强社会联结

通过与他人的联结，无论是爱人、家人还是朋友，与他人在一起，尽可能地培养对他人的关爱并表达关爱，微笑、欢乐等积极情绪就自然流淌在你们构建的世界里。

7. 享受自然的美好

当你沉浸在大自然里，大自然的魅力会不由自主地吸引你的注意，它的宽阔能一直拓宽你的视野与胸襟，丰富你的体验。因此，定期和大自然相约，将体验到更多的积极情绪。

心理训练

提升积极情绪的21天记录——每日“三件好事”

心理学实验证明，只需每天记录发生在生活中的三件好事，会使心情更舒畅，睡眠质量更好，生活满意度更高，抑郁指数比没有参与记录的人低20%，幸福指数高5%。记录三件好事最大的作用就在于训练我们的大脑不由自主地寻找一天当中的积极事件，从而转变我们看待事物的视角，形成积极的思维模式。

好事不一定是惊天动地的大事，可以是我们身边微不足道的小事，比如今天吃到一碗热腾腾的螺蛳粉，读到了一句感人的句子，主动帮家人做了家务等。

知识巩固

专题六　知识巩固

课外拓展

1. 书籍推荐

图 6-8 《生活中的情绪心理学：来自内心深处的福流》

《生活中的情绪心理学：来自内心深处的福流》（图 6-8），彭凯平著，清华大学出版社，2024 年。

该书是一部聚焦情绪科学的实用指南，帮助我们理解、管理和转化情绪。书中强调，情绪的“流动性”比“压抑”更能维持心理健康，它告诉我们：情绪不是敌人，而是信使。情绪的本质是大脑对外界信号的反馈机制。愤怒提醒我们边界被侵犯，焦虑警示潜在风险，悲伤则促使我们反思失去的价值。与其压抑情绪，不如学会倾听它的信息，找到背后的真正需求，在接纳情绪的合理性与控制情绪的反应之间找到平衡。

2. 影视推荐

图 6-9 《头脑特工队》

《头脑特工队》（图 6-9），导演彼特·道格特（Peter Hans Docter），2015 年。

该电影讲述了主人公莱莉头脑中的五个角色——快乐、忧伤、恐惧、厌恶、愤怒，这五种情绪如何影响她的人生体验，形成她的独特的性格和人生轨迹的故事。

这部动画片揭示了我们存在快乐、悲伤、害怕、愤怒、厌恶等多种情绪，情绪是相辅相成的，有快乐也会有悲伤，它们都是人生的一部分。我们要懂得这些情绪背后的需求，从而学会去接受每一种情绪。愿同学们在观赏电影的同时能够觉察你的思维、想法、情绪，以及各种情况下你的反应，并学会更好地调控自己的情绪。

专题七　学会爱与被爱
——高职学生恋爱与性心理健康

专题体系结构

- 专题七
  - 揭开爱情的面纱
    - 爱情的内涵
      - 爱情的含义
      - 爱情的特征
    - 爱情三因素理论
      - 爱情的三因素
      - 爱情的类型
    - 恋爱心理的发展阶段
      - 共存
      - 反依赖
      - 独立
      - 共生
    - 恋爱关系的影响因素
      - 价值观
      - 依恋风格
      - 关系信念
  - 培养爱的能力
    - 高职学生恋爱的特点
      - 普遍性
      - 自主性
      - 浪漫性
      - 开放性
      - 不稳定性与不成熟性
    - 提升高职学生爱的能力（教学重难点）
      - 树立健康的恋爱观
      - 培养爱的能力
  - 性心理健康的维护（教学重点）
    - 性心理概述
      - 性心理的含义
      - 性心理的发展阶段
      - 性心理健康的标准
    - 高职学生性心理的特征
      - 性心理的本能性和神秘性
      - 性意识的强烈性和文饰性
      - 性心理的冲动性和压抑性
      - 渴望了解性知识
    - 高职学生性心理发展的影响因素
      - 生物遗传学因素
      - 心理学因素
      - 环境因素
    - 常见的性心理问题及调适策略
      - 常见的性心理问题
      - 性心理的调适策略

专题概述

本专题主要围绕爱情的内涵、发展阶段、爱情三因素理论及恋爱关系的影响因素，爱的能力的培养，性心理的特征、影响因素及常见性心理问题的调适等内容展开，重在使高职学生形成对恋爱心理和性心理正确的认识，掌握维护恋爱心理和性心理健康的方法。

专题目标

1. 知识目标

使学生了解恋爱心理和性心理的发展及特点，掌握维护恋爱心理和性心理健康的方法。

2. 能力目标

使学生能够合理调适恋爱心理与性心理相关困惑，提升自身爱与被爱的能力。

3. 素质目标

引导学生树立健康的恋爱观，明确两性关系中的责任与担当，倡导男女平等的理念；发展正确的性观念，学会自尊自爱。

专题导入

高职学生正处于青年期，由于生理趋于成熟，性心理也进入了“择偶的尝试期”，开始关注恋爱、婚姻、性等问题，因此追求爱情、渴望恋爱不可避免地成为高职学生的重要生活内容之一。清华大学开设的课程《爱、性与健康》，围绕爱情的初始、亲密关系中问题的处理与应对、走出失恋、亲密的维护、自我保护等话题入手，进行常识性教育以及积极价值观的传递，具有很好的指导性和应用性，这也是本专题想要探讨的主要内容。

单元一　揭开爱情的面纱

爱情也许是人类最复杂且微妙的一种情感，每个人都有着自己的诠释。有人说，爱情就像是找到适合自己的鞋子，相携一生，白头到老；有人说，爱情不是一颗心去敲打另一颗心，而是两颗心相互碰撞出火花；还有人说，爱情是包容而不是放纵，爱情是关怀而不是宠爱，爱情是相互交融而不是单相思，爱情是百味而不全是甜蜜……那么，究竟什么是爱情呢？就让我们一起来揭开爱情的神秘面纱。

自我觉察

爱情的模样

请画出你心目中爱情的模样，并写出五个最能代表你对爱情理解的词汇。

一、爱情的内涵

（一）爱情的含义

所谓爱情是指在现实生活中双方基于一定的社会关系和共同的生活理想，在各自心中形成的相互倾慕并渴望对方成为自己终身伴侣的持久、真挚的情感。爱情是人际吸引最强烈的形式，是两颗心灵相互向往、吸引、达到精神升华的产物，是人类特有的一种高尚的精神生活。

（二）爱情的特征

作为人与人之间特定的社会关系，爱情具有以下特征：

1. 繁殖性

爱情最重要的功能之一是繁殖，唯有生生不息的繁殖，才能使人类保持存在和长久。从进化的视角来看，“一见钟情”便是爱情繁殖性的体现，在对对方兴趣爱好、人格特质等内在魅力完全不了解的情况下，吸引主要是来自影响生育（繁衍）的生理条件，如男性的身高、外貌，女性的年龄、三围比例等。

2. 自主性

爱情是一种互相倾慕、情投意合的情感活动，尤其是在如今民主的社会里，爱情的自主性体现得更加明确。真正的爱情是不可强求的，只能是恋爱双方自主自愿选择的结果，不应受经济、胁迫等其他外来因素的干扰。

3. 乐趣性

爱情带给人的乐趣已经在无数诗人的笔下绽放。“死生契阔，与子成说。执子之手，与子偕老”描绘的便是相携一生、愉悦一生的爱情。初恋的甜蜜，争吵的苦涩，与伴侣在一起的紧张心跳，外出游玩时留下的欢歌笑语、美好留影，都是爱情乐趣性的体现。

4. 亲密性

亲密度是衡量关系的重要标尺，在爱情中亲密是一种能给人带来温暖的情感体验，伴侣之间通过彼此尊重、支持和分享促进幸福、体验幸福。心理学家爱利克·埃里克森（Erik Erikson）认为，18~25岁青年的主要矛盾是亲密与孤独的冲突，爱情与婚姻就是他们寻找亲密感的主要途径。

5. 唯一性（排他性）

爱情是恋爱双方相互爱慕的关系，具有唯一性、排他性，即在爱情关系中，要求恋爱双方自然、真切、发自内心地爱对方，在情感、身体上对彼此保持足够忠诚，并进行自我约束。通俗来讲，双方一旦确定了恋爱关系，就无法容忍他人的介入和干涉，“一脚踏两船”“劈腿”等不忠诚行为会被道德所谴责。

6. 平等性

所谓平等，首先指的是爱情的双方无论在长相、家境、社会地位等外在条件上有多大差异，既然相爱了，双方在人格和尊严上都是完全平等的；其次，平等还体现在爱情的双方在情感上享受权利与履行义务的对等性，这样才能发展出健康的恋爱关系。

7. 互爱性

互爱是产生爱情的情感基础，爱情也需要建立在双方相互爱慕的基础上才能健康发展，单方面的爱恋不会结出爱情的硕果，甚至可能会带来对彼此的伤害；互爱还体现在恋爱双方在日常生活中的相互关心、彼此滋养，获得与给予处在一个相对平衡的状态，恋爱关系才能长久。

8. 持久性

“不在乎天长地久，只在乎曾经拥有”是对爱情的误解。真正的爱情不仅有强烈、深厚的情感基础，还要有相伴永久、共度余生的愿望和追求。事实上，爱情的持久性正是建立和保持婚姻关系的基础。

二、爱情三因素理论

（一）爱情的三因素

社会心理学教授罗伯特·斯滕伯格（Robert Sternberg）于 1986 年提出了爱情的三因素理论，他认为爱情虽然复杂多变，但基本成分只有三种，分别是亲密、激情和承诺，这三个因素就像三角形的三条边，每个因素的强度高低不同，便形成了形形色色的爱情三角形，产生了不同类型的爱情体验，如图 7-1 所示。

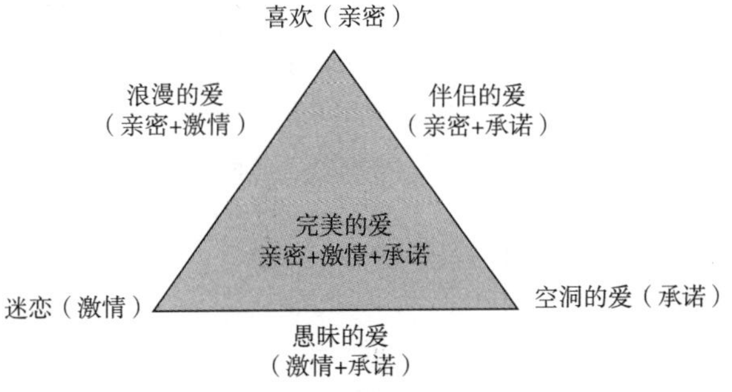

图 7-1 爱情三因素

1. 亲密

亲密是指伴侣之间感受到的亲近与联结的程度，斯滕伯格用温度做类比，把亲密视为爱情中“温暖”的部分。伴侣之间彼此喜欢、心灵默契、相互归属的感觉都是亲密的主要成分。

2. 激情

激情涉及身体的吸引和情绪的激发，属于爱情中“热烈”的部分，照顾、归属、自尊与服从等是唤起激情体验的重要因素。

3. 承诺

承诺属于爱情中“冷静”的部分，投身于爱情的决定和努力维护爱情的决心就是承诺的表现。承诺可分为短期承诺和长期承诺，其中短期承诺是做出是否爱一个人的决定，长期承诺是对伴侣间的亲密关系做出持久性的承诺。

自助指南

如何判断承诺的真实性

承诺如果只有语言，没有实际的行动，往往让人难以信服，在伴侣关系中，承诺可以通过以下行动表现出来，以增加承诺的可信度和积极作用。

①带来情感；②提供支持；③保持诚实；④互相陪伴；⑤努力定期沟通；⑥表示尊重；⑦创造关系的未来；⑧营造积极的关系氛围；⑨共同解决关系中出现的问题；⑩消除对方对承诺的疑虑。

总体而言，在爱情中亲密、激情和承诺三个因素既相互独立，又彼此影响。例如，更高程度的亲密会引发更高程度的激情或承诺，更高程度的承诺有可能激起更高程度的亲密或激情。同时，这三个因素在爱情中所占的比重也不固定，而是会随着时间的长短发生变化，如图 7-2 所示。这种变化并不意味着爱情的流逝，爱情在不同阶段的表现就是会有所不同，初始的爱情轰轰烈烈，随着岁月的流淌会变得平淡温柔，显得更加弥足珍贵。但是，伴侣双方依然可以通过共同的努力，通过优化相处的方式，维持关系的长久幸福。

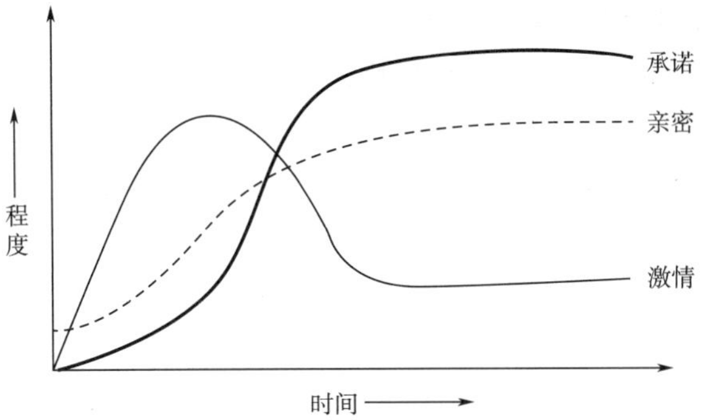

图 7–2　爱情三因素的变化趋势

自助指南

让爱情保鲜的 14 个办法

（1）首先确认自己的想法　确认自己的确是出于想爱身边这个人，才去努力地经营这段关系。

（2）坚定的目标　告诉你的伴侣，我们之间一定会有矛盾冲突，但那不一定意味着我们彼此不合适。

（3）给对方被“重视”的感觉　你能看到对方的情绪，并愿意去呵护。

（4）成为好朋友　亲密与激情不可分割，伴侣成为好朋友，有助于维持爱情。

（5）保持好奇心　把握每一个与伴侣共同进行新奇探索的机会。

（6）不要习以为常　更多频次地去表达“谢谢你”“对不起”“有你真好”。

（7）不要“变太快”　热恋中行为的突然改变，会导致关系满意度下降，加速脱离热恋。

（8）保持情绪的联结　很多时候我们同对方的疏远，是从不再分享心情开始的。

（9）坦诚的交流　关注自己的感受并坦诚地与对方分享，有利于关系的发展，但不要用力过猛。

（10）营造无话不谈的氛围　压住批评和反驳的谈话方式，给伴侣一个发自内心想向你袒露心声的谈话氛围。

（11）不要在关系里分对错、输赢　协作和相互扶持，才能产生良好的关系。

（12）不要只沉溺于享受爱情　不要只顾着享受对方带来的感动和美好，

也多想想自己可以为对方做些什么。

(13) 拒绝惩罚式激励　不要采用抱怨、指责、质疑、发泄等方式来表达感受，遇到问题试着积极沟通。

(14) 将对方与积极的事物联系在一起　这一做法的目的是在你的认知中把对方和“积极”联系在一起。

(二) 爱情的类型

斯滕伯格根据爱情中亲密、激情和承诺三个因素存在的情况，将爱情划分为了八种类型。

1. 无爱

当亲密、激情和承诺三个因素均不具备时，就不存在爱情。两人可能仅仅是萍水相逢，点头之交，这种关系是随意、肤浅且不受约束的，属于人际交往中的普通关系。

2. 喜欢之爱

只有亲密因素。两人经过了解、相处，产生一种亲密感。心理距离很近，愿意与对方分享一些秘密、情绪（开心、激动、荣耀、痛苦、创伤），但不存在性吸引和与对方共度余生的愿望，这种状态常见于普通朋友之间。

3. 迷恋之爱

只有激情因素。对对方有着强烈的思慕，但并不熟识，甚至没说过话，这种激情之爱就属于迷恋。在这样的关系中，两人只体验到激情，没有彼此的亲密感，也没有保持长期关系的承诺，这样的爱情容易昙花一现，也不具有专一性，常见于初恋。

4. 空洞之爱

只有承诺因素。这种爱情维持着长期的关系，但没有温情的分享，也没有身体的吸引，仅仅只是因为社会和法律上的一些原因在一起过日子，常见于旧社会的包办婚姻关系。

5. 浪漫之爱

属于亲密与激情因素的组合。两个人互相欣赏，彼此吸引，喜欢一起相处的时光，但还没有对彼此的关系做出承诺，常见于还未到谈婚论嫁地步的爱恋。这种爱情易因为幻想和新奇的减弱使得关系难以持久，往往是美好却短暂的。

6. 伴侣之爱

属于亲密与承诺因素的组合。这种爱情以友谊为基础，包含温情、信任和稳定，虽然没有激情，但彼此的关系已经升华为亲情式的信任和依赖，许多步入老年的夫妻之间的情感状态便属于该类型。

7. 愚昧之爱

属于激情和承诺因素的组合。这种爱情在激情消退之后，往往难以继续，因为没有亲密的激情更多是生理上的冲动，没有亲密的承诺则像是爱情的空头支票，“闪婚闪离”便属于这种情况。

8. 完美之爱

当爱情中充分具备亲密、激情和承诺这三个因素时，人们就能体验到完美的爱情。完美之爱本身是较为理想化的，较难长期持续，但如果一段爱情曾存在过完美之爱的阶段，则更容易长久，即使激情慢慢淡化，也可以通过双方的经营有所激发。和其他类型的爱情相比，完美之爱提供了爱情长久的最佳可能。

高职学生可以通过了解自己的爱情类型，找到爱情中的“不完美”，并加以调整和改进，使其朝着完美之爱的方向发展。但同时也要恰当理解，大部分的“完美爱情”最终都会发展成更加朴实、稳定的“伴侣之爱”。

拓展阅读

成熟的爱和不成熟的爱

心理学家艾里希·弗洛姆（Erich Fromm）认为，只有“爱”才是人类摆脱孤独的终极答案，而“爱”有成熟和不成熟之分。不成熟的爱让人缺乏独立，并试图通过“控制”别人来摆脱孤独。成熟的爱则是两个相互独立的个体，在保有自身完整性、独立性的基础上发展出来的亲密关系，成熟的爱常常包含有给予、关心、责任心、尊重和了解等基本要素，详见表 7-1。

表 7-1　弗洛姆关于爱的特征的描述

不成熟的爱	成熟的爱
我爱你，因为我需要你	我爱你，所以我需要你
缺乏对对方的主动关心	关心对方的生命和成长
对对方缺乏责任感	对对方有很高的责任感
希望改变对方，以符合自己的需求	尊重对方独立的个性，鼓励其充分发展
了解对方主要是为了控制对方	在了解对方的基础上给予他尊重和责任

三、恋爱心理的发展阶段

一份成熟的爱情会经历四个阶段，分别是：共存、反依赖、独立和共生，但各个阶段之间转换所需的时间则因人而异，高职学生的爱恋大都处于前三个阶段。

（一）共存

恋爱伊始，看彼此往往满眼都是“欣赏的笑意”，希望时时处处都可以待在一起。热恋期的两个人通常对彼此的生活习性、个性特征还没有完全了解，身体上和心理上都还保持着一定的距离，而正是这种忽远忽近的距离，让两个人心生雀跃，恨不得时时刻刻都腻在一起。随着接触的增多，两个人的恋爱关系会随着交往而持续升温，同时双方的优缺点也日渐显露。

在这一阶段，一般来说，双方或多或少都会察觉到对方与自己心目中塑造的形象有所差距，但大都在可接受的范围。但如果这种差距令人难以适应，就会增加恋爱关系结束的风险。

（二）反依赖

经过热恋期，感情趋向于稳定之后，伴侣中至少会有一方要求更多独立自主的时间、空间，从而引发双方在亲密互动的形式或频率上发生一些变化，但这并不意味着爱情的变质，而是感情稳定之后精力和注意力自然的转移。

这个阶段是恋爱关系的高危期，一方寻求独立，另一方寻求依恋，当双方的追求处于对立状态时，一些伴侣就会因无法忍受而提出分手。一般而言，自信度高、独立能力强的人，能够在反依赖期有效调整和适应，不受太大的情绪干扰。如果在这个阶段时常感受到对方的冷落，情绪的波动大，甚至患得患失，那么就需要正确认知自己的状态，适时做出调整。

（三）独立

爱情进入这个阶段，恋爱关系中至少有一方会对时间和空间的需求持续增加，或者双方都有自己独立的学习、工作、生活及两人之外的社交圈子，或者不再过分干预对方时间行程的安排，恋爱关系比较稳定。

这一阶段同样存在着许多潜在的危机，伴侣之间就算再相爱，毕竟是两个不同的个体，随着关系的深入，两个人已经从最初的相互欣赏，到现在已经更深刻地感受到彼此在成长背景、个性特征、生活习性等方面的差异，看到了对方暴露出来的更多缺点和不足。包容、理解以及如何携手共同成长将是这个阶段要面对的重要课题。

（四）共生

经过前三个阶段的跌宕起伏，通常这时新的相处之道已经成形，恋爱中的双方已成为最亲近的人，虽然经历过冲突、争吵，但最终彼此都认知并接纳了与对方之间的差异，享受彼此优点的同时也能理性看待对方的不足。两人一起相互扶持、开创人生，双方开始适应平淡的生活，最终进入婚姻。但有些伴侣由于恋爱时间短或适应能力弱未能在心态上接纳平淡，仍然幻想和期待热恋阶段的甜蜜时光，如果这个问题延续到婚后，可能会导致冲突不断，对关系质量产生影响。

四、恋爱关系的影响因素

社会文化、学校教育、家庭教育，以及个体的自尊水平、心理需求、价值观、依恋风格、关系信念等因素都会影响人们的恋爱心理，接下来将侧重于探讨价值观、依恋风格、关系信念对高职学生恋爱关系的影响。

（一）价值观

价值观是指一个人对周围的客观事物（包括人、事、物）的意义、重要性的总评价和总看法。高职学生常常容易因为一些爱好或习惯上的不同而引发冲突，甚至是分手，这些不同本质上就是价值观的差异。相关研究发现，价值观相似的伴侣对关系的满意度更高，且价值观越相似就越能减少关系中诸如愤怒、怨恨等负面情绪的产生。虽然恋爱双方相似的价值观可以减少日常生活中的冲突，但即使存在差异，良好的沟通也可以提高恋爱关系的质量。

心理训练

恋爱价值观探索

第一步：请同学们想一想，你认为在爱情中什么是重要的？依次写下来。

（1）我认为，爱情中重要的是：________________。

（2）我认为，爱情中重要的是：________________。

（3）我认为，爱情中重要的是：________________。

（4）我认为，爱情中重要的是：________________。

（5）我认为，爱情中重要的是：________________。

（6）我认为，爱情中重要的是：________________。

（7）我认为，爱情中重要的是：________________。

(8) 我认为，爱情中重要的是：________________________________。

(9) 我认为，爱情中重要的是：________________________________。

(10) 我认为，爱情中重要的是：________________________________。

第二步：结合个人填写内容，依次删除你认为相对没有那么重要的一项，并说明你的理由，直到只剩下最后一项为止。

对应序号：______，删除理由：________________________________。

对应序号：______，删除理由：________________________________。

对应序号：______，删除理由：________________________________。

对应序号：______，删除理由：________________________________。

对应序号：______，删除理由：________________________________。

对应序号：______，删除理由：________________________________。

对应序号：______，删除理由：________________________________。

对应序号：______，删除理由：________________________________。

对应序号：______，删除理由：________________________________。

（二）依恋风格

依恋是指孩童寻求并企图与另一个人（通常指母亲）之间建立涉及身体和心理两方面的亲密关系。这种依恋模式一旦形成，就会影响其成人之后所有的关系处理。而在进入恋爱之后，这种依恋就会转向伴侣，即从亲子依恋转变为成人依恋。研究者发现成人在恋爱中的表现，多数情况下都符合依恋理论的描述。与儿童依恋相似，成人依恋主要包括安全型、焦虑型和回避型三种类型。

(1) 安全型依恋　在亲密关系里感到舒适，既能享受亲密关系，又可以单独相处。能够很好地解决关系中的问题，看到并满足对方的需要，容易与人建立爱与信任，更能维持长久稳定的关系。

(2) 焦虑型依恋　渴望亲密关系，又担心遭到对方的抛弃，会极度希望亲近，这可能让对方感觉没有自己的空间，稍遇冷落都会被看成关系破裂的征兆，敏感多疑，患得患失。

(3) 回避型依恋　逃避亲密关系，在接近他人或面对他人的接近时会感到不自在，甚至焦躁不安，心存戒备，隐藏情绪，比较难以与他人建立信任的关系。

整体上，安全型依恋的高职学生更有可能拥有更满意的恋爱关系，对伴侣更加忠诚，且能更愉快地进行自我表达，因而与伴侣的关系会更加亲密。

而非安全型依恋（焦虑型和回避型）则对他人持有更多戒心，在与伴侣建立亲密关系上出现困难。但是，非安全型依恋的高职学生可以通过有意识的学习来促进自身依恋类型的转变，从而提高恋爱关系的质量。

自助指南

如何改变依恋类型

尽管依恋类型的改变并非易事，但我们仍然可以通过一些积极的尝试，不断让自己朝着安全型依恋的方向发展。

（1）设法理解你的过去，给你过去的经历赋予意义。理解过去有很多种方法，比如建立起对自己过往经历的连贯叙述，这会帮助你理解，为什么你的童年经历在今天依然发生着影响。这个过程可以在咨询师的帮助下完成，也可以用写作的方式来进行梳理。只有当你找到自己的羞耻感、低自尊、不安全感的根源时，你才有可能修复它们。

（2）找一个安全型的伴侣，和他建立起长期的恋爱关系。一个能够读懂你的需要、用成熟的方式对待你的人，也能够帮助你读懂自己和改变自己。如果你实在找不到，也可以找一个长期的咨询师。对于不安全依恋类型的人来说，安全型的人也许会在一开始接触时让你觉得“很无聊”，如果你真的希望自己有所改变，那么第一步也许就是忍受这种无聊感，给对方和自己更多接触的时间和机会。

（3）焦虑型的人需要学会对自己更负责，而回避型的人需要学会对伴侣更负责，这就能够带来更健康、更独立的关系，而不是一方过于依赖，或者看似独立的、虚假的自给自足感。

（4）了解自己和伴侣的依恋类型，然后坦诚地与对方沟通一些自己的内心戏，向对方解释自己的行为、情绪背后的想法。无论何种依恋类型的人，都要理解，爱的语言从来都不是通用的。每个个体都会有自己独特的一套“语言”，同一个行为，由不同的人做出来，代表的意义可能截然不同。

（三）关系信念

关系信念是人们对恋爱关系的特性以及如何运行一段恋爱关系的认知和判断，影响着亲密关系的建立与维持，可分为宿命信念和成长信念两种。

1. 宿命信念

宿命信念者认为只存在一个可能的、理想化的恋爱伴侣，开启一段美好恋情的关键在于寻找到这个命中注定的另一半。持宿命信念的高职学生更看重恋爱关系初期的满意度，如果在恋情发展的初期或萌芽期是不尽人意的，他们便会倾向于认为这段恋情终究会以失败告终，且改善关系的努力也是徒劳的。

2. 成长信念

成长信念者认为良好的亲密关系是需要不断培养和维持的。因此，在与伴侣发生冲突时，持成长信念的高职学生更倾向于认为恋爱关系中出现的挑战和障碍可以使爱情变得更加坚固，从而更愿意通过努力与伴侣共同面对，并学习如何解决关系中的问题，以期建立更加良好的亲密关系。因此，与持宿命信念的人相比，持成长信念的人更有可能发展出高质量的亲密关系。

心理训练

哪些属于爱情中常见的非理性观念?

第一步：请思考以下关于爱情的描述，哪些属于非理性观念？请在表 7-2 第 2 列相应栏填写“是”或“否”。

第二步：针对非理性观念，思考并找出更合理的、符合客观现实的观念。

表 7-2　　爱情中的非理性观念

爱情观念	是否为非理性观念	更合理的观念
1. 爱情是至高无上的		
2. 爱情不需要理由		
3. 爱情是可以靠努力争取的		
4. 爱情就是一定能够改变对方		
5. 爱情中只要付出必定会有回报		
6. 爱情并不在于天长地久，只要曾经拥有		
7. 爱情意味着任何一切都可以一起分享		

续表

爱情观念	是否为非理性观念	更合理的观念
8. 爱情是可以一起白头到老，双向奔赴		
9. 爱情是愿意花更多的时间去陪伴		
10. 真正的爱情里没有欺骗，只有互相理解		
11. 失恋是人生重大的失败		
12. 爱的给予就是付出，满足对方的一切要求		
13. 爱情只要足够合适，就不会分手		
14. 没有爱情的大学生活是失败的		

单元二　培养爱的能力

一、高职学生恋爱的特点

（一）普遍性

高职学生生理和心理的发展为恋爱提供了一定的基础，教师、家长及社会对其恋爱持越来越开放包容的态度，也使得很多学生内心跃跃欲试，《2019—2020 年全国大学生性与生殖健康调查报告》显示，接近 67%的大学生有过恋爱经历或正处在恋爱中。

（二）自主性

高职学生的个体意识特别强，在建立恋爱关系的过程中，和谁恋爱、怎样恋爱，往往是自行选择、自主决定，而较少参考周围朋友及亲人的意见，呈现出较为强烈的自主性。

（三）浪漫性

高职学生的生理、心理特点，决定了其在选择爱、表达爱的过程中，具有浓厚的浪漫主义色彩，追求丰富多彩的精神生活，享受恋爱的轰轰烈烈，在现阶段很少涉及结婚、建立家庭等现实问题。

（四）开放性

随着社会的发展变化，高职学生的恋爱观念日渐开放，敢于追求爱情，表达爱情的方式也更多元化。

（五）不稳定性与不成熟性

由于社会阅历尚浅，对人生目标缺乏清晰、明确的定位，高职学生的恋爱呈现出不稳定、不成熟的特点。具体表现为在择偶标准上往往看重外表，在恋爱方式上多重形式而轻内容，在冲突的处理上尚不具备妥善处理的能力，易导致恋爱周期短、频率快且成功率低的现象。

二、提升高职学生爱的能力

恋爱是高职学生建立和发展亲密关系的过程，而真正成熟的爱情，双方都拥有或者最终都将获得爱的能力，即与他人建立和发展亲密关系的能力，这是一种可以不断学习和成长的能力。

（一）树立健康的恋爱观

1. 摆正爱情在人生中的位置

没有爱情的人生是不完美的，但爱情不是人生的全部，只为爱情而活着的人生是苍白的。作为一名高职学生，应该首先明白学习是第一位，未来的事业、生活都与今日的努力学习密不可分，其更是保证爱情甜蜜美满和长久的重要基础。因此，高职学生应把大量的时间和精力放到学习上，为未来的职业生涯做好铺垫，形成爱情、学业和人生发展相互促进的良性循环。

2. 树立负责、忠诚的恋爱观

没有道德的爱情是自私的，伴侣之间的相处应以坚实的情感和心灵契合为基础，一旦确立恋爱关系，就应珍惜这份感情，守住初心，对彼此负责，保持忠诚和专一。在恋爱过程中，难免会出现矛盾、争吵，甚至是重大危机，或其他方面的压力和困难，这就需要恋爱中的双方学会沟通、相互理解和支持，为保持爱情的长久做出努力。

典型案例

让“慢恋”成为流行——高职学生恋爱观的培养

简介：围绕爱情三因素理论，融入依恋相关知识，培养学生发展爱的能力，树立守初心、担责任、朴实爱的恋爱观。

让“慢恋”成为流行——高职学生恋爱观的培养

（二）培养爱的能力

1. 培养爱的识别力

（1）区分友情和爱情　有一个高职学生们通常比较关心的问题，就是异性间是否存在纯粹的友谊？爱情和友谊作为人类心理层面两个最重要的情感，二者既有联系又有区别，可以从以下五个方面进行区分：①支柱不同：友谊的支柱是理解，爱情的支柱是感情；②地位不同：友谊中双方的地位是平等的，爱情中双方的地位是一体化的；③体系不同：友谊的系统是开放的，爱情的系统是封闭的；④基础不同：友谊的基础是信任，爱情则纠缠着不安和期待；⑤心境不同：友谊充满满足感，爱情则充满欠缺感。

（2）区分好感与爱情　虽然人与人之间交往、了解、产生感情可能并不总是按照一般的规律进行，但整体上爱情的产生有一个发展的过程，即先是好感，然后是喜欢，最后达到爱情。因此，好感和爱情的区别可体现在以下几个方面：①好感是产生爱情的重要因素，但好感本身不等同于爱情；②好感只是较浅层次的心理体验，可能仅仅只是外表的吸引，爱情则是具有结构的深层次感情，不仅关乎外表、家庭背景，更是涉及个人的气质、修养，双方心灵的契合度等方面；③爱情涉及性爱部分，而好感则只停留在外在层次。

总之，对于高职学生而言，认清友情和爱情、好感和爱情之间的区别，对于正确处理异性之间的关系，保证自身的身心健康具有十分重要的意义。

2. 培养爱的选择力

随着时代的发展，高职学生在寻找对象时往往将身高、相貌、能力、学历、家庭背景、性格、兴趣爱好、价值观和经济状况等具体条件排在前列，体现出择偶观日趋复杂化和多样化的特点。塞德曼（Seidman · G）博士的研究发现如果我们的未来伴侣身上拥有以下这 5 个特点，可以让亲密关系走得更长远、更稳定，也更加健康。

（1）拥有善良、忠诚的品质，以及善于理解他人的人，在建立关系和维系长期关系方面表现得更好。

（2）拥有相似的品味和兴趣是维系关系的一个重要纽带，两个人会在共同完成一些事情的过程里，发现对方身上新的闪光点，为关系注入新的活力。

（3）一个有责任心的人，不仅对伴侣、对家庭更负责，他在社会生活中也会拥有较好的口碑和信誉，反过来会促进两个人的关系发展。

（4）一个情绪稳定的人，能经受住周围人的情绪变化，做出恰当的行为反应，从而建立起积极的亲密关系。

（5）持成长型信念的人在关系中遇到问题时，会更愿意和对方沟通讨论，积极解决。

3. 培养爱的表达力

当心中有了爱，能够以恰当的方式和语言向对方表达，让对方明白自己的情感，是促进恋爱关系建立并走向亲密的重要能力。表达爱需要勇气和信心，也需要选用恰当的方式，才能让恋情得到更多的滋养。著名的婚姻辅导专家盖瑞·查普曼（Gary Chapman），把人们在两性关系中表达爱意的方式划分成了5种类型，称为“爱的五种语言”，处在恋爱关系中的高职学生，可以找到彼此接受爱和表达爱的方式，以达成舒适和平衡的关系状态。

（1）肯定的言词　每个人都希望被他人肯定，伴侣之间更是如此，伴侣之间真诚的欣赏和鼓励是爱情保鲜的重要秘籍。

（2）精心的时刻　给予对方全部的注意力，与你的伴侣一起交流，享受内心深处的渴望、快乐、焦虑，以及生活中的点滴，体验彼此的关心与爱。

（3）接受礼物　礼物是爱的视觉象征，是一件提醒对方我还爱你的东西，也是最容易学习的爱语之一。

（4）服务的行动　即通过为对方做一些他需要你做的事情，可以促进关系中爱的联结。

（5）身体的接触　和所爱之人适当的身体接触，有时胜过千言万语，伴侣之间的拉手、拥抱、依偎等都能传递爱的信息。

心理训练

表达你的爱

有没有一份你对某个人（他可能是你的家人、朋友、同学、老师，或其他任何人）的爱，心存已久，但却从未表达过？试着去了解一下对方的“爱的语言”，并尝试用一些具体的方式将其付诸行动吧！

你想表达爱的对象是：＿＿＿＿＿＿＿＿＿＿＿＿＿＿＿＿＿＿＿＿＿＿＿＿。

他的主要爱语是：＿＿＿＿＿＿＿＿＿＿＿＿＿＿＿＿＿＿＿＿＿＿＿＿＿＿。

你打算如何做：＿＿＿＿＿＿＿＿＿＿＿＿＿＿＿＿＿＿＿＿＿＿＿＿＿＿＿＿

＿＿＿＿＿＿＿＿＿＿＿＿＿＿＿＿＿＿＿＿＿＿＿＿＿＿＿＿＿＿＿＿＿＿＿＿

＿＿＿＿＿＿＿＿＿＿＿＿＿＿＿＿＿＿＿＿＿＿＿＿＿＿＿＿＿＿＿＿＿＿＿＿

＿＿＿＿＿＿＿＿＿＿＿＿＿＿＿＿＿＿＿＿＿＿＿＿＿＿＿＿＿＿＿＿＿＿＿。

4. 培养爱的发展力

（1）解决爱的冲突的能力　如何解决冲突，事关高职学生恋爱关系是否能够长久、健康地发展。在发展爱的过程中冲突是不可避免的，冲突的根本原因在于差异，这些差异可能来自一时的情境，也可能来自持久的信念和人格。爱情中的双方能否建设性地化解冲突决定了亲密关系的走向。爱需要包容、理解和体谅，当冲突出现时，伴侣之间不要回避冲突，要积极寻找冲突产生的原因，及时调整好情绪，主动通过真诚有效的沟通化解冲突。

（2）面对失恋的承受力　无论对于谁，失恋都是一种痛苦的情感体验，而对失恋的处理也是一个非常有意义的学习过程，以下方式可能会有助于高职学生走出失恋带来的痛苦。

首先，失恋不失志，即接受失恋这个事实，既然恋情结束了，说明这段恋情对于双方来讲可能是不合适的，或是我们都还有需要进一步成长的部分；不要让失恋“毁”了自己，给因失恋带来的生活混乱和负面情绪一个期限，然后及时做出调整，保持生活的秩序会更有利于走出失恋。

其次，努力摆脱失恋阴影，如①最好不相见：分手初期双方最好不要见面，否则容易激发强烈的情绪体验，如果是同班同学，无法避免见面，那就尽量离得远一些；②妥善处置相关物品：与伴侣相关的物品、照片、视频等，可以扔掉或者暂时封存起来，看不见会更容易慢慢地忘掉；③积极参加活动：社会交往能转移你的注意力，有助于摆脱失恋困境；④不要追看对方动态：继续翻看对方的更新状态，了解对方的近况，不仅不能使自己的坏心情得到释放，还可能加重心理负担；⑤积极寻求帮助：向身边的亲人、朋友寻求支持，必要时寻求专业的帮助，这些都能给予失恋的人恢复的力量；⑥提升自信度：分手可能会对自我概念造成毁灭性的打击，因此注重自我成长，找到自我的价值十分必要。

单元三　性心理健康的维护

一、性心理概述

（一）性心理的含义

性心理通常是指人们与性有关的心理活动，是在性生理的基础之上，与性征、性欲、性心理有关的心理状态与心理过程，也包括了和异性交往、婚恋等心理状态。高职学生的性心理状况与心理健康水平密切相关，并将对其今后的婚恋和家庭生活产生深远影响。

（二）性心理的发展阶段

性心理的发展是伴随着男女体貌、声音和性功能等第二性征的出现，性意识的觉醒而发展的，大致会经历四个阶段，如图 7–3 所示。

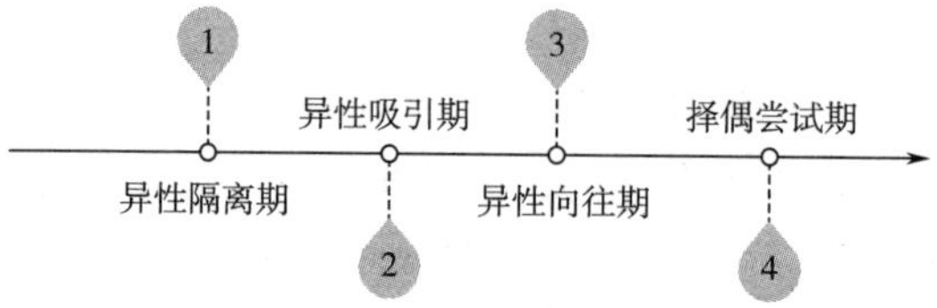

图 7–3　性心理的发展阶段

1. 异性隔离期

异性隔离期指青春期开始的半年至 1 年（11～12 岁）期间的两性疏远阶段。此时，性功能还没有完全成熟，性别意识刚刚萌芽，朦胧的意识到两性差别，开始有了不安和羞涩的心理。因此他们对两性间的接触持疏远和回避的态度，如因学习或实践活动而需要接触时，双方会感到拘束和难为情。

2. 异性吸引期

异性吸引期是少年男女对性问题的认识从不知到知发展的过渡期（一般发生在女孩 12～13 岁，男孩 13～14 岁），彼此开始对异性产生好感与爱慕，这时的少男少女开始好表现自己，男孩乐于在女孩面前展示自己的能力与才华，以赢得女孩的好感与赞许；女孩开始注意修饰打扮，以引起男孩的注意和喜欢。男女相互接近的渴望使他们乐于参加与异性在一起的集体活动，喜欢结伴外出郊游、唱歌、跳舞或参加体育活动等，并对异性表示关心、体贴。

3. 异性向往期

步入15~16岁之后，青年们不再止步于对异性泛泛的交往，而是在对异性产生好感的基础上各自形成一个或几个异性的“理想模型”，并在众多的男女生交往中，逐渐由对群体异性的好感转向对个别异性的依恋，有的还形成一对一的单线交往，萌生出恋情。

4. 择偶尝试期

择偶尝试期是高职学生正处在的一个时期，青年们对异性的爱慕和向往有了相对较为认真的思考和选择，自然而然地进入了恋爱择偶尝试期，男女双方从内心深处都感到异性存在的美好，并渴望用各种方式接近异性，引起特定异性的注意与好感。

（三）性心理健康的标准

性心理健康是高职学生心理健康发展的重要内容，性心理要达到健康水平，一般具有以下特征。

1. 正确认识自我，悦纳自己的性别

一个性心理健康的人，能够正视自己性生理的发育和性心理的变化，会自觉地融入社会这个大背景下，认识自我，能客观地评价自己；同时能悦纳和认同自己的性征、性欲，并乐于承担相应的性别角色。

2. 具有正常的性欲望

这既是良好的性生理状态，也是健康性心理的基础。性欲是能够获得性爱和性生活的前提条件，但并非所有的性欲望都是正常的，性欲望正常的标志是性欲望的对象指向成熟的异性或同性，没有性行为变态，具备科学的性知识和性观念。

3. 性心理的特点和行为符合相应的年龄特征

在生命发展的不同年龄阶段，人的心理发展表现出不同的特征。性心理的发展也同样呈现出这种阶段性的特点，伴随着性生理发育的成熟，会有与年龄变化相一致的性欲望。如果一个人的性心理偏离大多数同龄人，可能是不健康的表现。

4. 能与异性保持和谐的人际关系

高职学生的性机能日趋或已经成熟，性心理迅速发展，爱慕异性、追求异性是十分正常的现象，能够在日常学习生活中，与异性进行自然的、符合社会规范要求的交往，保持良好的关系，无不适感，是高职学生与异性和谐相处的表现，也是其维持性心理平衡的重要途径。

5. 性行为符合社会文明规范

性心理健康的人具有一定的性知识和性道德修养，能自觉去分辨性文化中的精华与糟粕，淫秽与纯洁，庸俗与高雅，能自觉抵制腐朽、没落的性文化的侵蚀，理解并追求性文明。还能正确认识和处理自己的性行为带来的后果，富有社会责任感，性活动与社会环境、文化形态形成一种和谐的关系。

二、高职学生性心理的特征

高职学生的身体发育趋于成熟，随着对亲密关系的寻求以及激素的分泌，对性充满好奇，性心理发展激烈，呈现出以下特点。

（一）性心理的本能性和神秘性

高职学生的性心理尚缺乏深刻的社会内容，基本上还是一种生理急剧变化带来的本能作用，使其对异性发生兴趣、好感与爱慕。但是这种性爱的萌动，似乎披着一层朦胧的轻纱，其中不少人并不了解多少有关性的知识，性仍然具有较浓厚的神秘感。

（二）性意识的强烈性和文饰性

伴随着性生理和性心理的发展，高职学生会对异性产生兴趣、好感和爱慕，在这种朦胧纷乱的心理变化中，性意识会逐渐强烈和成熟起来。同时，这一阶段高职学生会用隐晦的方式谈性，注重在异性心目中的形象，表现出拘谨和羞涩。

（三）性心理的冲动性和压抑性

处于青年期的高职学生会出现强弱不等的性冲动，感受到性需求的张力，这是十分正常的。适当地抑制性的冲动符合社会的需要，也是成熟的表现，然而一些人由于性的能量得不到合理的疏导、升华而导致过分的压抑，少数人还可能以不恰当的方式表现出来。

（四）渴望了解性知识

由于性生理和性心理的成熟，高职学生会更加积极主动地关注自我的发展，从而表现出对性知识的渴求。但由于在家庭教养方式、成长环境、个性特征等方面存在差异，因而对性知识的关注程度、关注重心会有所不同。

三、高职学生性心理发展的影响因素

（一）生物遗传学因素

从生理的角度来看，两性的性别可以从染色体性别、生殖腺性别（卵巢、睾丸）、激素性别（雄性激素、雌性激素）、内部附属生殖器官的性别（子宫、输卵管和输精管、精囊）和外生殖器官的性别（阴蒂、阴唇、阴道和阴茎、阴囊）五个方面进行界定。一般而言，这些生理特征具有内在一致性，但在发育过程中可能受多种因素的影响而出现异常，如克兰菲特综合征，即表现为男性体型，但阴茎发育不全，睾丸萎缩，雄性激素分泌量低，女性化乳房多见。身体的异常发育必然会影响高职学生的性心理及性别角色的认同，进而影响其心理健康水平。

（二）心理学因素

一方面，高职学生的价值观、人生观和道德观在其自身性心理发展的过程中起着意识导向的作用。另一方面，性人格特征在性心理结构中占有重要位置，个体性人格的独特性决定了高职学生对性的认知模式和行为方式。因此，性心理障碍的患者中常常存在不同程度的人格缺陷。

（三）环境因素

1. 社会文化因素

性别不仅仅是一种生理特征，它更是社会文化对男女两性个性心理与行为的一种约定俗成的规定，可表现在穿着、外貌与行为、性格、家庭和职业选择上，如男性留寸头、女性留长发，男性应勇敢坚毅、女性应温柔贤淑等。一个人对自己社会性别的认同是性自我意识中的主要内容，如果认同产生困难或困惑，则可能引发强烈的负性情绪体验，甚至是心理疾病。

此外，社会中的性文化观念、性道德、性行为方式等，如对待手淫、婚前性行为、同性恋的态度，以及不良的社会风气也会对个人的性心理发展产生巨大影响。例如长期在封闭的社会文化环境中成长的高职学生，容易对性征变化持惊奇、恐慌等消极的心理状态。

2. 家庭环境因素

家庭环境对高职学生的性心理发展具有关键性的影响，首先父母对子女的性教育是否得当，有些父母出于自身的喜好和期待，有意或无意引导孩子向异性发展，如将男孩打扮成女孩，或将女孩打扮成男孩，增加了其性心理朝异性化方向发展的风险；其次父母与性有关的评价是否恰当，如果对孩子的性教育是严厉的、保守的，如批评否定孩子的手淫行为，可能会导致个体形成性是罪恶的不合理信念，甚至对性产生敌对态度，影响性心理的健康发展。

3. 学校教育因素

高职学生对性生理和性心理相关知识的掌握程度偏低，甚至存在很多错误的认知。部分学生还有性价值观不健康、性适应能力差的情况，表现为对性行为上缺乏应有的严肃性，在公共场所过分亲昵等。因此学校是否能通过各种途径对学生开展更系统且针对性强的性教育，并倡导良好的校园文化氛围，注重积极健康的价值引领，对其正确性态度的树立、性生理和性心理的正常发育、良好性道德的形成具有重要影响。

四、常见的性心理问题及调适策略

（一）常见的性心理问题

1. 性心理困扰

高职学生的性心理困扰主要有以下几种：

（1）体像困扰　相关研究发现，高职学生或多或少都存在一定程度的体像困扰，可表现为一些男性因自己个子矮而烦恼，一些女性因肥胖而自卑，也有的人因对自己的生殖器官发育不满意而感到焦虑。

（2）自慰相关的困扰　自慰是青春期成熟的一种生理表现，是青少年和未婚成人中的普遍现象，在一定程度上有宣泄能量、缓解性紧张的作用。但一些高职学生受传统观念的影响，误以为自慰是有害、罪恶、肮脏的行为，进而产生恐惧、自责、可耻等不正确想法，给自己造成巨大的精神和心理压力。

（3）性幻想相关的困扰　在大学阶段出现诸如仰慕异性、渴望与异性相处，甚至产生性幻想、性梦等各种性心理活动，是非常正常的心理现象。但是一些高职学生却对此产生了不适，如认为自己是不道德的、罪恶的，感到羞耻、焦虑不安、自卑等。

（4）性压抑引发的困扰　高职学生性机能的成熟使性的生理性需求更加强烈、迫切，但受社会道德及现实条件的约束，难以直接获得性的满足，往往容易产生性压抑和性焦虑。

（5）性取向相关的困扰　与异性恋相比，性少数群体如同性恋、双性恋、泛性恋更有可能因对自身状态的不接纳，或是环境对他们的不友好甚至排斥而产生心理冲突。

（6）性别认同相关困扰　每一位高职学生都在学习着如何适当地扮演自己的性别角色，而这个角色如果与其所处的社会文化规定或默许的要求（如男孩子不能哭，女孩子要温柔一点；男孩子应该果敢刚毅，女孩子要善解人意等）不一致时，就可能引发心理冲突。

2. 性心理障碍

性心理障碍是指在寻求性满足的对象或满足性欲的方法上与常人不同，并且违反了社会习俗，甚至是法律规定的心理与行为，常见的有性指向障碍和性偏好障碍两类。其中性指向障碍是指与性发育和性爱对象定向有关的心理和行为障碍，常见的如恋童癖，这类人性唤起的对象指向儿童，多见于男性。性偏好障碍是指采用与常人不同的异常性行为方式来满足性欲的状况，主要有以下几种常见类型。

（1）恋物癖 以收集、抚摸、嗅闻与异性身体直接接触的物品的方式来激发和满足自己的性欲。与性有关的恋物包括无生命物体（如内裤、鞋袜、文胸等）和躯体部位（如脚、脚趾以及头发等）。

（2）异装癖 属于恋物癖的一种特殊形式，以穿着异性服装，展现异性形态来获得性的快感和满足。变装可能只涉及一类或两类衣服，如男性只涉及女性内衣，也可能是由内而外完全穿着异性的衣服，以及对于男性可能包括使用女性的假发和化妆品等。

（3）露阴癖 指在不适当的环境中如街头巷尾寂静处，反复通过在陌生异性面前暴露自己的生殖器，引起对方的怕羞、惊吓、发怒或惊奇等反应，以激发性兴奋、获得性满足的一种异常状态。

（4）窥阴癖 指反复出现，持续存在偷窥一个毫不知情的他人的裸体、脱衣过程或性活动而引发自己的性唤起和满足性欲望的行为，常发生于澡堂、厕所、游泳池更衣室等场所。

（5）摩擦癖 指在拥挤场合或趁他人不注意时，通过反复触摸异性的乳房和臀部等身体部位，或用生殖器摩擦异性的身体唤起性兴奋和满足性欲望，可能会伴随有暴露自己生殖器的愿望。

（6）性施虐与性受虐 施虐癖是指从虐待性伙伴的过程中获得性兴奋和性满足；受虐癖则是在性行为过程中从受虐引发的痛苦里获得性兴奋和性满足。施虐和受虐常常同时发生，有时二者的角色可互换。

（二）性心理的调适策略

高职学生出现的性心理困扰，多属于一般心理问题的范畴，如果问题达到疾病的程度，则需要前往医院接受相应的诊断和治疗。如图 7-4 所示，以下调适策略主要适用于指导性心理困扰的调节，必要时也可以寻求专业的帮助，通过心理咨询缓解性心理冲突。

1. 掌握科学的性知识

相关研究发现，所掌握的性知识越多、越正确，性适应的能力越强，性

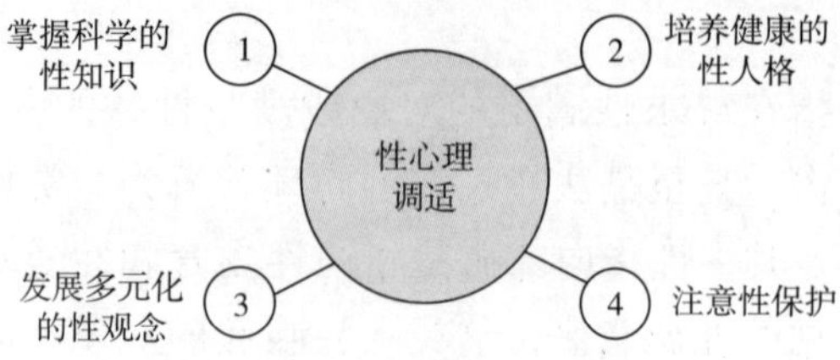

图 7-4　性心理调适策略

心理健康水平也就越高。因此，高职学生要积极解除心理压力，不以学习性知识为耻，主动通过优质平台出版的课程、读物、视频等获取包括性生殖健康、避孕、性病、两性交往、性骚扰和性侵犯，以及性道德和性法律等在内的相关知识，为自身心理健康护航。

2. 培养健康的性人格

一个人对待性的态度，反映了其人格的成熟度，要培养健康的性人格，可以从以下几个方面着手。

（1）自爱自信，认同自己的性别角色　高职学生应当不再拘泥于传统的性别角色要求，接纳和欣赏自己的性别角色，悦纳自己的外貌和生理特征，培养自信乐观的心理。

（2）对性行为负有社会责任感　当性行为涉及另一个人时，便有了社会责任。高职学生应当明了个人的性行为会给他人、社会，甚至是自己带来的后果，增强自己的性道德和性法律意识，用道德和法律规范自己的行为。

（3）培养性适应能力　性冲动引起的心理冲突，并不是个人主观上的过错，而是生理发展的必然结果。但人不同于动物，人有意志力，可以抑制和调整自己的性冲动和性欲望，高职学生要为了自己长远的幸福和发展，培养良好的意志品质，提高自身延迟满足性欲望的能力。

（4）文明适度的异性交往　两性关系是社会关系的重要组成部分，文明适度的异性交往可以满足性的需求，缓解性的压抑。高职学生在与异性交往时，要注意把握分寸、注意场合、规范行为。

法律常识

法律依据：《中华人民共和国刑法》（图 7-5）。

第二百三十六条　以暴力、胁迫或者其他手段强奸妇女的，处三年以上十年以下有期徒刑。

奸淫不满十四周岁的幼女的，以强奸论，从重处罚。

强奸妇女、奸淫幼女，有下列情形之一的，处十年以上有期徒刑、无期徒刑或者死刑：

（一）强奸妇女、奸淫幼女情节恶劣的；

（二）强奸妇女、奸淫幼女多人的；

（三）在公共场所当众强奸妇女、奸淫幼女的；

（四）二人以上轮奸的；

（五）奸淫不满十周岁的幼女或者造成幼女伤害的；

（六）致使被害人重伤、死亡或者造成其他严重后果的。

图 7-5　《中华人民共和国刑法》

第二百四十一条　第二款　收买被拐卖的妇女，强行与其发生性关系的，依照本法第二百三十六条的规定定罪处罚。

第二百五十九条　第二款　利用职权、从属关系，以胁迫手段奸淫现役军人的妻子，依照本法第二百三十六条的规定定罪处罚。

第三百条　第三款　组织和利用会道门、邪教组织或者利用迷信奸淫妇女、诈骗财物的，分别依照本法第二百三十六条、第二百六十六条的规定定罪处罚。

法律依据：《中华人民共和国民法典》（图 7-6）。

第一千零九条　从事与人体基因、人体胚胎等有关的医学和科研活动，应当遵守法律、行政法规和国家有关规定，不得危害人体健康，不得违背伦理道德，不得损害公共利益。

第一千零一十条　违背他人意愿，以言语、文字、图像、肢体行为等方式对他人实施性骚扰的，受害人有权依法请求行为人承担民事责任。

机关、企业、学校等单位应当采取合理的预防、受理投诉、调查处置等措施，防止和制止利用职权、从属关系等实施性骚扰。

图 7-6　《中华人民共和国民法典》

3. 发展多元化的性观念

大学正是人的各种观念基本形成的时期，高职学生要不断地促进自身性观念的完善，保持开放和接纳的心态，①打破性别刻板印象，尊重性别角色的多元化，一个人可以既阳刚又温柔，既粗犷又细心，既有合理的攻击性又富有同情心，男性可以照顾孩子，女性也可以赚钱养家；②摆脱传统观念，接纳性取向的多元化，尊重性少数群体，一个人的性取向不应被歧视、排斥。

拓展阅读

大学生的性取向

2019 年 11 月至 2020 年 2 月期间，中国计划生育协会、中国青年网络、清华大学公共健康研究中心共同发起并实施了“全国大学生性与生殖健康调查”。调查结果显示（图 7－7），绝大部分大学生都为异性恋，占比为 77. 28%；双性恋位居其二，占总体的 8. 92%；同性恋则位于其三，占总体的 4. 58%；剩余性取向为泛性恋、无性恋、其他，也有学生并不确定自己的性取向。

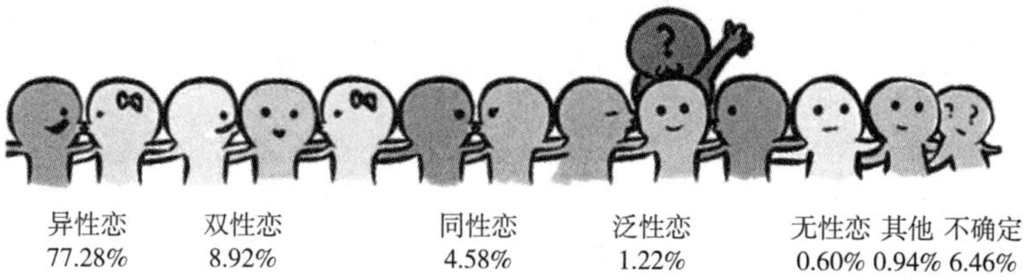

图 7–7　大学生的性取向

4. 注意性保护

性保护，一方面是指在与异性（也包括同性）交往的过程中，保护自己不受其性骚扰和性侵犯，当被性骚扰、性侵犯时，要严厉制止，并坚持生命至上的原则，必要时向别人呼救或向公安部门寻求帮助；同时作为大学生，也要具备克制自己性欲望的能力，合理表达，不骚扰、侵犯他人。另一方面，性保护也涉及保证自身性行为的安全性，例如保持性伴侣的固定、远离高危性行为、正确使用安全套，以防止意外怀孕或性病、艾滋病毒的感染与传播。

自助指南

防性侵指南

（1）提高辨别能力　预防性侵的第一步，就是要认识到“熟人性侵”的严重性，大量案例和数据表明，绝大多数的性侵都发生在熟人之间。

（2）增强防范意识　超过八成的性侵或强奸案，都是在有预谋的情况下发生的，大家可以从一些典型的事件和细节中察觉危险的信号。

（3）违背意愿的性接触都算性侵　不管对方是什么人，你永远有说“不”的权利，永远有权利在性接触过程中的任何时刻改变主意。

（4）坚决表明立场　当面对可能存在的性侵行为时，你可以通过言语、行动进行明确的拒绝，表明自己的立场，在确保自己安全的情况下，坚决反抗。

（5）注意收集证据　如果不幸遭遇性侵，一定要注意收集证据，包括第一时间报警求助；在等待警察到来之前，不要洗澡，不要擅自清理案发现场；如果皮肤、衣物、避孕套等沾有嫌疑人精液或皮肤组织，尽可能保留，并及时告知警察；如果施暴者是熟人，不要删除他（她）的联系方式和通话聊天记录。

（6）这不是你的错　如果你没有逃跑或反抗成功，不幸遭遇了性侵，这并不是你的错。

（7）你不是一个人　为了更快地缓解因遭遇性侵带来的内心痛苦感，可以向信任的父母、老师或朋友寻求支持，必要时也可以选择心理咨询。

知识巩固

专题七　知识巩固

课外拓展

1. 书籍推荐

《如何拥抱一只刺猬》（图7-8），段鑫星、李文文、赵亚平著，人民邮电出版社，2022年。

图7-8　《如何拥抱一只刺猬》

该书详细解析了亲密关系中的9种人格类型，揭示了其在恋爱与婚姻中的行为模式及相处策略。爱情的本质是人格的碰撞，每个人内心都藏着一只“刺猬”，“亲密有间”才能既取暖又不伤害，通过识别与接纳人格差异，建立健康的依恋模式。希望阅读此书，可以帮助你解开对恋爱的困惑，更加理解伴侣行为背后的心理机制，在冲突中寻找共识，实现有效沟通，进而提升自我成长能力。

2. 影视推荐

图 7–9　《幸福实验室》

《幸福实验室》（图 7–9）第一季（1～2 集），导演王心、张晓敏、孙泗淇，2020。

国内首部心理学实验纪录片，心理学视角下的“科学爱情寓言”。该片重现了 5 个和亲密关系有关的经典心理学实验，邀请了大量素人参与，心理学、经济学、社会学多学科学者对实验进行解读。实验中素人传达的情感思考、价值选择与多种亲密关系形态以及学者的多学科专业分析，共同构建出了当代“亲密关系图鉴”，愿同学们能在该片中发现如何获取幸福的答案。

专题八　强者迎风而立
——高职学生压力管理与挫折应对

专题体系结构

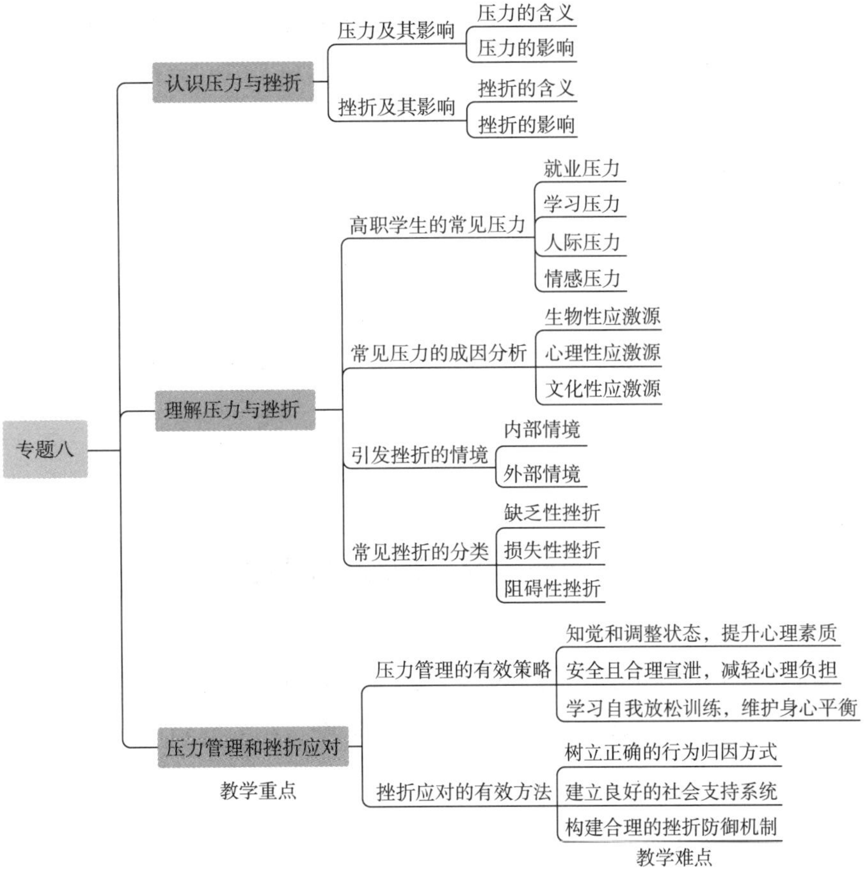

专题概述

本专题主要围绕压力及其对身心健康的影响、高职学生的常见压力及成因分析，挫折及其影响、常见挫折的分类和引发挫折的情境等内容展开，使高职学生了解并掌握压力管理的有效策略和挫折应对的有效方法。

专题目标

1. 知识目标

使学生了解压力与挫折的影响、类型及成因等相关知识，了解压力管理和挫折应对的方法。

2. 能力目标

使学生能够合理管理压力，具备调适挫折的能力。

3. 素质目标

引导学生辩证地看待压力与挫折，培养学生应对挫折的灵活性、坚韧性，学会合理的挫折防御机制，有效管理压力，养成无惧风雨，勇于拼搏，敢于奋斗的良好心态。

专题导入

大学是我们真正步入社会前的一个积淀阶段，同时也是个体人格发展、成熟，人生观、世界观、价值观进一步形成的关键时期。高职学生面临着一系列重要的人生课题，如适应大学生活、学业学习、交友恋爱、择业就业等。任何压力都挑战着个人的应对能力和自我成长，如何进行压力管理与挫折应对，是我们每个人一生的修炼。

单元一　认识压力与挫折

高职学生由于身心发展尚未完全成熟，当面临一系列错综复杂的压力与挫折时，往往容易引发强烈的心理冲突，从而产生较大的心理压力，甚至引发心理疾病。

一、压力及其影响

（一）压力的含义

提到压力，大家也许并不陌生，我们生活中常用“鸭梨”“亚历山大”等词语来表达、交流某一段时间内自己的一种身心状态。心理学研究认为，压力是有机体对超过其应对能力范围的“刺激性”事件产生的一种反应模式。

（二）压力的影响

1. 积极影响

一是提高机体警觉性。在面对压力时，机体会产生一系列的自主性反应，如心跳加快、瞳孔扩张、血压升高等，这种自主性反应的本质是自我防御，适应紧张情境，提高机体的警觉性。有研究表明，适度的压力可以促使个体保持较高的觉醒状态，调动更多的能量来应付当前问题，从而更好地处理生活中的紧急事件。

二是增强个体适应能力。在每个人的成长过程中压力是不可避免的，就正如我们常说的“有压力，才有动力”，保持一定压力，才能集中精力、发挥潜力做好工作；适度的压力不仅有助于激发人的动机，让我们保持清醒状态，激发斗志，促使学习、工作的完成，还可以提高对压力的适应能力，化压力为动力。然而，当压力持续增加或长期存在，则会带来身心能量消耗，导致工作效率低下，如图 8–1 所示。

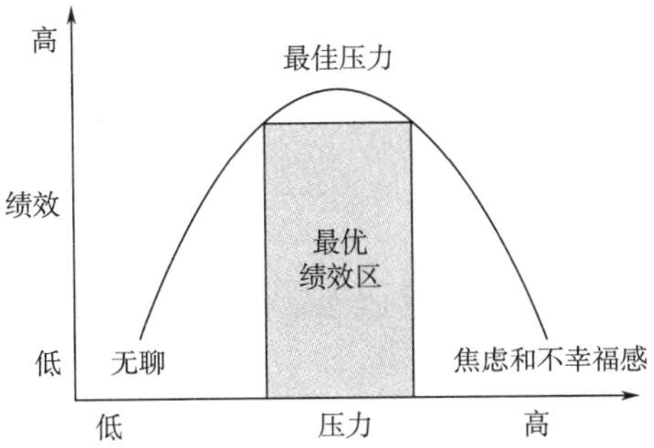

图 8–1　压力与工作效率的倒 U 曲线

我们面对压力时主要表现为焦虑和恐慌，这是“情绪脑”敲响的警钟，在人类更接近动物的早期生活中，这种报警系统非常重要，焦虑情绪以及其调动起来的身体反应可以使我们处于“战斗”或者“逃跑”的“应激”状态。在这种状态下，身体动员出更多的葡萄糖以供利用，呼吸频率的增加带来了更多的氧气。此外，身体会把血液调到最需要的脑、骨骼肌以及心脏，减少皮肤、消化道、脾脏等器官的血液供应，使身体能快速进行奔跑和战斗，在短期内使个体充满活力，而不会感到困倦、慵懒或倦怠。

2. 消极影响

一是压力过大易感疾病。持续的、超强度的压力，对身体特别有害。有关压力与健康的研究表明，长期的压力会导致持续的炎症，这会增加罹患抑郁和动脉阻塞的风险。心理压力与包括心脏病、糖尿病、癌症、艾滋病等在内的十大重大疾病关系密切。卡内基梅隆大学研究人员在医学杂志《美国国家科学院学报》发表最新研究报告，揭示压力与感冒之间的关系。研究团队发现，长期处于压力之中，人体便会不断制造皮质醇。皮质醇与白细胞功能有关的激素原本可以抑制发炎，但如果皮质醇被过于频繁地制造，免疫系统对这种激素的感应就会变得迟钝。一旦有病毒或细菌侵入人体，抑制发炎的反应能力便变差了。可见，持久或较大的压力会增加患病的可能性。

二是压力过大降低幸福感。过大的压力会抑制人的行为，也会使人处于愤怒、焦虑、嫉妒、恐惧、悲伤、绝望等消极情绪中，这不可避免的会影响人的工作、生活与家庭，具体表现为工作效率、积极性等的降低，生活兴趣度的下降，家庭及人际冲突、矛盾的增加，从而降低个体的主观幸福感。

二、挫折及其影响

（一）挫折的含义

挫折是一个人在达到某种目标或满足某种需要的活动过程中，由于受到妨碍或干扰，致使目标不能实现或需要无法满足时所产生的情绪体验。挫折的产生有挫折情境、挫折认知、挫折反应三个要素。

挫折情境是指妨碍人们某种目标达成或某种需要获得满足时的情况，如竞选学生干部失败、失恋、考试不及格、比赛未取得理想名次、亲人分离等。挫折情境的构成可能是各种自然、社会环境，也可能是人或物。

挫折认知是指人们对挫折情境的认识、态度和评价，这是挫折产生和对待挫折的关键。个体受挫与否，是由当事人对自己的动机、目标与结果之间关系的认识、评价和感受来判断。

挫折反应是指当自己的需要不能满足时产生的情绪体验和行为反应，如焦虑、紧张、愤怒、躲避或攻击等。挫折反应伴随着挫折认知，并受其调控，且因人而异。

相同挫折的情境和事件对某个人构成挫折，对另一人不一定构成挫折，这是因为个体感受有差异。例如，一个班级在大二时更换了辅导员，有的同学不在意，觉得谁当辅导员都一样，不会感受到挫折；有的同学刚开始感觉有点别扭，但认为对自己的学习、生活不会有严重影响，也不会有挫折反应或只有轻微的挫折反应；而有的同学觉得很糟糕，认为自己和原来的辅导员好不容易建立起来的师生情谊被破坏，就容易出现挫折反应。

（二）挫折的影响

挫折是一种挑战和考验，有时具有积极影响，可以帮助人们驱走惰性，促使人奋进；但受挫后更易使学生处于应激状态，感情易冲动，自控能力较差，不能正确评价自己的行为及其后果，就会带来消极影响。

1. 积极影响

（1）激发个体潜能　人的潜能是无限的，这些潜能就像火山一样，它有着无穷的力量，在我们身上或沉睡或暗流涌动，一旦有合适的外部刺激，某种相关联的潜能就被唤醒或激活。对于高职学生而言，当其遭受挫折时，便容易激发其潜能，越不容易找到答案，就越能激发其探索精神，从而进行探究性学习，切实掌握知识。

（2）帮助个体成长　人的成长过程实际也是一个适应社会要求的过程，而适应社会就要学会调整自己的动机、追求和行为。一个人刚出生时，根本不知道什么是对，什么是错，只有在后天的模仿、纠正、练习下才习得得当的行为举止。在这个习得过程中可能经过了无数次的鼓励、制止、允许、反对、奖励、处罚、引导、劝说，甚至体罚与限制，正是在这一次一次的挫折中我们不断地成长，不断地融入社会，学会了在不同环境、不同时间、不同对象、不同规范条件下调整自己的行为。

（3）增强自身意志力　部分高职学生从小享受着父母的庇护，生活在舒适的环境中，衣食无忧，对人生将要面临的各种困难的体验和感受都不太深刻，缺乏忍耐力，没有坚强的意志，一旦遇到挫折就容易被击垮。实际上，生活中许多轻度挫折是意志力的训练场，当你克服了这些挫折就会获得愉快的心理体验。心理学家把轻度的挫折比作“精神补品”，因为每战胜一次挫折，都强化了自身的力量，为下一次应对挫折提供了“精神力量”。

典型案例

中国女排精神

女排精神是中国女子排球队顽强战斗、勇敢拼搏精神的总概括。其具体表现为：扎扎实实、勤学苦练、无所畏惧、顽强拼搏、同甘共苦、团结战斗、刻苦钻研、勇攀高峰。

1981—2019 年，中国女排先后 10 次在世界女排三大赛上夺得冠军。每一次的夺冠历程不尽相同，有五连冠时代的水到渠成，有雅典奥运会上的惊天逆转，也有 2019 年的“十全十美”。中国女排的十冠王，不仅在中国三大球当中成绩最好，放眼世界体坛，在不到 40 年间十夺世界冠军，也是不多见的。

她们的这种精神始终代代相传，极大地激发了中国人的自豪、自尊和自信，为我们在新征程上奋进提供了强大的精神力量。2021 年 9 月，中国共产党中央委员会批准了中央宣传部梳理的中国共产党人精神谱系第一批伟大精神，女排精神被纳入。从此，女排精神广为传颂，家喻户晓，各行各业的人们在女排精神的激励下，为中华民族的腾飞顽强拼搏。

2. 消极影响

（1）阻碍思维活动　高职学生遭受挫折后，容易出现情绪的波动和行为的偏差。如果持续遭受挫折，则可能导致神经系统的紊乱，从而降低思维创造力。

（2）降低学习效率　对高职学生而言，如果学习能力相对较弱或学习方法欠佳，积极的情绪对学习显得尤为重要。学生遭遇挫折后，自信心降低，情绪状态长期处于焦虑不安之中，使原有的思维能力受到影响，从而会极大地降低学习效率。

（3）损害身心健康　在经历重大挫折时，会产生焦虑、烦躁、恐惧、愤怒等不良情绪反应或粗暴的消极对抗行为，如果负面情绪或行为持续时间过长或强度过大，可能会出现偏激行为，影响个人的身心健康，引发心因性疾病如溃疡、神经性皮炎等。

（4）导致个性改变　当学生遭到重大挫折或持续挫折而又无法做出相应的调整时，就会使性格出现改变的现象。比如一位对生活充满憧憬、热情开朗的学生，屡次的学习与工作冲突或工作得不到相应的认可，使其个性产生变化，由外向热情变成了封闭沉闷。

单元二　理解压力与挫折

一、高职学生的常见压力

根据教育部 2022 年发布的《2021 年全国教育事业发展统计公报》的数据结

果显示，高等教育在学总规模4430万人。就业压力、学习压力、人际压力、情感压力等都对高职学生心理健康造成很大的影响与冲击。

（一）就业压力

近年来，国家大力发展高等职业教育，为高职教育的发展带来了前所未有的机遇。国家对产业结构的大力调整，也为高职学生提供了大量的就业岗位。高职学生想找到一份工作并不难，但因学历相对较低而导致工资不太高、晋级晋升较慢等职业发展困扰，使得他们职场压力大，常常处于焦虑状态。同时，受毕业人数逐年增长的影响，高职学生就业难的问题越来越突出。此外，高职学生择业观出现的偏差，社会对大学生就业观念更新的滞后，社会偏见等问题使得面向一线企业就业的高职学生就业择业压力变得更大。

（二）学习压力

有研究表明，高职学生的时间管理计划性弱，自我管理水平不够高，常常不重视学业，把时间浪费在睡懒觉、上网、闲聊等方面；专业课程负担重、难度大，实践技能考核严格，考试不及格，重修，因学分不足而拿不到毕业证等，容易造成部分学生的紧张和不安情绪，形成学习压力。还有些成绩比较好的学生从大一开始就给自己提出过高的学习目标，制定细致的学习计划，想争取好成绩获得专升本或奖学金，无形中也产生较大的学习压力。

（三）人际压力

我国心理学家丁瓒教授指出："人类的心理适应，主要是对人际关系的适应；人类的心理疾病，主要是由人际关系失调而来。"可见良好人际关系的重要性。人际关系对于每个高职学生都是不可或缺、非常重要的，但与此同时人际关系也会带给大学生许多苦恼，处于青春后期的大学生往往不可避免的会发生人际冲突、矛盾，从而产生较大的人际压力。比如一部分同学存在社交恐惧，不擅社交，面对需要与陌生人或不熟悉的人相处时感到尴尬、慌张。

（四）情感压力

"大学里应不应该谈一场轰轰烈烈的恋爱""我失恋了，怎么办"等是许多高职学生在情感上的困惑。爱情是人类永恒的话题，尤其对于正处于青春期的我们而言这个话题更是敏感、神秘。爱情既是甜蜜、美好的，也是苦涩、痛苦的。面临失恋，或者求而不得时，一些人走不出来，而产生较大的情感压力，甚至做出一些失去理性的事情，造成不可挽回的悲剧。

二、常见压力的成因分析

心理压力来源于机体内外环境向机体提出的应对或适应的要求。这些可导致机体产生应激反应的紧张性刺激物称为应激源。应激源主要来自以下三个方面。

（一）生物性应激源

生物性应激源是借助于人的肉体直接发生作用的，引起身心两方面的应激反应。主要包括各种物理、化学、生物刺激，如不适宜的温度、强烈的噪声、机械性的创伤、辐射、电击、病毒与病菌的侵害等。一般先引起机体生理变化，随着人们对这种生理反应进行认知评价和归因，才产生心理反应和应激状态。例如一个人患了病，有发热、虚弱、疼痛等症状与体征存在，在未诊断出结果之前，一般会归因于病毒或病菌侵袭的结果，可能不会引起过强的紧张。但如果经诊断这些症状与体征是由于某种严重的疾病（如肿瘤等）作用所引起，自然就会感到紧张，也相应会出现应激反应。

（二）心理性应激源

心理的失衡也可以造成应激状态。心理性应激源与其他应激源的显著不同之处是它直接来自人们的头脑，其他应激源主要为脑外的刺激物。当然，这些来自人们头脑内的紧张性信息常常是外界刺激作用的结果。例如，在生活中经常存在着欲求不能实现或不能完全实现所引起的心理冲突，需要不能满足而产生的紧张情绪状态；现实社会中由于个体差异的原因，彼此之间关系不能协调一致，经常发生的冲突、挫折、人际关系失调；不切实际的预测或预感等，这些都会使人产生心理应激状态。

（三）文化性应激源

文化性应激源包括不断变化着的政治、经济、职业、婚姻、年龄等因素。社会文化环境的任何变动都会造成应激状态，既包括如战争和动乱等大型社会事件，也包括如家庭、恋爱中的矛盾，亲人的亡故，学业与事业上的成功与失败，职位的升降等。如果人们不能通过自身调整进行有效的适应性反应，就不可避免地出现矛盾冲突，尤其是当人们处于孤立无援状态时，会产生严重的失助感和焦虑、愤怒、怨恨、忧郁与绝望等一系列的紧张情绪，从而产生压力或应激状态。

值得注意的是事件本身并没有绝对的应激性，“某个人的应激源可能是另一个人的蛋糕”。一个事件可能对某个人来说是一件非常严重的事，但在另一个人的眼里可能是微不足道的，甚至是好事。

三、引发挫折的情境

挫折的产生首先要有挫折情境的出现，这种情境包括个体内部情境和外部情境两大类。

（一）内部情境

1. 生理缺陷

身体健康是个体身心健康的基石。通常情况下，体弱多病的人比发育正常的人更容易感受到挫折。如果个体身体某部分有残缺，更易产生挫折。例如有一女生因舌头动了手术，说话总是慢吞吞，而且不清楚，长期下来，思维和行动都较身边的同学慢一个节奏，有时就会有疏离感，常抱怨自己。

2. 个体需要

高职学生生理上基本成熟，人生观、价值观也基本形成，个性也开始趋于稳定，但在经济上还必须依赖父母。同样，由于在老师眼里还是学生，在父母眼里还是孩子，还处于被保护、被控制、被约束的地位，意见也常常不能被家庭和社会重视，没有机会在成人的世界中展现自我，这种独立需要不能满足，必然会产生挫折感。

3. 抱负水平

对于高职学生来讲，因高考失利或中学阶段成绩不理想选择了专科学校，在文凭上处于劣势，因此想抓住大学这个全新的人生阶段，重整旗鼓，努力拼搏一番。在给自己设定目标时，往往从主观愿望出发，常常对自己提出不切实际的要求，制定过高的甚至无法达到的目标和计划，一旦这些目标和计划因为能力不及无法实现，而自己又不能清楚地认识到这一点，就会产生强烈的挫折感。

4. 动机冲突

动机冲突又称心理冲突，是指一个人在某种活动中，同时存在着一个或数个所欲求的目标，或存在两个或两个以上互相排斥的动机，当处于相互矛盾的状态时，个体难以决定取舍，表现为行动上的犹豫不决，这种相互冲击的心理状态，称为动机冲突，它是造成挫折和心理应激的一个重要原因。在现实生活中，如果对动机冲突不能很好的处理，就会产生强烈的消极情绪，使人陷入困惑和苦闷之中，甚至颓废和绝望，无力自拔。

知识链接

动机冲突的基本类型

动机冲突在每个人的生活中是经常出现的，也是高职学生的重要挫折源。丰富多彩的学生生活和社会转型期带来的大好机遇，在为大家全面发展提供了有利条件和广阔天地的同时，也带来了选择的冲突，如在专业定向、社会交往、恋爱、择业的取舍问题。当若干个选择同时存在、难以取舍时，就会形成动机冲突。动机冲突和挫折的区别为动机冲突必须有两个或两个以上互相排斥的动机，而挫折可以只有一个动机；动机冲突往往发生在动机已经形成，但还未见诸行动时，而挫折则常常发生在为达到目标而采取行动的过程之中或过程之后。

1. 双趋冲突

双趋冲突指两种对个体都具有吸引力的目标同时出现，形成强度相同的两个动机。由于条件限制，只能选其中的一个目标，此时个体往往会表现出难于取舍的矛盾心理，这就是双趋冲突。“鱼与熊掌不可兼得”就是双趋冲突的真实写照。

2. 双避冲突

双避冲突指两种对个体都具有威胁性的目标同时出现，使个体对这两个目标均产生逃避动机，但由于条件和环境的限制，也只能选择其中的一个目标，这种选择时的心理冲突称之为双避冲突。“前遇大河，后有追兵”正是这种处境的表现。

3. 趋避冲突

趋避冲突指某一事物对个体具有利与弊的双重意义时，会使人产生两种动机态度：一方面好而趋之，另一方面则恶而避之。所谓“想吃鱼又怕鱼刺”“想吃巧克力又怕发胖”就是这种冲突的表现。

4. 多重趋避冲突

多重趋避冲突指人们在实际生活中常表现出的一种更复杂的形式，即面对着两个或两个以上的目标，而每个目标又分别具有吸引和排斥两方面的作用。人们无法简单地选择一个目标，而回避或拒绝另一个目标，必须进行多重的选择。

（二）外部情境

1. 自然情境

由于自然的或物理环境的限制，使个体的需要不能获得满足或目标受阻。

如不可控的自然灾害破坏我们赖以生存的环境，甚至造成与生活直接相关的经济、情感损失；同样，任何人都不能实现长生不老、返老还童的愿望，都难免遭到生离死别的境况，这些都是形成挫折的不可逆的自然情境。

2. 社会情境

人在社会生活中所受到的人为因素的限制，包括民族习惯、社会风尚、文化教育、父母期望和学校的规章制度及毕业条件等。如学习的课程与兴趣间的矛盾、家长和老师教育方法的不当等都有可能引发挫折的情绪体验。

四、常见挫折的分类

挫折分为缺乏性挫折、损失性挫折、阻碍性挫折三大类。

（一）缺乏性挫折

当人们不具有自己认为非常重要的东西时所体验到的一种挫折感受，如生理条件缺乏、经济缺乏、能力缺乏、经验缺乏、感情缺乏等挫折感受都属于缺乏性挫折，如高职学生由于“缺乏高文凭”而产生的就业焦虑等。

（二）损失性挫折

原本可以得到满足的需要，但由于外部条件的突然变化而不能得到满足所引起的挫折，如失恋、离异、亲人去世等，都是严重的损失性挫折。如一个在中学阶段的优等生，进入大学后可能变成中等生，甚至差生。原来得到满足的自尊需要，一下子中断，会产生烦恼、紧张等心理。

（三）阻碍性挫折

那些在人们的需求和目标之间出现阻碍或障碍时给人们带来的心理挫折。这种阻碍可能是客观的或物质性的，可能是社会性的，也可能是观念性的。如高职新生入学时，很多人是第一次到离家乡很远的城市，当地的气候、风俗、饮食习惯等与家乡有很多不同，可能会带来很多的不适应，进而沮丧、后悔，觉得不该报考这个城市的这所大学，这种现象就属于阻碍性挫折。

拓展阅读

逆商

逆境商数（Adversity Quotient，AQ，简称逆商），一般被译为挫折商或逆境商。它是指人们面对逆境时的反应方式，即面对挫折、摆脱困境和超越困难的能力。同样的打击，逆商高的人产生的挫折感低，而逆商低的人就会产生强烈的挫折感。心理学家认为，一个人事业成功必须具备高智商、高情商和高逆商这三个因素。高逆商有利于产生很高的成绩、生产力、创造力，可以帮助人们保持健康、活力和愉快的心情。在逆商的测验中，一般考察以下四个关键因素：控制、归属、延伸和忍耐，如图 8-2 所示。

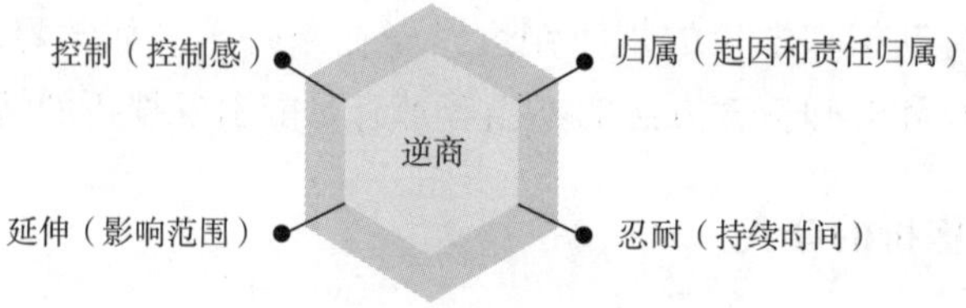

图 8-2　逆商的四个关键因素

控制（控制感）指自己对逆境有多大的控制能力。面对逆境或挫折时，控制感弱的人只会逆来顺受，信天由命；而控制感强的人则会凭借一己之力能动地改变所处环境，相信人定胜天。控制感弱的人经常说：我无能为力、我能力不及；控制感强的人则会说：虽然很难，但这算什么，一定有办法。

归属（起因和责任归属）指逆境发生的原因和愿意承担责任、改善后果的情况。造成我们陷入逆境的起因大致可以分成两类：第一类属内因：由于自己的疏忽、无能、未尽全力，抑或宿命论。往往表现为过度自责，意志消沉、自怨自艾、自暴自弃。第二类属外因：合作伙伴配合不利、时机尚未成熟，或者外界不可抗力。因内因陷入逆境的人会说：都是我的错、我注定要失败，因外因陷入逆境的人会说："全是时机不成熟，事前怎么就没想到会发生这样的情况呢?"高逆商者，往往能够清楚地认识到使自己陷入逆境的起因，并甘愿承担一切责任，能够及时地采取有效行动，痛定思痛，在跌倒处再次爬起。

延伸（影响范围）是对问题影响工作生活其他方面的评估。高逆商者，往往能够将在某一范围内陷入逆境所带来的负面影响仅限于这一范围，并能够将其负面影响程度降至最小。身陷学习中的逆境，就仅限于此，而不会影响自己的学习工作和家庭生活；与家人吵架，就仅限于此，而不会因此失去家庭；对事争执，就仅限于此，而不致对人也有看法。高逆商者能够将逆境所产生的负面影响限制在一定范围，不至扩大到其他层面。越能够把握逆境的影响范围，就越可以把挫折视为特定事件，越觉得自己有能力处理，不致惊慌失措。

忍耐（持续时间）指认识到问题的持久性以及它对个人的影响会持续多久。逆境所带来的负面影响既有影响范围问题，又有影响时间问题。逆境将持续多久？造成逆境的起因因素将持续多久？逆商低的人，则往往会认为逆境将长时间持续，事实便会如他们所想。

单元三　压力管理和挫折应对

有一位老师正在给学生们上课，大家都认真地听着，“各位认为这杯水有多重？”老师拿起一杯水。有人说二百克，也有人说三百克。“是的，它只有二百克。那么，你们可以将这杯水端在手中多久？”很多人都笑了：二百克而已，拿多久又会怎么样！讲师没有笑，他接着说：“拿一分钟，各位一定觉得没问题；拿一个小时，可能觉得手酸；拿一天呢？一个星期呢？那可能得叫救护车了。”大家又笑了，不过这回是赞同的笑。

老师继续说：“其实这杯水的重量很轻，但是你拿得越久，就觉得越沉重。这如同把压力放在身上，不管压力是否很重，时间长了就会觉得越来越沉重而无法承担。我们必须做的是放下这杯水，休息一下后再拿起，只有这样我们才能拿得更久。所以，我们所承担的压力，应该在适当的时候放下，好好地休息一下，然后再重新拿起来，如此才可承担更久。”随着社会的进步，人们也越来越忙，负担也越来越重。不妨在适当的时候放下负担，轻松一下，等调整好了状态再重新拿起。

一、压力管理的有效策略

（一）知觉和调整状态，提升心理素质

1. 知觉控制，提升心理适应力

知觉控制，即你对于可改变事件或经历的进程或结果的信念。有研究表明，当一个人感知到或者相信外界压力事件、遭遇等无法应对与改变时，其对于压力的心理适应就可能更差。而相反，面对压力事件、遭遇等可以保持知觉控制，即相信自己可以很好地去应对与改变的个体，即使在面对癌症时，也会获得更多的心理和生理收益。

自助指南

意义换框法

所有的事本身是没有意义的，所有的意义都是人加上去的。既然是人加上去的意义，则一件事情可以有其他的意义，也可以有更多的意义；可以有不好的意义，也可以有好的意义。你一定要明白一件事情的意义，只是决定于我们的主观思想。同一件事情里面总有不止一个意义，找出其中最能给自己帮助的意义，便可以把事情的价值改变，使事情由绊脚石变为踏脚石，自己因而有所提升，这便是意义换框法。

意义换框法对一些因果式的信念最为有效。例如：“因为学生会主席挑剔，所以我工作不开心。”方法是把句中的“果”改为它的相反词，再把句首的“因为”二字放到最后，成为：“学生会主席挑剔，所以我工作积极，因为可以……”然后反复地思考如何能把句子写完，要求至少有6个不同的版本，再找出其中最能够接受的句子。

练习：“学生会主席挑剔，所以我工作积极，因为可以……”

①使我提升得更快

②使他改变对我的态度

③使我变得更能干

④使我在部门干部之中受到最少的挑剔，因而更有安全感

⑤让我证明我可以做到

⑥使我能清净愉快地工作

⑦证明我能超越任何压力

⑧使我有更优良的表现

……

试着挑选上面某一条你觉得最好的，然后把整句话反复地念数遍。现在，你再念念原来一句：“因为学生会主席挑剔，所以我工作不开心。”你内心的感觉有怎样的不同？现在你把内容转了180度，刚好相反：“学生会主席挑剔，所以我工作积极，因为可以……”而你的内心感觉是挺好的。这是因为你内心的信念已经改变了，信念是在潜意识里，而自己的感觉是最好的测试标准。

2. 悦纳自我，提高内在驱动力

研究发现，自我悦纳度高的人更加自信、乐观、积极，能更好地面对压

力、挫折。高职学生在入学后发现很多人比自己优秀，容易产生自卑、挫败、自暴自弃等负性情绪，进而导致目标、理想、方向的迷失。因此我们要学会悦纳自我，并在悦纳自我的基础上不断完善、超越自我。从心理学角度来讲，树立明确的学习、奋斗目标，就会产生内在驱动力，使人变得积极、乐观，而这在一定程度上有利于克服心理压力。

拓展阅读

习得性无助实验

美国心理学家塞利格曼（Martin E. P. Seligman）于 1967 年用狗进行了这一经典实验：起初将狗关在笼子里，只要蜂音器一响，就给狗施加难以忍受的电击。狗关在笼子里逃避不了电击，于是在笼子里狂奔，惊恐哀叫。多次实验后，蜂音器一响，狗就趴在地上，惊恐哀叫，也不狂奔。后来实验者在给电击前，把笼门打开，此时狗不但不逃，而且不等电击出现，就倒在地上呻吟和颤抖。它本来可以主动逃跑，却绝望地等待痛苦的来临，这就是习得性无助，如图 8-3 所示。

图 8-3　习得性无助实验

后来对人的相关实验，也发现了类似的结果。在现实生活中，那些长期经历失败的儿童，久病缠身的患者，无依无靠的老人。他们身上常常会出现“习得性无助”的特征：当一个人发现无论他如何努力，无论他干什么，都以失败而告终时，他就会觉得自己控制不了整个局面，于是，他的精神支柱就会瓦解，斗志也随之丧失。最终就会放弃所有努力，真的陷入绝望。因“习得性无助”而产生的绝望、抑郁和意志消沉，是许多心理和行为问题产生的根源。

习得性无助的应对方法：①充分理解习得性无助的成分，找出其中可控可变的因素，分析可改变的认知；②发现阻碍个人改变的信念，以及引起自我无助感的歪曲知觉；③通过感知训练，以新的成功体验，打破习得的无助感；④以不断的成功体验带来的成就感，强化自我可控可变因素，内化合理的信念，增强自我掌控感，形成将来结果可控的良性预期；⑤建立稳定的自我认同感，重建个人的自信心。

（二）安全且合理宣泄，减轻心理负担

宣泄的方式因人、因时而异。不同的人可以根据自己不同的情况进行选择，适当的选择如听音乐、运动、写作等，中性的选择如吃东西、购物、哭泣等；不当的选择如骂人、砸东西、打架等。我们要学会安全且合理的宣泄方式，明确宣泄时最基本的底线是确保不能伤害自己，也不伤害他人。下面介绍一些常用的便捷又实用的宣泄方法。

1. 沟通宣泄法

找一个人倾诉，当一个人心里承受太多委屈的时候就会想找一个人诉说，不管对方能不能理解自己，但是将心里的压力都说出来，心里也会舒畅很多，压力也得到缓解。

2. 哭泣宣泄法

大哭一场，当自己找不到人来倾诉的时候，可以找一个没有人的角落，自己关紧房门痛痛快快地哭一场，让心里所有的委屈都随着眼泪排泄出来，你会发觉哭了一场之后，心里会无比的舒畅，心理压力也减少很多。

3. 放空宣泄法

出去散步，不要将自己整天关在一个狭小的房子里，狭小的空间，每天都面对着电脑，不但减轻不了心理压力，还会让大脑整天都处在紧张的状态，适当的出去外面散散步，呼吸外面的新鲜空气，可以让大脑得到暂时的放空，也起到释放压力的作用。

4. 写作宣泄法

写日记，可以将自己每天的心情通过日记的形式写出来，把压力的体验，生理和心理的一切烦恼随着自己的笔迹都写在了日记里，当心中的不满、忧伤、愤怒变成日记本上的文字时，那些不良的情绪也得到了安放，这也是一种不错的减压方式。

5. 呐喊宣泄法

大声的呼喊，可以一个人爬到没有人的山顶对着大山大声地呼喊，将心

里所有的不愉快和压力都随着自己的呐喊声宣泄出来，让压力得到缓解。

6. 运动宣泄法

通过运动的方式将心理的压力宣泄出来，随着身体的发热、血液循环的加快、血管的扩张，能使神经紧张、脑力疲乏、情绪紊乱得到一个积极的调节，不但可以锻炼身体，还可以让压力得到缓解。

自助指南

有氧运动

有氧运动能让人保持平和的心态，与腓肽效应有关。腓肽是身体的一种激素，这种激素能愉悦神经，调节心理，让人感觉到高兴和满足，把压力和不愉快化作烟云而远离于个体，被称为“快乐因子”。哈佛大学的一项研究发现，一周至少3次，一次不低于30分钟的慢跑，其效果与吃抗抑郁药的效果一致。

适当运动锻炼，还有利于消除疲劳、增强心肺功能。想通过运动缓解压力，可以参加一些缓和的、运动量小的运动，使心情先平静下来，如跳绳、跳操、游泳、散步、打乒乓球、捏橡皮球等。运动中最便捷的方式是跑步，除了活动肌肉外，也能加强心、肺和循环系统的功能。同时，跑步能增加我们脑神经元中激素含量，从而消除沮丧心理。一般来讲，持之以恒的体育运动参加者每次都能体会到轻松、愉快，精力充沛。

运动减压注意事项：

一是运动后不应马上洗冷水澡。身体正处于发热状态，全身毛细孔张开，要透过流汗的方式去散热，冷水会使毛孔收缩，汗液不能排出；二是运动后不能立即大量饮水，会导致身体盐度大幅降低休克，更不能马上喝冰水；三是运动后不宜立即蹲坐休息。运动后马上蹲下休息，不利于下肢血液回流，影响血液循环，易加重肌体的疲劳。

（三）学习自我放松训练，维护身心平衡

以下主要介绍肌肉放松法、冥想放松法等。

1. 肌肉放松法

在沙发、座椅或床上，通过肌肉放松达到精神松弛，消除心理的紧张。放松练习的要领是闭上眼睛集中精神感受身体各方面的放松，吸气时，紧绷肌肉，约五秒钟，吐气时，缓缓地放松，约十五秒的时间，从中体会紧绷与

松弛时的差异，每个部位做两次，等到感觉各部位均已经放松后，可以静坐一段时间。具体步骤如表 8-1 所示。

表 8-1　　肌肉放松具体步骤

身体部位	具体操作
手指及手腕	握紧拳头，限于手指、手腕及前臂用力，从惯用的手开始
两手上臂	上下手臂夹紧，两手同时做；放松时，两手自然下垂
头部及额头	头部尽量上仰，额头紧紧往上推挤，让其产生皱纹，拉紧头皮及额头
眼睛	用力紧闭约五秒，眼皮缓缓张开一条细缝，眼球自然往下约可以看到鼻尖
牙齿及舌头	上下紧咬，舌头紧紧向上抵住；放松时，上下牙齿轻轻扣着，舌头悬空
脸颊及嘴唇	上下唇紧闭，脸颊向左右尽量拉；放松时，嘴唇轻轻阖着
颈部及肩膀	肩膀用力往上挤；放松时，肩膀下沉
胸、背部	两手向前交叉抱胸，挤压胸肌、拉紧背肌；放松时，两手自然下垂，肩膀下沉
腹、腰部	腹部用力将腹部尽量突出，臀部夹紧；放松时，全身重量下沉于臀部（坐姿），腿及脚下沉
两脚及两腿	脚趾用力向下弯曲，大腿小腿尽量夹紧或绷紧；放松时，脚底平贴地面（坐姿），腿及脚下沉

2. 冥想放松法

冥想是一种改变意识的形式，它通过获得深度的宁静状态而增强自我知识和良好状态。冥想放松法是有意识地运用最能使自己感觉舒适、温馨、宁静的美好情景来进行想象，是一种经济又方便的减压方法。或播放一段自己最爱的轻音乐，带着度假般的心情，幻想一件愉快的经验，或在安静的房间里以一种放松的姿势平躺在床上或坐在椅子上，轻轻闭上眼睛，深深地吸气，慢慢地呼气。

心理训练

（1）山谷冥想　想象自己仿佛在一个景色优美的山谷踏青，隐约听见淙淙泛白的涧水，漱洗过长满青苔的溪石。踩着溪边厚厚的碎叶，沙沙往前走，一路可以闻到不知名的花香。有时候，金色的阳光穿过头顶的竹叶，照在我的脸庞、额头，有时候，露珠从相思树顶倾泻而下，像一阵清凉的雨。

（2）白云冥想　想象自己正躺在一块绿油油的草坪上，头顶是一片蓝蓝的天空，天空中有一片厚厚的白云，慢慢落在身上。再想象自己被白云围绕着，慢慢地向上飘，向上飘，仔细体会一下飘起来的感觉，越飘越高，越来越轻，好像完全失去了重力。慢慢地，自己躺在这片白云上睡着了。

（3）海浪冥想　想象自己在海边的沙滩上，潮水涌来，轻轻拍打脚部、脚踝，海水慢慢升上来，整个身子沐浴在浅水之中，感觉自己被充满韵律的海水淹没，并逐渐漂向大海深处。潮水把我冲到岸边，静静地躺在松软、温暖的沙滩上，尽情享受舒畅的感觉。再想象自己从未有过这么的轻松，慢慢地，自己在这片舒适的沙滩上睡着了。

拓展阅读

芳香疗法

现代形式的芳香疗法起源于20世纪20年代。1910年，法国化学家盖特佛塞（Rene-Maurice Gattefosse）一次在自己家的香料实验室里不小心烫了手，在惊慌下立刻从身边瓶子里倒出薰衣草油涂在手上，他的手很快就痊愈并且没有伤疤。他认为这是因为薰衣草油的奇特效果，于是对香精油的医疗特性非常感兴趣。他把这一新领域命名为“芳香疗法”，并于1928年出版了他的发现成果。

芳香疗法，就是人们从大自然中的各种芳香植物的不同部位中提炼出有不同气味和颜色的精油，如桉树的叶、玫瑰的花、佛手柑的果皮等（图8-4）。利用纯天然植物精油的芳香之气和治愈能力，以特殊的按摩手法，经由嗅觉器官和皮肤的吸收管道，到达神经系统和血液循环，以帮助人身心获得纾解，并达到皮肤保养，改善身体健康的功效。

图8-4　芳香疗法原料

芳香疗法是一种有着悠久历史的回归自然疗法，结合了艺术与治疗双重功能，综合性考虑到了人体生理和心灵深处的需求。中医芳香疗法和西医芳香疗法是两类芳香疗法，两者在理论渊源、使用过程等方面均具相关性，广泛应用于医疗保健领域。中医芳香疗法是指利用中药材的芳香性气味或其提取出的芳香精油，以各种形式作用于人体，达到调节脏腑气机，调和脏腑阴阳的作用。西医芳香疗法指芳香治疗师利用从植物材料（香草、花和其他芳香植物）中萃取的精油作为物质基础，以按摩、熏香、沐浴等方式，在舒适的氛围内帮助人体恢复健康的自然疗法。

近十几年来，芳香疗法以惊人的速度发展和成长，逐渐走进了普通人的生活。按摩法、沐浴法、淋浴法、敷布、润肤乳和面霜等方法则是通过触觉作用于人体。常用精油种类：薰衣草、薄荷、柠檬、佛手柑、乳香、甜橙、桉树、姜、天竺葵和甜马郁兰等。研究表明，薰衣草具有良好的镇静促眠作用；佛手柑可以减轻压力和焦虑；天竺葵具有抗菌、抗真菌活性、抗氧化和杀螨效果；橘皮精油对于失眠、压力、抑郁有效；茶树精油有很强的杀菌作用，能加强免疫力和调养提振神经系统；罗马洋甘菊精油是最棒的缓解失眠和抑郁的精油，同时有放松和减缓压力的作用；甜马郁兰精油对于神经系统有很深的影响，能令精神极度放松。

二、挫折应对的有效方法

每个人的一生不可能都是一帆风顺的，困境和挫折是人生不可避免的伴随者。生活经历艰辛、饱经风霜的人比一帆风顺的人更能经受挫折的打击。经受并战胜挫折，就会提高克服困难、战胜困难的能力，提高适应和处理挫折的心理能力。

（一）树立正确的行为归因方式

归因指个体对自己或他人的行为的原因加以解释和推测的过程。面对挫折时，人对原因的归结有两种倾向：一类认为自己的行为结果是受外部力量，如运气、机会、他人权利等无法预料和支配的因素控制的；另一类则认为行为结果是受本身的能力、自己的努力程度等内部力量控制的。两种归因方式各有利弊。前者面对挫折时常感到无能为力、束手无策，从而不能尽自身最大努力克服困难；后者把成败结果统统归结于自身，过多自责，同样影响问题解决。正确的行为归因方式应该是以冷静的态度分析遭受挫折的主客观原因，及时找出失败的真正原因，从而从现实出发，以切实行动改变挫折情境。

心理训练

归因分析训练

心理学家伯纳德·韦纳（Bernard Weiner）把人经历过的成败归结为六种原因，即能力、努力程度、工作难度、运气、身心状况、外界环境。又把上述六种因素按各自的性质，分别归入三个维度：内部归因和外部归因、稳定性归因和非稳定性归因、可控制归因和不可控制归因，如表 8-2 所示。

表 8-2　　韦纳理论的六因素三维度

因素	成败归因维度					
	稳定性		因素来源（控制点）		可控性	
	稳定	不稳定	内部	外部	可控制	不可控制
能力	√		√			√
努力程度		√	√		√	
工作难度	√			√		√
运气		√		√		√
身心状况		√	√			√
外界环境		√		√		√

下面是面对考试进步和退步两种结果时的归因。

(1) 这次考试成绩比较理想，达到了预期的目标。原因：

A. 最近的努力得到了回报。

B. 考试中猜题还是蛮重要的哦，这次我猜中了两道，哈哈。

C. 上课认真听讲，做好课堂笔记真的十分重要。

D. 这几位老师教学方法都适合我，看来属于我的未来不远了。

E. 高中基础打得牢固对今天成绩的取得还是很有帮助的。

(2) 这次考试成绩不是很理想，退步不少。原因：

F. 刚上大学不适应，晚上熬夜搞得白天上课状态不好。

G. 我应该是比其他同学反应慢。

H. 流感也被我赶上了，落了不少功课，得抓紧补上了。

I. 这次考试题目我都没有见过。

J. 父母最近有点忙，我也就自我放松了。

在上述原因中，你认为

哪些是积极的归因方式：________；哪些是消极的归因方式：________。

哪些是外部的因素：________；哪些是内部（自己）的因素：________。

哪些归因于努力：________；哪些归因于运气：________。

哪些归因于能力：________；哪些归因于情境：________。

（3）你对最近一次的学业考试满意吗？简单写出你某科目考试的过程和结果，为了更好地调整学习心态，利用韦纳归因法则来总结一下原因吧！

A. 考试经历叙述：____

____

____。

B. 分析归因（自我分析后在表 8-3 中相关因素的格子内打√）：

表 8-3　　　　　　　　　　自我分析表

因素	成败归因维度					
	稳定性		原因来源		可控性	
	稳定	不稳定	内部	外部	可控制	不可控制
能力高低						
努力程度						
任务难度						
运气好坏						
身心状态						
外界环境						

韦纳归因理论对学习的启示：①根据自我归因可预测自身此后的学习动机；②长期消极的归因不利于自身的人格成长，这就需要利用他人的反馈作用，并寻求反馈中的鼓励和支持，帮助自身正确归因，重塑自信；③通过归因训练改变自身消极的自我认识，提高学习动机；④根据归因理论，将成败归因于努力比归因于能力会产生更加强烈的情绪体验。

（二）建立良好的社会支持系统

社会支持是人与人之间的亲密关系，既涉及家庭内外的供养与维系，也涉及来自家庭成员、亲友、朋友、团体、组织和社区的物质上和精神上的帮助和支援，使个体获得心理能量来减轻心理应激反应，缓解精神紧张状态，提高社会适应能力。

我们能从个人的社会支持系统中获取以下两类支持：一是客观的、可见的或实际的支持，包括物质上的直接援助和社会网络、团体关系的存在和参与，后者是指稳定的婚姻或不稳定的社会联系（如非正式团体、暂时性的社会交际等）的大小和可获得程度；二是主观的、体验到的情感上的支持，指的是个体在社会中受尊重、被支持、理解的情感体验和满意程度。

高职学生要克服挫折，增强对挫折的适应能力，离不开良好的社会支持系统。当一个人在遭遇挫折时，若能得到朋友和周围人的同情、理解、关心、鼓励和支持，就会减轻挫折反应的强度，增强对挫折的承受力和适应性。因此，必须学会与人交往，努力扩展自己的交往空间，建立广泛而和谐的人际关系，这既是心理健康的基本要求，也是增强挫折承受力的重要途径，如图 8-5 所示。

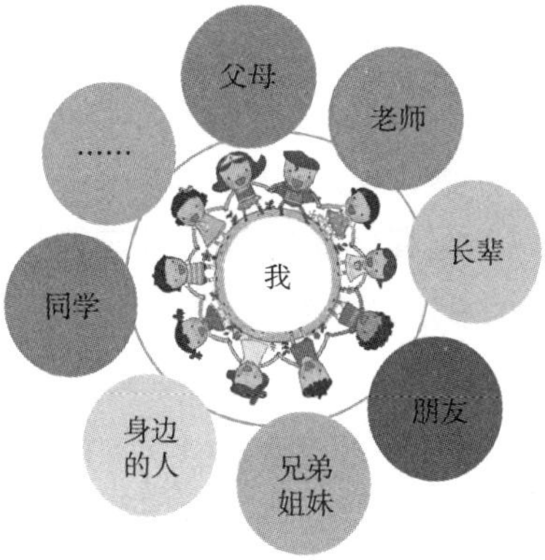

图 8-5　我的社会支持系统

（三）构建合理的挫折防御机制

人在遭受挫折后导致心理的不平衡状态，主体为了减轻心理压力，常常会有意无意地运用心理防御机制以抵御外来的伤害。心理防御机制，也称自我防御机制，是个体面临挫折或冲突的紧张情境时，在其内部心理活动中具有的自觉或不自觉地解脱烦恼，减轻内心不安，以恢复心理平衡与稳定的一种适应性倾向。

1. 成熟的防御机制

（1）补偿　人们由于自身生理或心理上的某种缺陷达不到既定目标，以其他可能获得成功的活动或其他特长来代替，以减轻其焦虑，建立其自尊心，通过新的满足来弥补原有欲望的挫折应对方式。就作用而言，补偿可分为消极性补偿与积极性补偿。消极性的补偿是个体所使用来弥补缺陷的方法，对个体本身没有带来帮助，有时甚至会带来更大的伤害。例如一个想减肥的人，一遇到不如意的事，就以暴饮暴食的方式来减轻其受挫感。而积极性的补偿是以合宜的方法来弥补其缺陷，方式运用得当，会带给人生一些好的转变；比如一个高度近视、身体单薄的学生无法在运动场上逞强，却可能由于刻苦攻读、品学兼优，在学业上称雄。

（2）升华　一个人在受到挫折后，把自己的理想转移到另一更有价值的事业上去。“塞翁失马，焉知非福”，古今中外许多人都是逆境起飞，创出了不朽的业绩。比如一高职男学生在进校时就展开了几次恋爱表白，都以失败落幕，于是他高呼要做“剩斗士”，把爱统统献给学生会。于是在学生会工作中，他非常积极主动，不放过任何一次服务和锻炼的机会。一年后，他的精神风貌得到了很大的改善，为人处事能力提高了不少，关键是积攒了很多人缘，成为了很多女生眼中的“男神”。

（3）幽默　当一个人受到挫折，处境困难或尴尬时，用幽默的方式来化解困境，维持自己的心理平衡，是一种高级的防御方式。用幽默的方式去理解痛苦，会得到更多正面的解释，更容易了解痛苦的合理性，从而降低痛苦的负面影响。幽默也有利于身心健康，它不仅让别人发笑，同时也会给自己带来很大快感。

2. 中性的防御机制

（1）转移　原先对某些对象的情感、欲望或态度，因某种原因，如不合社会规范或具有危险性或不为自我意识所允许等，无法向其对象直接表现，而把它转移到一个较安全、较为大家所接受的对象身上，以减轻自己心理上的焦虑。例如“打狗看主人”“爱屋及乌”“不看僧面看佛面”“一朝被蛇咬，十年怕井绳”等都是转移的例子。转移应用得当，对己、对人、对社会都会有帮助，否则极易造成伤害。

（2）反向　当个体的欲望和动机，不被自己的意识或社会所接受时，自己会将其压抑至潜意识，并再以相反的行为表现在外显行为上。换言之，使用反向者，其所表现出来的外在行为，与其内在的动机是相反的。在性质上，反向行为也是一种压抑过程，如“此地无银三百两”“以退为进”都是反向的表现。反向行为使用适当，可帮助我们在生活上适应，但如过度使用，不断压抑自己心中的欲望或动机，且以相反的行为表现出来，轻者不敢面对自己，而活得很辛苦、很孤独，重者可能形成严重心理困扰。临床上很多精神病患者身上，常可见此种防卫机制被过度使用。

(3) 投射　个体把自己的性格、态度、动机或欲望，投射到别人身上，为减除内心罪恶感所使用的一种防御方式。投射有一种特殊涵义，即将自己的某种罪恶念头或某种恶习，反向指斥别人有这种念头或恶习；或者把自己所不能接受的性格、特征、态度、意念和欲望转移到别人身上，指责别人这种性格的恶劣及批评别人这种态度和意念的不当。投射作用能让我们利用别人作为自己的代罪羔羊，使我们逃避本该面对的责任。它可以保护个人内心得以安宁，但会影响个体对事情的正确观察和判断能力，并易造成人际关系上的问题，对个人缺乏建设性的功能，例如：有些不良青年，别人无意中看他一眼，他就动手打人，认为别人瞧不起他，这都是投射因素使然。患有被害妄想症的病人也多采用此机制，他自己内心憎恨别人，却整天疑神疑鬼，无中生有地说别人要杀害他。

(4) 合理化　又称文饰作用，是当个体的动机未能实现或行为不能符合社会规范时，无意识地搜集一些合乎自己内心需要的理由，为难以接受的情感、行为、动机辩护，或作一个合理的解释，以掩饰自己的过失，以减免焦虑的痛苦和维护自尊免受伤害。换句话说，“合理化”就是制造“合理”的理由来解释并遮掩自我的伤害。事实上，在人生的不同遭遇中，除了面对错误外，当我们遇到无法接受的挫折时，短暂的采用这种方法以减除内心的痛苦，避免心灵的崩溃，并无可厚非。不过，如果经常使用此机制，借各种托词以维护自尊，则不免有文过饰非，欺骗别人也欺骗自己之嫌，终非解决问题之道。临床上很多强迫型神经官能症和幻想型精神病患者就常使用此种方法来处理其心理问题。

拓展阅读

合理化的三种形式

(1) 酸葡萄心理　当自己所追求的东西因自己能力不够而无法取得时，就加以贬抑和打击。伊索寓言里有这样一段故事：从前有一只狐狸走进葡萄园中，看到架上长满了成熟葡萄，它想吃，但因架子太高，跳了数次都摘不到，而无法吃到葡萄，它就说那些葡萄是酸的，它不想吃了。其实葡萄是甜的，它因吃不到，而说葡萄是酸的。在生活中像这样的例子很多，例如一个体育能力差的学生，说只有四肢发达的人，才会喜欢体育；又如某学生没有考上自己梦寐以求的名牌大学，而考取了一所一般大学，就在心里说，没考上名牌大学也好，那里竞争激烈，说不定学习要拼命才能跟上趟，而在一般大学学习，说不定我轻轻松松地读书就可名列前茅。酸葡萄心理是因为自己真正的需求无法得到满足产生挫折感时，为了解除内心不安，编造一些“理由”自我安慰或丑化得不到的东西，以消除紧张，减轻压力，使自己从不满、不安等消极心理状态中解脱出来，保护自己免受伤害。

（2）甜柠檬心理　与酸葡萄心理相反，另一种防御机制是甜柠檬心理，指企图说服自己和别人，自己所做成或拥有的已是最佳的抉择。还是伊索寓言里那只狐狸，后来走到柠檬树旁，因肚子饿了，就摘柠檬充饥，而且边吃边说柠檬是甜的，其实柠檬味道是酸涩的。面对生活中所发生的一些不如意的事，有时我们也会像这只狐狸一样，努力去强调事情美好的一面，以减少内心的失望和病苦。这种“塞翁失马，焉知非福”“知足常乐”的心态，有时适当地运用，能协助我们接受现实，但这种方法过分使用，会妨碍我们去追求生活的进步。

（3）推诿　将个人的缺点或失败，推诿于其他理由，找人担待其过错的防御机制。例如某学生考试失败，不愿承认是自己准备不足，而说老师教得不好、老师评卷不公或说考题超出范围；某学生打人反说自己是自卫；某队球赛输了，就说场地不好，裁判不公等都是一种推诿。

3. 不成熟的防御机制

（1）压抑　个体将一些自我所不能接受或具有威胁性、痛苦的经验及冲动，在不知不觉中从个体的意识中排除抑制到潜意识里。与因时间久而自然忘却的情形不一样，压抑是一种“有目的的、动机性的遗忘”。例如，我们常说：“我真希望没这回事”“我不要再想它了”，或者在日常生活中，有时我们做梦、不小心说露了嘴或偶然有失态的行为表现，都是这种压抑的结果。压抑表面上看起来我们已把事情忘记了，而事实上它仍然在我们的潜意识中，在某些时候影响我们的行为，以致在日常生活中，我们可能做出一些自己也不明白的事情。压抑有时也会导致失去记忆，例如，有一些曾遭受极度悲伤或目睹惊恐事件的人，会把那次经历忘得一干二净，无法再回想起来；战场上的士兵、从火里逃生的人……在事件过后，以失去记忆来免去面对痛苦与悲伤。当然不是每一次的压抑都会导致失去记忆，只有个人主观认定极端可怕的经历，才会导致失去记忆。

（2）否定　一种比较原始而简单的自我防御机制，其方法是借着扭曲个体在创伤情境下的想法、情感及感觉来逃避心理上的痛苦，或将不愉快的事件否定，当作它根本没有发生，来获取心理上暂时的安慰。这种现象在日常生活中处处可见，例如小孩子闯了祸，用双手把眼睛蒙起来，就像沙漠中的鸵鸟，敌人追赶逼迫在眼前，无法面对，把头埋于沙堆中，当作没这回事一样，都是一种否定的表现；又如许多人面对绝症或亲人的死亡，就常会本能地说“这不是真的”，用否定来逃避巨大的伤痛；其他如“眼不见为净”“掩耳盗铃”等都是否定作用的表现。

（3）幻想　当人无法处理现实生活中的困难，或是无法忍受一些情绪的困扰时，将自己暂时离开现实，在幻想的世界中得到内心的平静或达到在现实生活中无法经历的满足，称为“幻想”。一般而言，凡性情孤僻有退却倾向者，平常又少有自我表达机会，易以幻想解除其焦虑与痛苦。幻想可以是一种使生活愉快的活动，很多文学、艺术创作都源自幻想，但是当幻想取代了实际的行动时也可能有破坏性的力量。幻想可以说是一种思维上的退化，因为在幻想世界中，可不必按照现实原则与逻辑思维来处理问题，可依个体的需求，天马行空，自行编撰。幻想使人暂时脱离现实，使个人情绪获得缓和，但幻想并不能解决现实问题，鼓起勇气面对现实，并克服困难，才能解决问题。

（4）退行　个体在遭遇到挫折时，表现出与其年龄所不应有的幼稚行为反应，是一种反成熟的倒退现象。例如，已养成良好生活习惯的儿童，因母亲生了弟妹或家中突遭变故，而表现出尿床、吸吮拇指、好哭、极端依赖等婴幼儿时期的行为。退行不仅见于小孩，有时也发生于成人。比如一旦有重大事情发生时，我们会大叫一声“妈呀!”；有一学生自从被班上同学嘲笑后，每当要上学时，就会肚子痛而无法上学，“肚子痛”也是一种退行行为。成人本来应该运用成人的方法和态度来处理事情，但由于某些特殊原因采用较幼稚的行为反应也并非不可。如一位父亲在地上扮马扮牛给孩子骑；做妻子的偶尔向丈夫撒娇等，偶然的“倒退”反而会给生活增添不少情趣与色彩。但常常用“退化”来应付困难，争取别人的同情与照顾，用以避免面对现实的问题与痛苦，就是一种心理症状了。

构建合理的挫折防御机制可以有效地缓解情绪上的痛苦，提高对挫折的承受能力，为我们最终战胜挫折提供条件，特别是成熟的挫折防御机制的运用，还可以促使人们面对现实，积极进取，战胜挫折，获得进一步的发展。在上述各种挫折防御机制中，升华是最具有积极性和建设性的机制，补偿、幽默等在很大程度上也具有积极意义。转移、反向等具有掩饰性，压抑、否定、幻想、退行等具有逃避性，在某种程度上都不利于提高人们对挫折的适应能力。因此，挫折防御机制虽然在一定程度上能够帮助我们提高和保持个人自尊，躲避或减轻焦虑情绪，缓解心理压力，但如果使用过度或使用不当，不仅减轻不了紧张和焦虑的程度，反而可能破坏心理活动的平衡，妨碍个人的社会适应，甚至还可能造成心理异常和行为偏差。

心理训练

压力挫折应对：突破困境

播放轻音乐，按照指导语序号顺序逐一发布指令，每一步用时3~5分钟。请各组组员进行交流，通过其他组员的反馈和协助，对自己的问题更加清楚，更有信心解决困难。

1. 画出此刻的心情和感受：

2. 画出目前你最大的一个困扰：

3. 画出你解决困扰的方法：

4. 画出如果解决了这个困扰，你的生活将变得怎样？

知识巩固

专题八　知识巩固

课外拓展

1. 书籍推荐

《平凡的世界》（图 8-6），路遥著，人民文学出版社，1986 年。

一部全景式地表现中国当代城乡社会生活的百万字长篇小说。全书共三部，1986 年 12 月首次出版。该书以中国 20 世纪 70 年代中期到 80 年代中期十年间为背景，通过复杂的矛盾纠葛，以孙少安和孙少平两兄弟为中心，刻画了当时社会各阶层众多普通人的形象。劳动与爱情、挫折与追求、痛苦与欢乐、日常生活与巨大社会冲突纷繁地交织在一起，深刻地展示了普通人在大时代历史进程中所走过的艰难曲折的道路。1991 年《平凡的世界》获中国第三届茅盾文学奖。2019 年该小说入选“新中国成立 70 年 70 部长篇小说典藏”。

图 8-6　《平凡的世界》

2. 影视推荐

《中国乒乓之绝地反击》（图 8-7），导演邓超、俞白眉，2023 年。

图 8-7　《中国乒乓之绝地反击》

该片讲述了 20 世纪 90 年代初，中国男乒屡败欧洲劲敌瑞典男团，连续三届世乒赛与男团冠军无缘，跌入谷底。1992 年戴敏佳临危受命从国外回国担任主帅，决心有一番作为，在新一届国家乒乓男队主教练选拔会上立下豪言壮语：“两年，不需要十年，也不是过渡，我相信我们两年后能夺回斯韦思林杯。”不但新帅饱受争议，五名队员也不被看好，因为伤的伤、“瞎”的“瞎”、小的小、老的老，被冠以“残兵败将”的称呼。但在戴敏佳的排兵布阵下，两年时间实现了这个遥不可及的誓言，打出了漂亮的翻身仗。

专题九 坚持生命至上
——高职学生的生命教育与心理危机应对

专题体系结构

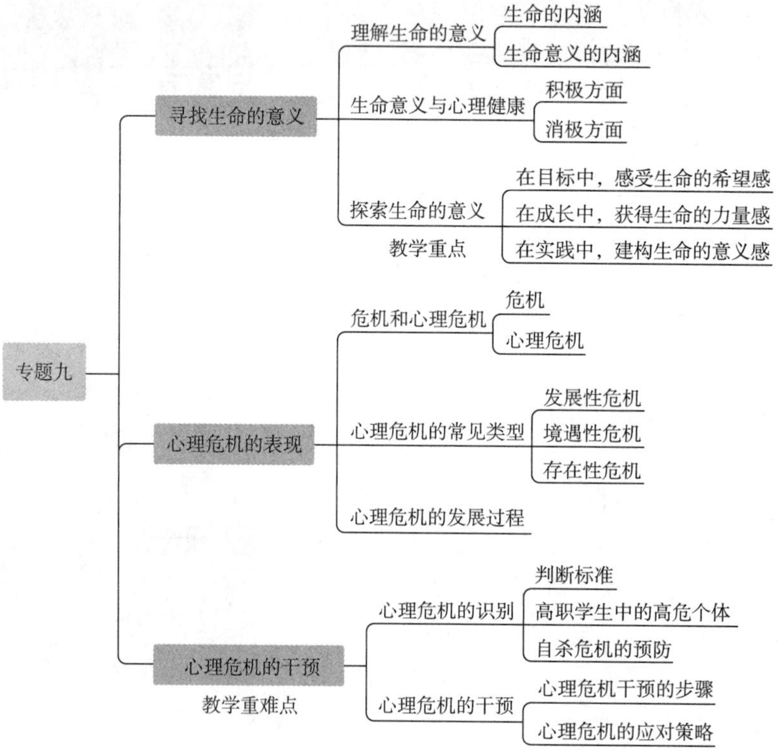

专题概述

本专题主要围绕生命的意义、高职学生心理危机的表现、高职学生心理危机的干预等内容展开，重在使高职学生形成正确的生命观，掌握危机识别和干预的初步方法，以便在日常学习、生活中能有效识别危机，给身边有需要的同学提供及时、有效的帮助，维护生命安全。

专题目标

1. 知识目标

使学生认识生命的意义，掌握探索生命意义、识别心理危机信号、进行危机初步干预的途径和方法。

2. 能力目标

使学生懂得如何探寻生命的意义，并在面对危机时，具备自助与求助、助人与转介的能力。

3. 素质目标

倡导学生树立正确的生命观，能够探索并创造生命的意义；树立危机预防意识，尊重生命，珍爱生命，坚持生命至上，主动维护生命安全。

专题导入

人们常用“生如夏花”来形容生命的绚烂与多彩，高职学生正处在青春澎湃、活力无限的年纪，引导他们探索生命的价值与意义、关注自身心理健康、珍爱和充实生命是大学教育的重要组成部分。

单元一　寻找生命的意义

生命意义的确立关系到高职学生身心发展的各个方面，影响着高职学生的健康成长、人格完善和自身价值的实现。因此，引导高职学生树立正确的人生目标、寻找生命的价值和意义十分必要。

一、理解生命的意义

（一）生命的内涵

生命是什么？也许你会回答生命就是活着，是出生、长大和老去；也许你会回答生命就是能感知自己的存在等。现代生物学认为，生命是生物体所表现的自身繁殖、生长发育、新陈代谢、遗传变异，以及对刺激产生反应等的复合现象，且具有不可逆性和一次性，即从胚胎起，生命便一直生长、发育，直到衰亡，不会返老还童，也不会死而复生。

（二）生命意义的内涵

生命的意义究竟是什么？心理学家斯蒂格（Michael F. Steger）认为生命意义包含追寻意义（Search for meaning in life）和拥有意义（Presence of meaning in life）两个维度。追寻意义是人们努力去理解生命的含义和目标，属于动机维度，强调过程；拥有意义是人们在理解生命的含义和目标的基础上，对自己活得是否有意义的认知评价，属于认知维度，强调结果。我国学者张荣伟和李丹提出，当自我与环境产生相互作用，若基本心理需求得到满足，人则能感悟并体验到生命的意义；若心理需求没有得到满足，人就会自我怀疑、否定和不接纳，并伴随无意义感和痛苦。因此，概括来理解，生命的意义主要是个体对生命的理解和感受，是个体在生命过程中对目标的追求，以及在追求的过程中伴随的满足感、价值感。

心理测试

中文人生意义问卷（C-MLQ）

简介：该问卷由中国心理学研究者王孟成、戴晓阳在斯蒂格（Michael F. Steger）等人编制的人生意义问卷（Meaning in Life Questionnaire，MLQ）基础上，翻译并进行本土化修订而形成，可测量人生意义体验和人生意义追寻（表 9-1）。

指导语：首先，请您花一点时间思考一下“对您来说，什么使您感觉到您的生活是很重要的”。然后，根据下列的描述与您的情况相符合的程度，在 1~7 中做出选择，其中 1 对应“完全不同意”，2 对应“基本不同意”，依次类推。请您尽可能准确和真实地做出回答，下列问题的主观性很强，每个人的回答都会有所不同，并无对错之分。

表 9-1　　人生意义问卷

项目	1 完全不同意	2 基本不同意	3 有点不同意	4 不确定	5 有点同意	6 基本同意	7 完全同意
1. 我很了解自己的人生意义							
2. 我正在寻找某种使我的生活有意义的东西							
3. 我总是在寻找自己人生的目标							

续表

项目	1 完全不同意	2 基本不同意	3 有点不同意	4 不确定	5 有点同意	6 基本同意	7 完全同意
4. 我的生活有很明确的目标感							
5. 我很清楚是什么使我的人生变得有意义							
6. 我已经发现了一个令人满意的人生目标							
7. 我一直在寻找某样能使我的生活感觉起来是重要的东西							
8. 我正在寻找自己人生的目标和“使命”							
9. 我的生活没有很明确的目标							
10. 我正在寻找自己人生的意义							

计分方法及结果解释：

人生意义体验因子：1、4、5、6、9 题得分相加；该维度得分越高，说明你目前所体验和知觉自己人生有意义的程度越高。

人生意义寻求因子：2、3、7、8、10 题得分相加；该维度得分越高，说明你目前积极寻求人生意义或人生目标的程度越高。

二、生命意义与心理健康

（一）积极方面

已有研究表明，生命意义与个体的身心健康有着密切的联系。生命意义对预防心理疾病和自杀、增强心理健康等有着重要的作用，是心理健康的重要源泉。

1. 保持积极乐观的态度

清华大学李虹教授指出，生命的意义可以加强自我的顽强性，即增强个体对压力的承受力和对挫折的耐受力。因此，一个有着明确生命意义的人，更有能力在消极事件中看见积极的意义，也更可能积极地面对生活中的苦难，并努力采取行动，让生活朝着积极的方向发生变化。

2. 获得对生活的掌控感

对生命意义的信念感有助于个体获得对生活的掌控感。意义治疗与存在主义分析的创始人维克多·弗兰克尔（Viktor Emil Frankl）指出，人们活着就是为了寻找生命的意义。当我们相信生活有意义，而且相信自己可以找到意义的时候，就能获得对生活的掌控感，体会到自己存在的价值。

3. 拥有更好的幸福体验

在心理学意义上，幸福感主要指直接体验到的快乐、欣喜与愉悦的情绪，以及基于生命质量而产生的对生活、对自己、对社会关系的满意程度的评价，能否感受到幸福是心理健康的重要标志。研究发现，那些觉得自己的生活有意义的人，对自己的生活更满意，也拥有更高的主观幸福感。

（二）消极方面

相关研究表明，当一个人长期缺乏生命意义时，一是更易被无聊感、空虚感所笼罩，从而难以专注于工作、学习，难以在所做的事情中感受到愉悦的体验；二是更易产生负性的情绪体验，如感到焦虑、抑郁等，严重者会导致心理疾病；三是更易感到悲观绝望，在面对压力、挫折时往往倾向于选择放弃努力和尝试，产生无助感、厌世感，甚至因此出现自杀行为。

拓展阅读

感觉生活无意义，警惕“空心病”

1. 什么是“空心病”？

在2016年11月的一次演讲中，北京大学心理健康教育与咨询中心原副主任徐凯文指出：“北大四成新生认为活着没有意义”，他把这称之为“空心病”，即一种因价值观缺陷导致的心理障碍，症状为觉得人生毫无意义，对生活感到十分迷茫，不知道自己想要什么。“空心病”通常具有7个特征：

（1）从症状上来讲，“空心病”可能是符合抑郁症诊断的。表现为情绪低落，兴趣减退，快感缺乏；但与典型抑郁症不同的是，这些症状表现并不非常严重和突出，甚至外表上看上去跟其他人并无差别。

（2）患有“空心病”的人有强烈的孤独感和无意义感。他们觉得跟这个世界和周围的人似乎没有真正的联系，不知道为什么要活着。

（3）通常人际关系较好，他们非常在意别人对自己的看法，努力完善自我，但似乎这一切都是为了别人而做。

（4）对生物治疗不敏感，甚至无效。很多“空心病”个案在国内最好的精神专科医院接受治疗，用了所有的药物，甚至用了多次电休克治疗，但是都没有效果。徐凯文教授也因此认为生物学因素并不是“空心病”的主要因素。

（5）有强烈的自杀意念。这不是因为遇到挫折，而是“我不是那么想要去死，但是我不知道我为什么还要活着。我完全不知道我活着的价值意义是什么，每天的生活像行尸走肉，如果是这样，还不如早点结束。”

(6) 通常“空心病”的形成已经不是一两天。很多孩子从初中、高中，甚至更早就开始有这样的迷茫，可能他们之前已经有过尝试自杀的行为。

(7) 传统心理治疗疗效不佳。徐凯文教授认为，“空心病”难以通过改变负性认知来解决，甚至也不是探讨他们的原生家庭、早期创伤可以解决的。他发现很多“空心病”的孩子虽然和父母有一些冲突，但整体关系不错，总的来说没有经历过父母离异、早期依恋、早期寄养上的心理创伤。

2. 如何远离“空心病”？

以下两种方式有助于远离“空心病”：

(1) 向外让爱扩散，不以自我为中心。如果我们把爱给出并使之流动起来，去感染身边的亲人、朋友和社会，我们的内心也许就会收获充实和满足，就不会让自己精神上充满匮乏感。

(2) 向内寻找自己人生的意义，明确自己的价值取向。无论是学习还是工作，找到自己愿意全身心投入并为之付出的事，在这个过程中，感受生活中的点点滴滴，慢慢地找到自己内在的使命，找到自己生存的价值，活出真实而又有意义的一生。

三、探索生命的意义

心理学家欧文·亚隆（Irvin Yalom）认为，人类的本能是要找到存在的意义，但是我们不得不接受生命本身并没有明确的意义。因此，他说：“我们必须在一段不确定时间和经历的人生中去摸索和创造属于自己的独特意义。”

（一）在目标中，感受生命的希望感

有意义的生活需要目标，它可以给我们提供希望感，否则人就会容易陷入迷茫和自我怀疑。然而，仅仅有目标是不够的，比如，单纯的享乐、放纵虽然也可以成为目标，但在这个过程中我们并不会感受到意义，因为它们本身没有价值。

有价值的目标首先应该具有内在价值，即我们从内心深处认可自己所践行的事情；其次是要有社会价值，即自己的行为和选择在道德上和社会上也具有一定认可度。因此，进入大学之后，高职学生要学会为自己设立合理的学习、生活和工作目标，由它指引我们找到自己要去的方向，冲散因不确定性引发的恐慌、焦虑，一直坚定地朝着一种更好的、更有意义的未来前行。

（二）在成长中，获得生命的力量感

一些人之所以觉得人生没有意义，可能是因为自身缺乏目标。但也有一

些人，他们有明确的目标，人生意义的缺乏在于他们不相信凭借自己的能力能够实现目标，一个无法实现的目标，同样是没有意义的。因此，高职学生要有自我成长的意识，通过各种途径促进自我知识、能力和素质的综合提升，增强自我的效能感。当你的自我效能感增强（即相信自己的能力）时，你会感到对生活有足够的控制感；你会觉得自己有能力且有信心去掌控生活、完成目标。即便短暂地陷入迷茫，你也相信自己一定可以走出困境，重新建立生活的秩序。

（三）在实践中，建构生命的意义感

生命的价值并不是天然存在的，而是需要付诸实践，在实质的、持续性的实践中去建构。高职学生要在自己的学习和工作中，找到自己认为有价值、感兴趣的部分，保持持久的热情和动力，并从中获得意义感。也要丰富自己的业余生活，在生活中寻找价值、创造意义。例如去建立和发展健康的人际关系，在关系中感受爱并创造人生的意义；去品味生活的点点滴滴，好好吃饭、好好睡觉、认真上课、关心自己的感受、欣赏大自然等，在每一个生活的琐碎中探索生命的价值。

拓展阅读

小我融入大我，获得生命终极意义

节选自《当代青年思维方式及认知的提升》

《人民论坛》杂志 2022 年 4 月下

生命意义是青年对自己生命目的、目标的认识和追求。青年需要对个体有清晰的认知，需要知道自己想要什么和将要做什么，并努力达成目标。就获得幸福和意义而言，既包括自我提高，也包括自我超越。生活中点滴的愉悦感和获得感可以提升意义感知的自我增强，但是想要获得更深层次的意义自我超越，则需要超越个人范围，将自身利益与群体利益、社会利益、国家利益，乃至人类利益等宏大价值观相结合，重视个人给予他人和社会乃至人类所带来的福祉和需求，为他人造福的过程中，个体的意义感是持久而稳定的自我超越。

2020 年国家自然科学奖完成人平均年龄只有 44 岁，这些最具活力的科技创新人才在从“0 到 1”的原始创新中心无旁骛、潜心钻研，从未有“空心”之感。航天嫦娥团队、神州团队平均年龄 33 岁，北斗团队 35 岁，他们用青春点燃科技，创新激发潜能（图 9-1）。创造大的意义，需要将“小我”动机

融入“大我”洪流，动机和激情驱动了人们对生活的渴望。笔者所在的课题研究团队在2021年初采用分层抽样的方式对我国青年发放问卷，共获得2356份有效问卷，其中男性942人，女性1414人，年龄集中在16~25岁范围内。研究发现，女性相较于男性而言，无论是存在意义还是探索意义均表现更好。同时，对未来发展越充满信心的个体其生命意义感越高，将个人前途命运与国家民族紧密相连的个体其感受的意义感越强烈。这说明，意义感是更为持久的幸福感，需要更多地从自我转移到他人、社会和整体上，即从“小我”走向“大我”才能获得持久的、稳定的意义感受。

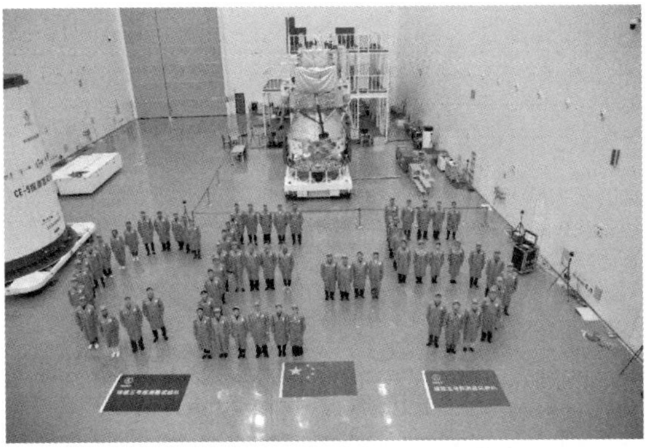

图 9-1　中国航天科技集团八院嫦娥五号团队

青年，有大视野、大格局，才能有大舞台、大成就。习近平总书记曾对当代青年寄语，只有把小我融入大我，才会有海一样的胸怀，山一样的崇高。寄蜉蝣于天地，渺沧海之一粟，任何小我都是微不足道的，而放置于宏大蓝图中，在中国梦实现矢志奋斗中凝聚青春力量，内心明澄，志向高远，踔厉奋发，笃行不怠，才能真正诠释青年存在的真正意义，激活大境界、大格局，才能实现内心真正的山高海阔。

心理训练

我的五样

指导语：现在，请回忆自己生命中重视的、重要的、不可或缺的一些人、事、物，然后认真地写下其中最重要的五样。这五样东西，可以是实在的物体，可以是精神的追求，可以是爱好和习惯，可以是抽象的事物。总之，你尽可以天马行空地想象，只要把你内心最珍贵的五样东西写出来就可以了。不必考虑顺序，排名不分先后；也不要和其他人讨论，因为这是你的选择。

______________的五样

(1) ____。

(2) ____。

(3) ____。

(4) ____。

(5) ____。

请大家看着纸上的“五样”，体会你的心情，并思考选择这五样的理由。

____

____。

单元二　心理危机的表现

青年期是从少年期走向稳定的成年期的过渡，因此高职学生所处的人生阶段也是危机经常发生的时期。社会竞争、学习和就业压力、身心疾病、感情波折、经济困难、家庭变故等因素，导致高职学生心理危机时有发生，甚至出现自伤、自残和自杀、他杀等恶性事件。

一、危机和心理危机

（一）危机

当个体所面临的事件或遭遇超过其现有的资源和应对机制时就会产生危机。危机有两层含义：一是指突发事件，即出乎人们意料发生的，如地震、水灾、空难、疾病暴发、亲人丧失、恐怖袭击、战争等；二是指人所处的紧急状态，即在面临突然或重大生活事件，如亲人亡故、情感破裂、突发威胁生命的疾病、天灾人祸等，个体既不能回避又无法用惯常的方法来解决问题时所出现的心理失衡状态。

（二）心理危机

1. 心理危机的概念

心理危机的概念最先由林德曼（E. Linder Mann）提出，后由美国心理学家卡普兰（G. Caplan）进行了系统的理论研究。卡普兰认为，每个人都在努力保持一种内心的稳定状态，使自身与环境平衡和协调。当重大问题和剧烈变化使个体感到问题难以解决时，平衡就会打破，正常的生活受到干扰，内心的紧张不断积累，继而出现无所适从，甚至思维和行为的紊乱，而他之前的处理危机的方式和惯常的支持系统不足以支撑其应对眼前的困境，即超出了他自身的应对能力时，心理便进入一种失衡状态，这就是心理危机。心理危机不是哪一些人的专利，人人都可能遭遇心理危机。

2. 心理危机的反应

无论何种情形，当个体面对危机时会产生一系列身心反应，这种反应会维持6~8周，主要表现在生理、情绪、认知和行为上。

（1）生理方面　可能出现肠胃不适、腹泻、食欲下降、头痛、疲乏、失眠、做噩梦、感觉呼吸困难或窒息、有哽塞感、身体颤抖、肌肉紧张等现象。

（2）情绪方面　可能出现易惊吓、烦躁、焦虑、恐惧、不信任、沮丧、内疚、绝望、无助、麻木、否认、孤独、自责、过分敏感或警觉、无法放松、持续担忧、害怕即将死去等情绪状态。

（3）认知方面　可能出现健忘、注意力不集中、记忆力下降、思维反应迟钝、自尊水平下降、负面自我对话，无法做决定、效能降低、不断思考事情发生的原因等现象。

（4）行为方面　可能出现社交退缩、沉默、典型行为习惯改变、过度活动、食欲改变、逃避与疏离，容易自责或怪罪他人，不易信任他人，易与他人发生冲突等表现，严重的还会出现自杀倾向。

3. 心理危机的本质与特征

心理危机本质上是一种伴随着危机事件的发生而出现的一种心理失衡状态，它不是疾病，而是一种在非正常时期产生的“正常”的情感危机反应。心理危机具有四个基本特征：①是一种短暂的临时状态；②是一种混乱与崩溃状态；③是当事人无法用通常有效的方法来处理所面临的特殊困境；④有获得新的良性结果的潜在机会。

4. 心理危机的四种结果

（1）当事人不仅顺利度过危机，而且从危机发展过程中学会了处理危机的新方法，整个人的心理健康水平提高。

（2）危机度过后，当事人通过自己或者他人的帮助，逐渐恢复到危机事件之前的水平。

（3）危机虽已度过，但当事人却在心理上留下一块“伤痕”痛点，适应能力下降，当事人任何生活变化都可能诱发心理危机。

(4) 陷入崩溃状态，出现各种精神疾病症状，甚至自杀。当事人禁不住强大的心理压力，对未来失望，于是企图以结束生命来解脱。

拓展阅读

创伤后应激障碍

创伤后应激障碍（Post-Traumatic Stress Disorder，PTSD）是指个体经历、目睹或遭遇一个或多个涉及自身或他人的实际死亡，或受到死亡的威胁，或严重的受伤，或躯体完整性受到威胁后，所导致的个体延迟出现和持续存在的一类精神障碍。PTSD 一般在精神创伤性事件发生后数天至 6 个月内发病，病程至少持续 1 个月，可长达数月或数年，个别甚至达数十年之久。其中病期在 3 个月之内的称为急性 PTSD，病期在 3 个月以上的称为慢性 PTSD，而若症状在创伤事件后至少 6 个月才发生则称为延迟性 PTSD。若在创伤事件发生后能通过一些心理评定工具来初步评定个体的心理健康状况，将有助于筛选出 PTSD 高危人群，从而有针对性地对高危人群提供有效的干预策略。

PTSD 临床特征表现为：

(1) 创伤性再体验　主要表现为思维、记忆或梦中反复、不自主地闯入与创伤有关的情境或内容，在接触创伤性事件相关的情景、线索时，诱发强烈的心理痛苦和生理反应。有些人会出现分离症状，持续时间可从数秒到数天，称为闪回（Flashback）症状，此刻当事人感受再次亲临创伤性事件的现场，当时的情景如同放电影一样生动、清晰。当事人还会频繁出现与创伤性事件相关的噩梦。

(2) 回避与麻木　当事人对创伤相关的刺激存在持续的回避，表现为有意识回避与创伤性事件有关的话题、影像和新闻；也可表现为无意识对创伤事件的选择性/防御性遗忘或失忆，或在创伤事件后拼命地工作，也是一种回避的表现。许多患者还存在被称之为“心理麻木”的现象，即对任何事情都兴趣索然，对他人和周围环境产生显著的非真实感，感到自己与外界疏远、隔离，很少与人交谈和亲近，情感范围狭窄，常有罪恶感，失去对人和事物的信任感和安全感，难以与他人建立亲密的关系。

(3) 警觉性增高　该症状在创伤暴露后的第一个月最普遍且严重，表现为高警惕性、长时间寻找环境中的危险线索、惊跳反应、激越、烦躁不安、易激惹、注意力难以集中、噩梦、易惊醒等。

二、心理危机的常见类型

（一）发展性危机

发展性危机也称为成长性危机，是个人在正常成长和发展过程中，对急剧的变化或转变所产生的异常反应。发展性心理危机是可以预料的，因而也被认为是正常的危机，其特征是情绪的剧烈变化，导致个人心理失衡。高职学生在成长过程中的转变、过渡等阶段所遇到的许多问题，如进入大学、第一次被别人追求、离开父母等，都可能引发发展性危机。这些危机是高职学生生命中必要和重大的转折点，每一次发展性危机的成功解决都是高职学生走向成熟和完善的阶梯。随着我们慢慢长大，会有很多新的经验，来应对这些发展性的危机。

（二）境遇性危机

境遇性危机也称为适应性危机，是指由外部的、看得见的或者突如其来、无法预料和难以控制的事件引发的心理危机，如交通事故、人质事件、突然的绝症或死亡、被人强暴、自然灾害等。对高职学生而言，当面临诸如学业不良、专升本失利、恋爱失败、家人离世、友谊破裂等负性事件时，如果没有办法进行良性处理所引发的心理危机，就属于境遇性危机。

（三）存在性危机

存在性危机是指伴随着重要的人生问题，如人生目的、人生意义、自由、快乐、独立性等出现的内部冲突和焦虑。存在性危机可以基于现实，如一个40岁的人从未做过什么有意义的事；也可以基于后悔，如一个60岁的人从没有在工作岗位上做出过成绩，而现在因退休已丧失机会。探索自己存在的意义和价值，这种思考肯定会引发很多的困扰。这种存在性的困扰，人们尤其是青年高职学生在探索自我、探索人生时普遍都会遇到。

拓展阅读

大学生心理危机的诱因

首都师范大学心理咨询中心主任蔺桂瑞教授将大学生心理危机诱因归纳为八个方面：

第一，父母关系不合、离异，造成的心理创伤。

第二，社会就业竞争激烈。

第三，不适应大学生活环境。同宿舍学生，因独生子女性格和各自个性不能相互容纳，由此发生矛盾冲突，造成高职学生的心理问题很多。

第四，不适应大学学习环境。学生上大学后，突然失去学习目标，心中茫然与失落。

第五，恋爱与失恋问题。

第六，性行为问题。一类学生是过于封闭自我，导致性压抑；另一类学生是过于开放，随便发生性关系，之后又非常后悔自责。

第七，就业观念滞后，就业期望值过高。随着高校的扩招，教育已趋向普及化。一些学生和家长求职期望值非常高，与现实不符，造成极大的心理压力。

第八，社会贫富差距越来越大。有的学生家里经济条件比较好，穿名牌衣服，过生日请同学吃饭，这都会对那些贫困生的心理造成很大的压力。

三、心理危机的发展过程

人们对危机的心理反应通常会经历四个不同的阶段：一是冲击期，在危机事件发生后不久或当时，感到震惊、恐慌、不知所措。二是防御期，表现为想恢复心理上的平衡，控制焦虑和情绪紊乱，恢复受到损害的认知功能，但不知如何做。此时会出现否认、合理化等心理防御反应。三是解决期，积极采取各种方法接受现实，寻求各种资源想方设法解决问题从而减轻焦虑，增加自信，恢复社会功能。四是成长期，经历了危机后变得更成熟，获得应对危机的技巧。但也有消极应对而出现种种心理不健康的行为。

单元三　心理危机的干预

心理危机干预是一种短程的帮助过程，是对处于困境或遭受挫折的人予以关怀和帮助的一种方式。具体而言，就是对处于心理危机状态的人采取明确有效的措施，使其心理功能恢复到危机前的水平，并获得新的应对技能，以预防将来心理危机的发生。

一、心理危机的识别

对心理危机进行有效地识别，有助于及时发现并预防心理危机。

（一）判断标准

1. 正常行为活动的突然改变

正常的行为活动是一个人心理健康的重要表现之一。当高职学生出现行为异常，如出现饮食、睡眠反常，个人卫生习惯变坏不讲究修饰，自制力丧失不能调控自我，孤僻独行等非常态行为时，就要注意是否正处于危机状态。

2. 学习兴趣下降

正常、有效、良好的学习能力是个体心理健康的前提和标准。当个体在智力正常的情况下突然丧失了学习这一功能时，就说明可能是心理状态出现了问题，如上课无故缺席，常迟到、早退，成绩突然下降，根本无法进行正常的学习和听课等。

3. 异常情绪的出现

良好的情绪也是心理健康的重要标准之一。高职学生的情绪突然改变、明显不同于往常，出现不良情绪反应，如情绪低落、悲观失望、焦虑不安、无故哭泣、忧郁苦闷、烦恼或喜怒无常等，就有发生心理危机的可能。

4. 个人平时十分喜爱物件的丢弃或损坏

如果高职学生在不能正常有序地学习和生活的同时，伴随有把自己平时很喜欢的东西随意丢弃或毁坏等，这意味着可能心理危机发生了。

5. 自杀意图的流露

如谈论自己的死或与死有关的问题，或写下遗嘱之类的东西，有的甚至已经采取过某些手段企图自杀。

（二）高职学生中的高危个体

（1）在心理普查中筛查出有心理障碍或自杀倾向的学生。

（2）由于学习压力、就业压力过大而出现心理异常的学生，如第一次出现不及格科目的优秀学生、需要重修多门功课的学生、将被退学的学生、完成毕业论文有严重困难的学生等。

（3）生活学习中遭遇突然打击而出现心理或行为异常的学生，如家庭发生重大变故（亲人死亡、父母离异、父母下岗、家庭暴力等）、遭遇性危机（性伤害、性暴力、性侵犯、意外怀孕等）、受到意外刺激（自然灾害、校园暴力、车祸等其他突发事件）的学生等。

（4）个人感情受挫后出现心理或行为异常的学生，如失恋者、单相思而情绪失控的学生等。

（5）人际关系失调后出现心理或行为异常的学生，如当众受辱、受惊吓，与同学发生严重人际冲突而被排斥或受歧视，与老师发生严重人际冲突的学生。

(6) 性格内向孤僻、经济严重贫困且出现心理或行为异常的学生，如性格内向、不善交往的学生，正在经历校园贷的学生等。

(7) 身体出现严重疾病的学生，如患上传染性肝炎、肺结核、肿瘤等医疗费用很高但又难以治愈的疾病，个人很痛苦，治疗周期长，经济负担重的学生。

(8) 患有严重心理疾病如抑郁障碍、恐惧障碍、强迫症、焦虑障碍、精神分裂症等并已经专家确诊的学生。

(9) 出现严重适应不良导致心理或行为异常的学生，如新生适应不良者、就业困难的毕业生，或因严重网络成瘾行为而影响其学习及社会功能的学生。

(10) 由于身边的同学出现危机状况而受到影响，产生恐慌、担心、焦虑、困扰的学生，如自杀或他杀者同宿舍、同班级的学生等。

(三) 自杀危机的预防

自杀一直是人们害怕谈论和面对的话题，却不时地出现在人们的视野中。一般而言，自杀者在自杀前会处于既想死又渴望被救助的矛盾心态，会在其言语和行为上显露出蛛丝马迹，这就为自杀的识别，以及识别之后的积极干预提供了可能性。

1. 了解自杀的征兆

高职学生自杀的征兆可表现为情绪、语言、行为和综合症状。

(1) 情绪线索

①情绪不稳定或低沉或亢奋。

②焦躁不安、容易激怒。

③疲惫冷漠、自卑自责。

④神态上目光游移，心神不定，多疑敏感，躲闪回避。

⑤绝望不满，抑郁孤独，常常极度悲伤，焦虑无助。

⑥情感淡化，兴趣索然，易流泪吁叹。

(2) 言语线索　可能会有意无意以口头或日记、作诗、绘画、短信等方式透露暗示想死或告别意味的信息，表现为：

①直接给人说：如“我想死”“我不想活了”等。

②间接给人说：如“我所有的问题马上就要结束了”“现在没有人可以帮助我”“没有我，他们会过得更好”“我再也受不了了”“活着真没意思”等。

③书面或网络上写下类似遗嘱的文字。

④阅读、谈论与自杀有关的事或开自杀方面的玩笑。

⑤谈论自杀计划，包括自杀方法、日期和地点。

（3）行为线索

①行为方式突然改变，性格反常，举止粗鲁，冲动好斗。

②搜集绳索、水果刀、安眠药等自杀工具，有自我伤害的举动。

③突然结束重要的人际关系与朋友道别，无理由地收拾东西，赠送纪念品，删除所有短信与通话记录。

④反复在危险区逗留，如频繁在高层建筑平台徘徊，光顾无人深水区等，并将信息透露给朋友。

⑤家庭有自杀史或暴力史，受到性侵或严重伤害。

⑥激越地叫喊，无目的地漫游，长时间呆坐或卧床不起，行为退缩，逃避疏离。

⑦反复洗手，频繁洗澡，走路常回头看等强迫性行为。

⑧酒精与药品滥用。

（4）综合线索

①失眠健忘，食欲锐减，体重骤降，面色憔悴，疲劳乏力。

②被害妄想症，指令性幻听，强制思维症状。

③沉默少语，呆若木鸡，记忆与学习能力下降。

④抑郁障碍严重或抑郁障碍毫无理由地消失。

⑤心悸、头痛，突然的全身不适，部分临床表现出血压、心电与脑电生理方面的异常变化。

拓展阅读

关于自杀的常见误解

人们对自杀所持的态度和认知差别很大，其中往往存在一些错误的观念，常见的有以下几类。

（1）“误导别人说自杀者不会自杀”　事实上，大量的自杀者在自杀前明确表示自杀企图，或做出许多与自杀有关的暗示和警告。

（2）“自杀者完全就是想死 VS 自杀未遂者并非真正想死”　大多数有自杀倾向的人对赴死其实是感到矛盾的，他们会有意无意地试图安排自杀未遂，希望有人会进行干预。事实上，部分自杀未遂者死亡愿望很强烈，只是自杀的方法不足以致死或抢救及时，这些人再次自杀的可能性最大。

（3）“自杀危机过后就不会再自杀 VS 自杀一次就总会有自杀风险”　事实上，不少自杀者发生在所谓“情况好转”后的头 3 个月内，那时当事人有足够的能力将自己病态的思想和情感付诸行动，如重性抑郁症患者的自杀易发生在有所好转时。一段特定时间内的很多主观、客观的原因，都会导致自杀意图的萌生。在主动寻求和接受帮助的情况下，自杀意图可以被有效遏制。

(4) “自杀的人都有心理疾病” 事实上并非如此，给自杀未遂者贴上“心理疾病”的标签，会使他们觉得受到了侮辱和歧视，往往成为他们再次自杀的原因。有研究调查了数百份自杀遗书，发现自杀的人不一定患有心理疾病。

(5) “自杀倾向可能会有家族遗传” 自杀不是一种遗传特征，简单说，自杀不会通过基因遗传。但的确存在一种可能性是如果有家庭成员自杀身亡，那么当事人自杀的风险会更高，但与生物遗传性没有关系。

(6) “自杀最常发生在非常富有和非常贫穷的人群中” 自杀和贫富没有关系。在所有社会阶层（无论是很有钱，还是很没有钱），自杀的比例是几乎相同的。

(7) “不能与有自杀可能性的人谈自杀” 事实上，和可能自杀的人讨论自杀的问题，可以及时发现患者的自杀企图，对其自杀的危险性进行正确的评估，使他们体会到关爱、同情、支持和理解。很多有自杀想法的人都表达出，当有人愿意和他们认真讨论这件事时，他们体会到一种轻松感，这不是一个禁忌。

2. 自杀风险的评估

从出现自杀的想法，到最后采取自杀的行动，既可能长达数年也可能短至几天，甚至几个小时。对于一个最后采取了自杀行动的人来说，自杀的意愿是随着时间的推进而增强的。因此，通过各种途径，包括面对面地询问当事人的自杀意念、自杀计划和自杀准备，对正确评估自杀的危险性，及时采取有效的预防措施，具有极为重要的意义。

(1) 自杀意念和自杀意愿 自杀意念和自杀意愿描述的均是一种想结束自己生命的一种心理活动，而不涉及任何自杀的实际行动。一般地说，自杀意念更多的是指偶尔或间歇性出现的自杀念头，在评估时应主要考虑其出现的频率，频率越高意味着更高的自杀风险。而自杀意愿则更多地指一种持续性的心理活动，评估的重点是这种心理活动的强烈程度，越强烈则意味着更高的自杀风险。

(2) 自杀计划 自杀计划是在自杀意愿基础上的进一步发展。虽然有自杀计划的人最后不一定都会实施自杀的行动，但其自杀的危险性已经比仅有自杀意愿而无计划的情况大大增加了。在评估时，应注意如下内容：

一是自杀的计划是否周密？一般而言，计划越是周密，自杀的意愿越强，自杀死亡的危险性越大。

二是自杀的方法。自杀的方法越是容易实现，致命性越强，自杀的危险性就越大。

三是自杀的场所。选择不容易被人发现的地点者，自杀死亡的风险性越大，选择公共场所或其他有可能被别人发现的地点自杀者获救的机会较多，其自杀意愿相对来说也没有那么强烈。

四是自杀的时间。选择在夜深人静的时候自杀者自杀意愿较强烈，获救的机会也比较小，自杀死亡的危险性较高。

(3) 自杀准备　如果当事人不仅有自杀计划，而且还做了自杀的准备，如到考虑自杀的场所进行了考察，准备了自杀的工具，对自杀后的事情进行了安排（如留有遗嘱或遗书，开始和亲人、朋友告别等)，就意味着他或她随时实施自杀行动的可能，必须引起高度重视。

二、心理危机的干预

(一) 心理危机干预的步骤

1. 确定问题

危机干预的第一步是从当事人的立场出发，确定和理解当事人所认识的问题。干预人员以关心、真诚、尊重的态度去倾听、观察、理解当事人的语言信息和非语言信息，并做出恰当的反应。

2. 保障安全

在危机干预过程中，干预人员应该将保证当事人安全作为首要目标。这里的安全是指对自我和对他人的生理和心理的危险性降低到最小的可能性。在干预人员的检查评估、倾听和制订行动策略的过程中，安全问题都必须给以同等的、足够的关注。

3. 给予支持

危机干预强调与当事人沟通和交流，通过语言、语调和躯体语言让当事人认识到危机干预人员是能够给予其关心帮助的人，让当事人相信“这里有确实很关心你的人”。

4. 提出应对方式

帮助当事人探索可以利用的替代解决方法，促使当事人积极地搜索可以获得的社会支持，如使当事人知道有哪些人现在或过去能关心自己，有哪些应对方式可供选择等。

5. 制订行动计划

帮助当事人做出现实的短期计划，包括可获取的资源、可选择的应对方式，确定当事人自愿行动的步骤等。计划的制订应与当事人合作，让其感到这是他自己的计划；应根据当事人的应付能力，着重于切实可行和系统地帮助当事人解决问题；制订计划的关键在于让当事人感到没有剥夺他们的权力、独立和自尊。

6. 得到当事人的承诺

帮助当事人向自己承诺采取确定的、积极的行动步骤，这些行动步骤必须是当事人自己的，从现实的角度是可以完成的。在结束危机干预前，危机干预工作者应该从求助者那里得到诚实、直接和适当的承诺。

（二）心理危机的应对策略

1. 自助与求助

（1）自助　面对心理危机，高职学生可尝试从认知、情绪和行为三个方面进行自我调节。

①认知调节：包括主动了解与危机事件相关的一些知识，可以增强个体的掌控感，减少恐慌；改变自己的一些非理性的想法，树立积极的认知观念，俗话说：“办法总比困难多”，多和自己做正面的对话，鼓励自己，自我肯定；不把注意力沉浸在对信息和事件的过度关注上，多看权威的信息发布，更有助于稳定心态；在危机中洞察人生，思考和寻找生命的意义。

②情绪调节：包括接纳自己的负面情绪，告诉自己这是在特殊状态下的一种正常的反应；表达和倾诉自己的感受，和朋友亲人多交流，通过彼此的分享，有助于减轻恐慌；练习深呼吸、肌肉放松，或是冥想，有助于缓解压力，消除焦虑和紧张。

③行为调节：如做一些自己平时想做，但是总没有时间做的事情，或其他有意义的事情；保持生活的基本规律，正常饮食，充足休息；阅读相关书籍，或是通过写作把自己的感受、心情和想法记录下来，都会有助于改善我们的心理状态。

知识链接

危机中的自我成长（节选）

（作者：北京航空师范大学　张焰）

在经历危机时刻，也许我们可以通过反思和感悟，促进自我新的成长。

1. 接纳自我

生命经历巨大威胁，心灵必然遭遇恐惧、焦虑、悲伤等各种情绪情感的冲击，加上突如其来，很多人还来不及思考病痛和死亡的议题，丝毫没有应对的准备，这样的冲击就会进一步导致我们的认知、情绪甚至行为失调，引发我们的失控感和破碎感。我们可能会因此变得更加慌乱，内心会因为焦虑恐惧而挣扎冲突，混乱的情绪会带来许多反常的反应，比如我们可能会变得易激惹而对身边的亲人乱发脾气，或者出现许多自责和自我怀疑的想法。这些都是正常的反应，我们需要看到自己的反应，理解和接纳自我暂时的混乱，不因为内心焦虑而乱了方寸，忍耐突然出现的不适和痛苦，不做评判，不做分析，不做无谓的挣扎，这样我们的大脑才可以腾出空间，我们的智慧才有机会发挥作用，审时度势，顺势而为。

2. 稳定自我

擅长在江河中游泳的人告诉我们，当被卷入漩涡的时候，如果胡乱挣扎，白白消耗体力，不但于事无补，反而越陷越深，更加危险。相反，此时最需要集中精力，屏住呼吸，保持体力，然后顺着水流卷出水面，反而有机会重获新生。当心理危机出现的时候，不能因为内心的慌乱感而导致更多的自我怀疑和人际冲突，这样只会导致更加困难的处境，相反，我们需要凝神定气，“既来之，则安之”。面对命运的安排，我们只有接纳事实，不做无谓的挣扎，静候改变的到来；面对危险和压力，我们需要保持内心的稳定，进而调动内在力量和资源去积极应对。

3. 整理自我

也许今天的人们已经习惯了按部就班的生活，面对此时被打乱的生活秩序会觉得无所适从，心里会烦乱焦虑，寝食难安。这是正常的反应，因为人们往往最难忍受的就是失去对自己的认同感和对生活的掌控感。正因为如此，也许我们可以尝试在有限的条件下，审时度势整理思路，为所能为，重建一些新的生活秩序，将每天的生活尽可能安排得丰富多彩，劳逸结合。在有限的时空中，做一些可以做的事情。比如，趁机给自己充电，学习新的知识技能；看看平日没时间看的课外读物或追追剧；做做体操，练练厨艺……

4. 重塑自我

无论风调雨顺还是天灾人祸，生命是从无到无的一段过程，死亡是必然的结果，只是我们平日总是不愿意去想它而已。然而，正是因为生命终将走向死亡，才需要我们感知到，从我们出生开始，生命就进入了倒计时，生命是上天的礼物，须得倍加珍惜；如何利用好生命的每分每秒，让生活过得具有自己独特的意义，是每个人的人生使命。而当平日远离死亡议题的时候，我们往往要么追名逐利，恶性竞争；要么碌碌无为，虚度光阴。所以，灾难可以帮助我们进一步完善三观，调整生活方式，向死而生，重寻意义，重塑自我。

心理训练

我的成长故事

一段曾经让你倍感煎熬的经历，当时发生了什么：____________________

____。

你做了什么：______________________________

____

____。

结果是：__________________________________

____

____。

你的收获和成长有：____________________________

____

____。

（2）求助　当遇到问题时，肯定有自助的方法，但也要有求助的能力，具体如下：

①运用社会支持：社会支持可以来自家庭、朋友、辅导员、老师，或是同样经历过危机事件的人。不要因为怕麻烦别人，或担心情绪会影响他人而不说话，也不要担心自己成为别人的负担。在经历危机事件后，每个人都需要同伴、家庭的支持来帮助自身调节情绪、度过危机。

②寻求专业帮助：寻求专业的心理援助包括接受远程的心理援助热线服务或网络心理咨询；如果这无法帮助自己，可以去所在城市的精神专科医院或综合医院的心理科就诊，接受面对面的心理评估治疗。

心理援助

专业心理危机干预热线

1. 中国心理危机与自杀干预中心救助热线

座机拨打：800-810-1117 手机拨打：（010）62715275

2. 希望24热线——生命教育与危机干预中心

电话：4001619995

学生专线：4001619995按1

抑郁专线：4001619995按2

生命热线：4001619995按3

3. 全国统一心理援助热线

电话：12356

2. 助人与转介

（1）助人 无论是作为朋友、同学或是家人，可以通过自己力所能及的方式帮助处于危机中的人，以下是一些关于如何助人的建议。

①向他表达你的理解和关心：同理他的心情，接纳他的感受；询问他目前的困难以及困难带来的影响，避免对其责备怪罪。

②对他的情绪感受保持倾听：让当事人多说，给当事人充分的机会倾诉，这也是一个宣泄和自我整理的过程；同时耐心聆听他的情绪和感受，然后加以安慰，让对方感受到被理解和尊重。

③给予他更多的陪伴和支持：危机中的个体无论是身体，还是心理都处在极为脆弱的状态，这时候的关注和陪伴可以为当事人提供更多的安全感和力量。

④允许他流泪，允许他表达：不要担心他会出现强烈的情绪反应，如果真的出现的话反而是好事。这时千万不要跟他说不要哭，哭是一种治疗手段，哭能减轻压力。

⑤提供稳定的、支持性的环境：帮助他尽快恢复正常的生活节奏，做一些有益身心的活动，如听音乐、运动等。

需要注意的是，人们都不喜欢那种居高临下的帮助，有时候过了头的热情和帮助，反而会让当事人觉得自己很无能。我们帮助别人不是要代替他做什么，而是要让他看到自己的力量，去彰显他的能力。此外，认真对待每一个生命，别忘了也要照顾好自己。

拓展阅读

“不要”原则

（1）不要对求助者责备或说教。

（2）不要批评求助者或对他的选择、行为提出批评。

（3）不要与其讨论自杀的是非对错。

（4）不要被求助者告诉你的他的危机已过去的话所误导。

（5）不要否定求助者的自杀意念。

（6）不要过急，不要恐慌，要保持冷静。

（7）不要分析求助者的行为或对其进行解释。

（8）不要让求助者保守自杀的秘密。

（9）不要把自杀行为说成是光荣的、浪漫的、神秘的。

（10）不要过多怀疑，以免耽误时机。

（11）不要让大众媒体过度宣传报道。

（12）不要让求助者一个人留下。

（13）不要因周围的人或事而转移目标。

（14）不要说其实自杀者并不敢真的自杀。

（15）不要说自杀者的问题很快就会解决的。

（16）不要跟自杀者讨价还价。

（17）不要答应自杀者你做不到的事情。

（18）不要讨论死值不值得这样的问题。

（19）不要让他感到孤单，每个人都渴望被别人理解、尊重、欣赏、称赞、支持、关怀，因为这是人性最根本的需要。

（20）不要忘记跟踪观察。

（2）转介　当你发现身边的同学出现心理问题或危机之后，你个人的力量无法帮助他们走出困境，这时要让他们意识到寻求他人帮助的重要性，并鼓励其做出寻求帮助的行动；对于有自伤自杀危险的同学，如果他们想要你对其自杀的事情给予保密时，不要真的这么做。生命高于一切，要立即告知其监护人、重要他人、辅导员或学校的心理健康教育中心，以便对其进行及时的干预，保护他们的生命安全。

心理训练

假如生活可以重新来过

你是否有过为爱情、友谊担心？你是否曾为考试焦虑？你是否也为前途忧虑？你是否也曾想过，假如生活可以重新来过……

假如生活真的可以重新来过，你最想做些什么事情呢？请结合自身情况，补充完成以下句子：

假如生活可以重新来过，我想____。

假如生活可以重新来过，我想____。

假如生活可以重新来过，我想____。

假如生活可以重新来过，我想____。

假如生活可以重新来过，我想____。

可惜时光不会倒流，每个人的生命都只有一次，但你的未来还很长，你还有机会去更好地安排你的生活，如果你已经想好了，就将其付诸行动吧！

知识巩固

专题九　知识巩固

课外拓展

1. 书籍推荐

《活着》（图 9-2），余华著，北京十月文艺出版社，2021 年。

图 9-2　《活着》

《活着》首次发表于《收获》1992 年第 6 期；1998 年 7 月，此书获得意大利“格林扎纳·卡佛”文学奖。该书讲述了在大时代背景下，随着一系列社会变革，徐福贵的人生和家庭不断经受着苦难，最后所有亲人都先后离他而去，仅剩下年老的他和一头老牛相依为命。小说以普通、平实的故事情节讲述了在急剧变革的时代中徐福贵的不幸遭遇和坎坷命运，在冷静的笔触中展现了生命的意义和存在的价值。

2. 影视推荐

图 9-3　《小小的我》

《小小的我》（图 9-3），导演杨荔钠，2024 年。

影片聚焦 20 岁的脑瘫少年刘春和，展现他在身体障碍与社会偏见的双重压力下，通过加入老年合唱团、高考升学等经历，逐步打破刻板印象，勇敢冲破身心的枷锁，在为外婆圆梦舞台的同时，也弥合了与妈妈的关系，并努力寻求着自己人生的坐标。影片以细腻的日常刻画（如穿衣洗漱、求职受挫）替代传统励志叙事，呈现残障人士真实的情感与尊严诉求，在经历一个盛夏的蜕变后，刘春和终于踏上了新的旅程。

参考文献

[1] 罗良，李丹，宋爽．大学生心理健康教育［M］．北京：首都师范大学出版社，2022.

[2] 钱铭怡．变态心理学［M］．北京：北京大学出版社，2006.

[3] 沈德立．大学生心理健康［M］．北京：高等教育出版社，2013.

[4] 国家卫生健康委员会．关于印发精神障碍诊疗规范（2020年版）的通知［EB/OL］．http：//www. nhc. gov. cn/yzygj/s7653p/202012/a1c4397dbf504e139 3b3d2f6c263d782. shtml.

[5] 刘吉梅，李卫平．心理素质教育［M］．北京：中国轻工业出版社，2020.

[6] 樊富珉，费俊峰．大学生心理健康十六讲［M］.2版．北京：高等教育出版社，2020.

[7] 吴少怡．新编大学生心理健康教程：微课版［M］．北京：中国传媒大学出版社，2021.

[8] 卡尔．积极心理学：有关幸福和人类优势的科学：第2版［M］．丁丹，译．北京：中国轻工业出版社，2013.

[9] 叶晓璐，白毓秀．高职生心育教程［M］．北京：北京工业大学出版社，2022.

[10] 杨雪花，郑爱明．自我探索与成长：大学生心理健康教育［M］．成都：电子科技大学出版社，2021.

[11] 杨娟．自尊心理学：从自我到自我价值［M］．重庆：重庆出版社，2021.

[12] 李晓文．学生自我发展之心理学探究［M］．北京：教育科学出版社，2001.

[13] 姚本先，伍新春．学生心理健康教育［M］．北京：中国轻工业出版社，2008.

[14] 霍华德·S. 弗里德曼，米利亚姆·W. 舒斯塔克．人格心理学：经典理论和当代研究：第6版［M］．王芳，等译．北京：机械工业出版社，2021.

[15] 李春华．大学生心理健康教育［M］．北京：中国水利水电出版社，2010.

[16] 美国精神医学学会．精神障碍诊断与统计手册：案头参考书：第5版［M］．张道龙，等译．北京：北京大学出版社，2014.

[17] 伯格．人格心理学：第7版［M］．陈会昌，等译．北京：中国轻工业出版社，2010.

[18] 间鸿飞．大学生心理健康［M］．北京：北京理工大学出版社，2009.

[19] 乔万敏．大学生心理辅导与咨询［M］．济南：泰山出版社，2008.

[20] 李自璋．高职高专学生心理健康与成长［M］．北京：科学出版社，2009.

[21] 董心洁．焦虑心理学［M］．苏州：古吴轩出版社，2019.

[22] 魏青．论大学生健康自我意识的特征［J］．乐山师范学院学报，2006（09）：130-132.

[23] 文静．个人价值，在国家发展中升华［N］．中国青年报，2009-06-22.

[24] 李秋生，王小文．踢猫效应与情绪传递［J］．大众心理学，2016（10）：2.

[25] 徐频．"赫洛克效应"在高校学生教育管理中的运用［J］．陕西教育（高教），2009（10）：156，158.

[26] 洪才．人际交往的心理效应［J］．青年科学，2003（06）：43.

[27] 杨眉，托马斯·欧嘉瑞．人际沟通分析学［M］．北京：中国人民大学出版社，2013.

[28] 理查德·格里格，菲利普·津巴多．心理学与生活［M］．北京：人民邮电出版社，2014.

[29] 盖瑞·查普曼，詹妮弗·托马斯．道歉的五种语言［M］．北京：中国电影出版社，2007.

[30] 臧乐源，陈承镶．人际关系学［M］．天津：天津人民出版社，1990.

[31] 单丽敏．培养成长型思维［J］．上海教育，2017（14）：3.

[32] 赵博，赵春妮．《黄帝内经》心理情绪疗法探析［J］．中华中医药杂志，2009，24（1）：3.

[33] 陈静．高职学生情绪管理策略探究［J］．科教文汇，2011（35）：2.

[34] 许若兰．论大学生情绪管理和情绪教育［J］．成都理工大学学报：

社会科学版，2003，11（4）：3.

［35］孙铁红．大学生常见的不良情绪及调节［J］．辽宁经济职业技术学院学报．辽宁经济管理干部学院，2003（1）：2.

［36］黄洪梅．浅谈当代大学生情绪特点及情绪管理［J］．湖北经济学院学报：人文社会科学版，2012，9（6）：2.

［37］向往．大学生常见情绪困扰及其调节［J］．沈阳大学学报（社会科学版），2009，11（005）：38-40.

［38］王德江，姚锡清．也谈“犯错误效应”［J］．现代教育，2011（Z2）：1.

［39］杨中芳．中庸思维与情绪管理［C］．中国社会心理学会．中国社会心理学会2008年全国学术大会论文摘要集［出版者不详］，2008：77-78.

［40］芭芭拉·弗雷德里克森．积极情绪的力量［M］．北京：中国人民大学出版社，2010.

［41］刘香华．大学生情绪管理探析［J］．中国轻工教育，2010（6）：42-44.

［42］俞国良．大学生心理健康［M］．2版．北京：北京师范大学出版社，2022.

［43］江光荣．大学生心理健康素养［M］．长沙：湖南师范大学出版社，2020.

［44］徐龙海，刘雪巍，郭立栋，等．高职学生心理健康教育与指导［M］．北京：高等教育出版社，2019.

［45］冯正玉，等．大学生心理健康［M］．北京：高等教育出版社，2021.

［46］邱鸿钟．性心理学［M］．广州：广东高等教育出版社，2014.

［47］徐隽．高职生性心理健康现状及影响因素分析［J］．职业技术教育，2014，35（17）：79-83.

［48］孙杭媛．大学生情侣关系信念、牺牲动机和冲突解决行为的关系［D］．杭州：浙江理工大学，2015.

［49］罗兰·米勒，丹尼尔·珀尔曼．亲密关系（第5版）［M］．王伟平，译．北京：人民邮电出版社，2011.

［50］艾里希·弗洛姆．爱的艺术［M］．刘福堂，译．上海：上海译文出版社，2018.

［51］魏荣霞．心理学与生活——大学生心理健康促进［M］．成都：电

子科技大学出版社，2019.

［52］吴少怡．新编大学生心理健康教程［M］. 西安：西安交通大学出版社，2016.

［53］佘国师，何辉，栾晨．新编大学生心理健康教育教程［M］. 北京：中国传媒大学出版社，2021.

［54］夏谦，喻丽．心理素质教育与训练［M］. 成都：四川大学出版社，2015.

［55］凯利·麦格尼格尔．自控力：和压力做朋友［M］. 北京：北京联合出版公司，2016.

［56］彭凯平．孩子的品格——写给父母的积极心理学［M］. 北京：中信出版社，2021.

［57］陈赛珊．高职院校学生压力与压力管理［J］. 科教导刊．2013（11）：236-237

［58］维克多·弗兰克尔．追寻生命的意义［M］. 何忠强，杨凤池，译．北京：新华出版社，2003.

［59］吴多智．大学生自杀征兆的规律与识别探析［J］. 教育评论，2015（4）：65-67.

［60］张荣伟，李丹．如何过上有意义的生活——基于生命意义理论模型的整合［J］. 心理科学进展，2018，26（4）：744-760.

［61］国家卫生健康委员会．关于印发精神障碍诊疗规范（2020 年版）的通知［EB/OL］. http：//www. nhc. gov. cn/yzygj/s7653p/202012/a1c4397dbf504e139 3b3d2f6c263d782. shtml.

［62］管健．当代青年思维方式及认知的提升［J］. 人民论坛，2022（8）：32-35.